Kontaktadresse nach EU-Produktsicherheitsverordnung:
produktsicherheit@droemer-knaur.de

Von Regine Kölpin ist bereits folgender Titel erschienen:
Oma zeigt Flagge

Über die Autorin:
Regine Kölpin wurde 1964 in Oberhausen geboren, lebt aber seit ihrer Kindheit in Friesland an der Nordseeküste. Sie schreibt Romane und Kurzgeschichten für Erwachsene, Kinder und Jugendliche, gibt auch Anthologien heraus und leitet Schreibworkshops, unter anderem an einer großen Fernakademie. Die Autorin wurde mehrfach ausgezeichnet.
Regine Kölpin ist verheiratet mit dem Musiker Frank Kölpin. Sie haben fünf erwachsene Kinder und mehrere Enkel und stehen gern gemeinsam mit ihren musikalischen Leseprogrammen auf der Bühne. Die Schriftstellerin lebt ihr Großfamiliendasein in einem idyllischen Dorf mit großem Haus und Garten. Sie genießt die Nähe zur Nordsee, den Blick auf eine Kornmühle und über die Wiesen, wo es sich wunderbar schreiben und lesen lässt.
Mehr über Regine Kölpin: www.regine-koelpin.de

Regine Kölpin

Oma geht campen

Roman

Besuchen Sie uns im Internet:
www.knaur.de

Wenn Ihnen dieser Roman gefallen hat und Sie auf der Suche sind nach ähnlichen Büchern, schreiben Sie uns unter Angabe des Titels »Oma geht campen« an: frauen@droemer-knaur.de

Originalausgabe März 2017
© 2017 Knaur Verlag
Ein Imprint der Verlagsgruppe
Droemer Knaur GmbH & Co. KG, München
Alle Rechte vorbehalten. Das Werk darf – auch teilweise –
nur mit Genehmigung des Verlags wiedergegeben werden.
Redaktion: Gisela Klemt, Lüra: Klemt & Mues GbR
Covergestaltung: semper smile, München
Coverabbildung: oriontrail; Kamenetskiy Konstantin; Igor Nazarenko;
snowturtle; Howard Sandler; kostasgr; Ivonne Wierink / alle Shutterstock
Illustrationen im Innenteil:
Möwen: Pyzhova Olena / Shutterstock.com
Wohnwagen: a_bachelorette / Shutterstock.com
Satz: Adobe InDesign im Verlag
Printed in Germany
ISBN 978-3-426-51963-9

6 8 9 7

1. Kapitel

Klack, Tür zu, und der junge Mann war weg.

Oma Bille schüttelte fassungslos den Kopf. Wie lange war er da gewesen? Fünf Minuten? Zehn?

Zumindest lange genug, um sie um 2000 Euro zu melken, zahlbar in drei Tagen. Geld, das Oma Bille weiß Gott nicht hatte, sie war ja schon froh, wenn sie ihre Miete und das tägliche Essen bezahlen konnte. Das würde nun noch schwieriger werden. Dafür türmten sich jetzt in ihrer kleinen Küche zwei dicke Lammfelldecken nebst Kopfkissen.

Lammfelldecken! Mitten im Juli bei 30 Grad im Schatten, ein echtes Schnäppchen. Verdammt, was hatte sie da eben geritten? Oma Bille starrte auf die Rechnung, die ihr der junge Mann zum Abschied mit einem breiten Grinsen in die Hand gedrückt hatte. Er war zuerst so nett gewesen, hatte lange auf sie eingeredet, ihr die Vorzüge solcher Decken wieder und wieder aufgezeigt, so dass sie später gar nicht mehr anders gekonnt hatte, als zu unterschreiben. Vor allem, weil es doch für ihn, den armen entlassenen Strafgefangenen, so wichtig war, dass man ihm etwas abkaufte. »An uns glaubt keiner mehr. Nur so zuvorkommende alte Damen wie Sie«, hatte er mit zitterndem Kinn gesagt, und Oma Billes Mitleid für seinen bedauernswerten Zustand war groß gewesen.

Wie von selbst hatten ihre Finger ihren Namenszug unter den Vertrag gesetzt. Erst danach war ihr aufgefallen, dass die Decken keine 200, sondern 2000 Euro kosteten. Der Daumen des jungen Mannes hatte versehentlich eine Null verdeckt. Danach hatte sie einen Augenblick gestutzt, weil er ihr mit einem Mal so bekannt vorgekommen war. Sie meinte plötzlich, ihn schon einmal irgendwo gesehen zu haben. Aber da spielte ihr wohl das Gedächtnis einen Streich. Das konnte gar nicht sein, sie kannte keine Leute, die schon einmal im Gefängnis gewesen waren.

»Jetzt werden Sie es im Winter immer schön kuschelig haben«, hatte er gesagt, und Oma Bille hatte die kritischen Gedanken gleich wieder verdrängt. Sie wollte ihm eigentlich noch eine Tasse Tee anbieten, weil er doch ein so netter Mensch war, aber er hatte es mit einem Mal sehr eilig gehabt. Als die Tür hinter ihm ins Schloss fiel und sie die tatsächliche Summe entdeckte, wusste Bille auch, wieso.

»2000 Euro«, wiederholte sie und ließ sich auf den Küchenstuhl fallen. Das Teewasser hörte eben auf zu blubbern und hinterließ eine eigentümliche Stille. Sie würde trotz der Decken im Winter frieren, weil sie nun ihre Heizkosten nicht mehr zahlen konnte. Immerhin bestand die Möglichkeit, diese monströsen Gebilde über sich aufzutürmen und darunter in eine Art Winterschlaf zu fallen. Aber ob das etwas nützte? Bille bezweifelte das. Denn der junge Mann hatte noch etwas gesagt, bevor die Tür hinter ihm ins Schloss gefallen war. Und genau das hatte weniger freundlich geklungen. »In drei Tagen bin ich wieder da, Omi.« Er hatte seine tätowierten Muskeln spielen lassen. Der kleine, zuvor sympathisch wirkende Drache auf dem linken Unterarm schwoll plötzlich zu einem feuerspeienden Ungeheuer an. »Und wenn du nicht zahlst, nehmen wir dich und deine ganze Bude auseinander. Kapiert?«

Das hatte Bille kapiert, und wie. Ihr zitterten immer noch die Knie. Niemals war sie in kriminelle Machenschaften verwickelt gewesen, sie hatte ihre Rechnungen stets pünktlich bezahlt, nie etwas geklaut oder jemanden übers Ohr gehauen. Doch nun befand sie sich inmitten einer sehr unangenehmen Situation: Sie würde nicht zahlen können. Sie hatte keine 2000 Euro.

Bille strich den grauen Flanellrock glatt und zupfte die Rüschenbluse zurecht. Es war heiß, ihre Strümpfe klebten an den Beinen, ihr Oberteil hatte sie heute schon dreimal gewechselt. Obwohl sie das Fenster zum Hinterhof geöffnet hatte, durchzog keine frische Brise ihre Wohnung im zweiten Stock. Es war, als läge über ganz Oberhausen, ach was, über dem ganzen Ruhrgebiet eine zähe Schicht, unter der man kaum zu atmen vermochte. Die Fliegen schienen an den Wänden festzukleben, und auch vom gegenüberliegenden Schulhof drang kaum Kindergelächter herüber; selbst zum Spielen war es zu warm. Wer konnte, ging in eines der umliegenden Schwimmbäder und suchte sich dort ein schattiges Plätzchen. Die Übrigen dünsteten in ihren Wohnungen vor sich hin und hofften auf kühlere Abendstunden. Lammfelldecken aber kaufte sicher um diese Jahreszeit niemand.

Bille stand auf und kühlte ihre Handgelenke unter dem fließenden Wasser. Dabei bemühte sie sich, die Gedanken zu sortieren. Ein bisschen Geld hatte sie noch auf der hohen Kante, oder besser gesagt in ihrem Bierhumpen im Wohnzimmerschrank. Es waren genau 553,60 Euro. Gespart für Notfälle. Vielleicht ließ der Mann ja mit sich handeln. Waren Lammfelldecken überhaupt ein Notfall? Nun, wenn sie Gefahr lief, dass man ihr die Wohnung zerlegte, konnte man das wohl so nennen.

Sie hätte längst zum Amt gehen können, Gelder beantragen und schauen, was ihr zustand, dann würde es ihr finanziell nicht so schlechtgehen, doch sie mochte das nicht. Betteln war peinlich, sie hatte es bislang immer allein geschafft, und das sollte auch so bleiben. Ihr würde schon etwas einfallen, wie sie das Geld auftreiben konnte. Sie hatte noch nie aufgegeben, gleichgültig, welche Aufgaben das Leben ihr gestellt hatte. Nicht einmal, als ihr Karl gestorben war, nicht einmal da. Und auch jetzt würde sie eine Lösung für das Dilemma finden. Bille lachte bitter auf. Das war ja eine nette Vorstellung! Wie wollte sie denn innerhalb von drei Tagen an 2000 Euro kommen? Dazu müsste sie eine Bank überfallen oder einen Geldtransport. Zumindest die Supermarktkasse an der nächsten Ecke. Am besten gegen Abend, wenn die Einnahmen sich stapelten.

Bille drehte den Wasserhahn ab. Sie besaß ja nicht einmal eine Strumpfmaske, von einer Knarre ganz zu schweigen. Kriminelle Vorhaben waren bislang in ihrer Lebensplanung nicht vorgesehen gewesen. »Du und deine blöde Gutmütigkeit«, schimpfte sie. »Wie konntest du ihm glauben, dass er ein armer Kerl ist?«

Der junge Mann hatte ihr wirklich leidgetan. Natürlich hatte sie ihn unterstützen wollen. Arm sein, nichts haben, das kannte Bille. Und nun steckte sie in dieser vermaledeiten Klemme: Das Geld hatte sie einfach nicht. Und sollte sie tatsächlich vermummt im Supermarkt oder in der Bank auftauchen, würde man sie allenfalls ins nächste Demenzzentrum verfrachten. Wer nahm schon eine alte Schachtel als Gangsterin ernst? Sie war keine Bonnie, und Mr. Clyde fehlte ihr auch.

Bille nahm die Rechnung, ging ins Schlafzimmer und stopfte sie in ihren Kopfkissenbezug. Aus den Augen, aus dem Sinn. Es war eine unsinnige Handlung, aber so machte das Ganze ihr weniger Angst. Vielleicht konnte sie dem jungen Mann zumindest eine Decke zurückgeben, was sollte sie mit zweien? Sie lebte a) allein und b) in Oberhausen und nicht in Sibirien.

Oma Bille schüttelte resigniert mit dem Kopf. Der Mann war kompromisslos. Eher würde der Tattoo-Drache erneut Feuer spucken. Sie musste zahlen!

»Weil ich das Geld nicht habe und ein Überfall, wie auch immer geartet, gegen mein Naturell verstößt, wäre es am besten, unterzutauchen«, murmelte sie. Ihre Ideen wurden immer abstruser.

Litt sie etwa schon an Demenz? Abtauchen mit einer neuen Identität, so hatte sie das im *Tatort* gesehen. Aber dafür musste man der Polizei Fakten gegen Verbrecher liefern, und das einzige Faktum, das es gab, war ihre Unterschrift auf dem Kaufvertrag. Und die war wohl rechtens. Der junge Mann hatte sie schließlich nicht gezwungen. Was war das alles ein Mist!

Als es klingelte, schlurfte Bille zur Tür. Sie warf einen Blick durch den Spion. Nicht, dass der Typ ihr passend zu den Decken nun auch noch ein Bett oder Spezialmatratzen andrehen wollte.

Aber es waren Annemie und Laura, die Zwillinge aus der Wohnung gegenüber. Ihre »Ersatz-Enkel«. Die Winterbergs waren ihr in all den Jahren zur Familie geworden. Das war gut, vor allem, wenn man keine eigene hatte. Bille atmete erleichtert aus und öffnete. Der Besuch würde sie ablenken.

»Mama ist so gemein, Oma!«, legte Annemie gleich los. »Richtig fies.«

»Stimmt!« Laura stampfte mit dem Fuß auf. Die beiden zwölfjährigen Mädchen sahen sich zum Verwechseln ähnlich. Ihre dunklen Haare hatten sie zu Zöpfen geflochten und mit bunten Spangen verziert. Obwohl Bille beide schon von klein auf kannte, hatte selbst sie hin und wieder Probleme, sie auf Anhieb voneinander zu unterscheiden. Jedenfalls so lange, bis sie redeten. Laura war erheblich forscher als Annemie und gestikulierte ständig wie wild, während ihre Schwester eher ruhig blieb und überlegt agierte.

»Kommt erst mal rein!« Oma Bille trat zur Seite. Dabei sah sie sich sicherheitshalber um, wer wusste schon, ob ihr Geldeintreiber sich nicht doch irgendwo versteckt hielt, auch wenn er gesagt hatte, sie habe drei Tage Zeit. Wer alten Damen das Geld aus der Tasche zog und sie mit Tattoo-Drachen bedrohte, hatte bestimmt eine andere Zeitrechnung.

Die Mädchen schlüpften an Oma Bille vorbei in die Küche, wo sie wie selbstverständlich auf ihren Kakao warteten. Es war ein

Ritual, von dem sie nie abrückten: Die Zwillinge hatten etwas auf dem Herzen, und Oma Bille machte Kakao. Im Sommer eisgekühlt, im Winter warm, aber nicht mit Haut. Haut war ein Graus für Kinder, das tat sie ihnen nicht an.

Oma Bille stellte die Tassen zurecht und holte Milch aus dem Kühlschrank. Ihre Enkel waren eine willkommene Abwechslung. Sie mochte nicht weiter über Lammfelldecken und fehlende 2000 Euro nachdenken. Schließlich wollten die Winterbergs übermorgen verreisen, und sie würde die beiden Mädchen für zwei Wochen nicht sehen. Dieser Gedanke verschaffte ihr ein noch größeres ungutes Gefühl. Sie war völlig allein und ihrem Widersacher auf Gedeih und Verderb ausgeliefert.

Die Mädchen hatten mittlerweile Omas Einkauf entdeckt.

»Hast du Schafe gekauft?« Annemie strich über das Fell.

»Tote Schafe«, sagte Laura und stieß den Stapel an. »Sind ja nur Decken.«

»Ziemlich tot.« Annemie nickte. »Warum kaufst du so was? Kleine Schäfchen sind so süß!« Sie runzelte die Stirn. »Und ganz ehrlich, Oma: Es ist heiß draußen, was willst du jetzt damit?«

»War günstig«, sagte Bille. Sie verspürte nur wenig Lust, mit den Mädchen über ihre Kaufentscheidung zu diskutieren, zumal sie ja selbst nicht wusste, was sie damit anfangen sollte. Immerhin besaß sie zwei wunderbare Daunendecken, deren Inletts sie erst im Frühjahr hatte reinigen lassen. »Der Kakao ist fertig«, lenkte sie ab. »Setzt euch doch! Ich dachte, ihr wolltet was loswerden?« Sie nahm die Decken und verfrachtete sie ins Schlafzimmer. Irgendwo musste sie die Dinger in ihrer kleinen Wohnung bis zum Winter lagern, vielleicht passten sie auf den Kleiderschrank. Oder sie spielte Prinzessin auf der Erbse und packte sie unter sich auf die Matratze.

Bille ging zurück in die Küche. »So, und warum ist Mama nun fies?«, fragte sie die Mädchen.

»Weil es wieder das Meer sein muss. Und wieder der Campingplatz am Strand. Der in Hooksiel. Dabei wollen wir so gern mal in die Berge. Ich möchte wandern.«

»Das gibt aber Blasen an den Füßen«, gab Oma Bille zu bedenken. Obwohl sie auch lieber in die Berge gefahren wäre als ans Meer, wenn sie die Wahl gehabt hätte. Nur stellte sich diese Frage nicht, weil sie nie irgendwohin fuhr. Außer ins CentrO oder in den Zoo nach Duisburg. Vielleicht mal nach Köln an den Rhein, mit dem Seniorenticket.

»Seid froh, dass ihr überhaupt verreisen dürft. Gerade bei dieser Hitze ist es ein Segen, ins Meer springen zu können.« Sie fächelte sich mit der herumliegenden Zeitung Luft zu. »Außerdem wisst ihr doch schon länger, wohin die Reise gehen soll.«

»Ja, aber wir dachten, wir könnten unsere Eltern noch umstimmen, und deshalb haben wir extra aus dem Reisebüro Prospekte von Garmisch und der Zugspitze geholt.« Laura zupfte drei zerknitterte Hochglanzflyer aus der Hosentasche und schob sie zu Oma hinüber. Bille faltete sie auseinander und strich glättend darüber.

»Mama hat nicht mal reingesehen, sondern einfach die Strandlaken in den Wohnwagen gebracht. Sie hört nicht auf uns.« Annemie nahm einen Schluck Kakao und hatte sofort einen dunklen Bart. »Die Nordsee ist aber langweilig!«

»Weil sie nie da ist«, ergänzte Laura mit einer ausladenden Handbewegung. »Das Meer in Friesland hat Ebbe und Flut.«

»Genau«, bestätigte Annemie. »Das ist voll doof. Bei Flut ist das Wasser ganz hoch, und wir dürfen nur ein bisschen rein, damit wir nicht untergehen. Und bei Ebbe ist da nur Matsch. Darin dürfen wir uns aber nicht mal wälzen, weil der Schlick aus den Handtüchern nicht rausgeht. Vor allem der pechschwarze ist für jede Hausfrau eine Herausforderung. Sagt Mama.«

Oma Bille sah ein, dass dies alles in Bezug auf einen gelungenen Urlaub durchaus kontraproduktiv war. Dieses »Sich-nichtim-Matsch-wälzen-Können« glich einer elementaren Katastrophe. Nur wollte sie Maja, der Mutter von Annemie und Laura, nicht in den Rücken fallen.

»Es weht immerhin ein frischer Wind dort. Das ist doch auch schön, wenn es so heiß ist wie im Moment.« Oma Bille stellte sich ans geöffnete Fenster. Es brachte keine Erleichterung.

»Wind ist doof. Steife Brise nennen sie es da. Man sieht aus wie ein Pudel«, sagte Laura. »Wir sind ja keine kleinen Kinder mehr und achten auf unsere Erscheinung.«

Langsam gingen Oma Bille die Argumente aus, aber offensichtlich waren die Zwillinge ohnehin nicht daran interessiert, auch nur einen Hauch von Meer gut zu finden. »Neben dem Campingplatz in den Bergen steht ein Hotel, da ist sogar schon Franz Beckenbauer abgestiegen«, erklärte Annemie.

Oma Bille sah sie erstaunt an. Franz Beckenbauer gehörte wie sie zum alten Eisen, wieso kannten die Zwillinge ihn, obwohl sie mitnichten fußballinteressiert waren?

»Wir wissen zwar nicht, wer das ist, aber er muss ja bekannt sein, wenn sie das extra im Prospekt erwähnen.« Laura sammelte die Flyer wieder ein. »Ist auch egal, Mama und Papa gehen lieber ans Meer campen.«

»Das gar nicht da ist. Oder nur manchmal«, ergänzte Annemie.

Die Mädchen waren, trotz des seelentröstenden Kakaos, heute Morgen auf Krawall gebürstet, und Oma Bille war gnadenlos überfordert. Was verstand sie schon von Urlaub?

»Noch was zu trinken? Eine Limo bei der Hitze?«, schlug sie vor, weil die Stimmung in den Keller zu rutschen drohte und ihr nichts Besseres einfiel.

Die Mädchen schüttelten die Köpfe. »Limonade hilft jetzt auch nichts, Oma. Spanien, ja das wär auch was gewesen«, sagte Annemie. »Wenn schon keine Berge.«

»Ja, Spanien«, schwärmte Laura. »Da scheint immer die Sonne. Und was tun wir? Wir fahren ins Wangerland nach Hooksiel. Allein wie das klingt! Das ist Friesland!«

»In Spanien ist es noch wärmer als hier.« Bille fand den Süden Europas generell nicht erstrebenswert. Wenn man doch schon in einer kleinen Zweizimmerwohnung im Ruhrpott langsam vor sich hin garte. Im Süden musste es noch schlimmer sein. »Was sagt denn euer Bruder zu den Vorschlägen?«

»Ach, der!« Laura winkte ab. »Mit Felix ist nichts los. Der sitzt nur gelangweilt rum und quatscht dummes Zeug. Papa sagt, diese Phase muss man eben überstehen. Danach wären wir dran mit solchen Spinnereien. Wie Felix werden wir aber ganz sicher nicht. Der ist so blöd, vor allem, wenn er chillt.«

Er chillt?, wiederholte Oma Bille in Gedanken. Was das wohl bedeutete? Sie kannte Chinchillas, aber diese Tierchen hatten wohl kaum etwas mit Felix' Gemütslage zu tun. Wobei seine momentanen Launen ohnehin nur selten mit irgendetwas was zu tun hatten. Der junge Herr pubertierte, das war in der heutigen Generation die Ausrede für alles und jedes, was man entweder nicht erklären oder nicht entschuldigen konnte. Zu Oma Billes Zeiten nannte man diesen Zustand noch »halbstark«.

»Ich denke trotzdem, dass es ein schöner Urlaub wird. Und ich freue mich, wenn ihr wieder zu Hause seid.«

Das dieses Mal garantiert noch mehr als sonst, dachte sie. Lieber gar nicht weiterdenken. Die Winterbergs fuhren immer 14 Tage lang weg, das glich einer gefühlten Unendlichkeit.

Laura trat neben Oma Bille und umarmte sie. »Na ja, dann freuen wir uns eben auch. Aber« – sie stockte – »jetzt musst du ja ganz allein in dieser Hitze ausharren, während wir am Strand rumliegen, Drachen steigen lassen, Souvenirs shoppen, Backfisch essen und so.« Laura ließ Oma Bille los. »Du wirst uns gewiss vermissen. Wer soll denn mit dir in den Zoo gehen?«

Oma Bille lächelte gequält. »Ich schaff das schon. Ich kann mit der Bahn hinfahren, zum Friedhof spazieren und ein paar Blumen ablegen und auf den Sterkrader Wochenmarkt gehen. Dort kaufe ich schöne Stoffe und nähe euch was. Das ist dann fertig, wenn ihr zurück seid.« Falls der Schlägertyp sie bis dahin nicht massakriert und ihre kleine Wohnung völlig zerlegt hatte.

»Super!«, sagte Laura strahlend. Sie liebte die bunten Kreationen, die Oma Bille für sie entwarf und dann mit geschickter Hand zusammennähte.

Gerade als die Zwillinge sich auf den Weg machen wollten, klingelte es erneut. Laura stürmte zur Tür. »Mama?«, fragte sie entgeistert, als sie sah, wer vor der Tür stand. Doch ihre Mutter wirkte keineswegs böse, sondern spazierte mit einem freundlichen Lächeln auf den Lippen in die Wohnung. »Puh, ist das heiß«, sagte sie. »Die ganze Stadt gleicht einer Sauna, das kann nicht gesund sein. Und genau deshalb bin ich hier.«

»Hast du für Oma Bille einen Ventilator gekauft?« Laura hüpfte auf und ab, doch ihre Mutter hielt kein Paket in den Händen.

Maja Winterberg lächelte noch immer. »Das nicht, aber ich habe etwas viel Besseres dabei als einen Ventilator.« Sie wischte sich den Schweiß von der Stirn. »Vor allem ihr älteren Leute leidet ganz schön unter der Hitze«, sagte sie an Oma Bille gewandt. »Manchmal bin ich deswegen richtig in Sorge.«

»Oma Bille ist nicht alt«, warf Laura ein.

»Nein, sie ist betagt«, sagte Annemie. »So nennt man das. Sie muss viel trinken, sonst fällt sie um vor Austrocknung.« Angesichts dieser nahenden Katastrophe stürzte sie zum Wasserhahn und füllte ein Glas bis zum Rand. »Trink mal was, Oma!«

Bille nahm folgsam einen Schluck. Nicht, dass sie tatsächlich kurz davor war, in sich zusammenzusacken, so wie der mit Luft gefüllte Schneemann, den ihre Nachbarn zur Weihnachtszeit auf dem Balkon gehabt hatten und der gleich am zweiten Tag tragischerweise von einem vorzeitig abgeschossenen Silvesterböller mitten in den Bauch getroffen worden war. Sie hatten die Reste des Verblichenen noch immer nicht beseitigt, und Bille wurde mit dem Drama Morgen für Morgen konfrontiert.

Das Leitungswasser schmeckte nach Chlor. Bille mochte es nicht besonders, aber es war eine Alternative zum Mineralwasser oder zur Limo, die sie nur für die Mädchen bereithielt. Wasser aus dem Hahn war gut, weil es nicht viel kostete. »Was hast du denn dabei?«, wandte sie sich an Maja, nachdem sie das Glas geleert hatte. Sie verspürte keine Lust, weiter über zusammengesackte Gestalten nachzudenken, schon gar nicht, wenn es sie selbst betraf.

»Es handelt sich eher um eine Überraschung. Jan und ich möchten uns damit bei dir bedanken.«

Bille winkte ab. Wofür wollten sie ihr danke sagen? Sie hütete ab und zu die Mädchen, doch das war keine Last, sondern eine willkommene Abwechslung. Dafür waren ihre Tage nicht so lang und trist wie bei anderen alleinstehenden alten Leuten. Und ihnen hin und wieder ein bisschen Kleidung zu nähen oder Marmelade zu kochen und Obst einzuwecken war ebenfalls eine Sache, bei der alle gewannen.

»Weißt du, Oma Bille«, sagte Maja, »du springst immer ein, wenn mich die Klinik spontan zur Nachtwache ruft, du bist da, wenn ich krank bin. Von deinen lieben Zuwendungen wie den selbstgebackenen Kuchen am Wochenende und den leckeren Marmeladen mal abgesehen. Für uns bist du unentbehrlich geworden.« Maja presste die Lippen aufeinander und runzelte zugleich die Stirn. »Ja, du hast sogar auf Felix ein Auge, und das ist im Moment alles andere als einfach.«

An der Stelle musste Bille Maja allerdings recht geben. Das war eine echte Herausforderung. Der Knabe sprach nicht. Oder wenn, dann in Ein-Wort-Sätzen, deren Kontext man sich zusammenreimen musste. Was es mit dem Chillen auf sich hatte, würde sie noch unauffällig herausfinden. Wozu gab es schließlich Google, und wozu hatte sie vor ein paar Wochen beim Seniorentreff am Computerkurs teilgenommen?

»Nun sag schon, Mami, was du Oma geben willst«, flehte Annemie. »Ich bin so neugierig!«

Maja lächelte. »Liebe Oma Bille, was hältst du von der Idee, mit uns an die Nordsee zu reisen und endlich mal Urlaub zu machen?«

Bille zuckte zurück. »Ich soll in den Urlaub fahren?«

»Ja! Hooksiel ist richtig schön. Ein ganz kuscheliger Ort mit einem romantischen Hafen und mit alten Fischkuttern, vielen Cafés und kleinen Geschäften. Dazu ein wunderbarer Sandstrand und das Hooksmeer, wo du auch spazieren gehen kannst.« Abwartend blickte Maja sie an. Bille war unsicher, was sie sagen sollte.

Ich soll in den Urlaub fahren?, wiederholte sie stumm. Ich weiß ja kaum noch, wie man das buchstabiert, dachte sie. Aber der Gedanke ließ sie innerlich auflodern. Wann hatte sie zuletzt Urlaub gemacht? Das war in den 70er Jahren gewesen. Damals hatte Bille mit ihrem Mann Karl das Allgäu bereist. Sie hatten den Grünten bestiegen und in dem kleinen Ort Kranzegg gewohnt. In einer winzigen Ferienwohnung mit rot-weiß karierten Gardinen, einem so dicken Federbett, dass man fast darunter erstickte, und einem Kruzifix an der Wand. Aber sie hatte neben Karl gelegen und nachts sein Schnarchen gehört. Obwohl sie deswegen unruhige Nächte gehabt hatte, war es dennoch ein vertrautes Geräusch gewesen. Das war vorbei. So war das Leben. Man merkte immer erst im Nachhinein, welchen Schatz man besessen hatte, weil man stets glaubte, der Reichtum ließe niemals nach. Seit diesem Urlaub liebte Bille die Berge als den Inbegriff von Glück.

Hooksiel war allerdings ganz weit weg davon, lag in der völlig anderen Richtung, um genau zu sein. Dazu war es dort flach, und es gab viel Wasser und viel Wind und Regen, wenn sie die Ausführungen ihrer Nachbarin Frau Meyer-Semmelmann für bare Münze nahm.

Bille musste jetzt etwas sagen, denn alle drei Augenpaare waren abwartend auf sie gerichtet. Hooksiel war nicht Kranzegg. Aber die Entfernung zwischen Oberhausen und diesem Fischerort war ihr sympathisch. Dort war sie unauffindbar für den jungen Mann, der ihr in drei Tagen den Marsch blasen würde, sollte sie nicht zahlen. Unter diesem Aspekt war eine Reise *die* Lösung!

»Du bist sonst so allein, und niemand bekäme mit, wenn dir etwas passiert«, argumentierte Maja weiter. Sie schien wirklich zu wollen, dass Bille mitfuhr. Es war kein Angebot, bei dem sie hoffte, dass die Beschenkte ablehnte. Das war ernst gemeint.

»Stell dir vor, du bekommst einen Schwächeanfall oder dich überfällt jemand. Nicht auszudenken! Und ein Tapetenwechsel würde dir sehr guttun.« Sie wischte sich erneut mit dem Handrücken über die Stirn. »Außerdem kann man dich bei dieser Hitze wirklich nicht hier allein lassen.«

Stimmt, dachte Bille. Wenn es die nächsten Wochen weiterhin so stickig blieb ... Und dann die Sache mit dem jungen Mann ... Der Plan mit Hooksiel klang nicht verkehrt. Es gab allerdings noch ein paar Details zu klären.

»Ihr fahrt mit eurem Wohnwagen auf einen Campingplatz. Wo soll ich denn schlafen?« Neben Felix im Zelt, der chillte, wovon sie noch nicht sagen konnte, ob sie das guthieß? Hinzu kam, dass Felix stets ein Doppelbett oder in dem Fall eine Doppelluftmatratze für sich allein beanspruchte. Er lag immer quer. Das hatte er schon als Baby getan.

»Wir haben für dich einen Leihwohnwagen organisiert, der gleich neben unserem Stellplatz aufgebaut wird. So hast du dein eigenes Reich. Die Mädchen schlafen bei uns im Wohnwagen, Felix hat sein Wurfzelt.«

Bille ging in sich, sie musste stets alles beleuchten, bevor sie eine Entscheidung traf. Das Ganze stellte sich folgendermaßen dar: Sie liebte die Berge und sollte nun an die Nordsee. Sie war 73 Jahre alt, träumte heimlich schon länger von einem feinen Hotel mit Schwimmbad und Sauna (so etwas hatte sie erst kürzlich als Reisetipp in einer Frauenzeitschrift beim Friseur gesehen) und würde stattdessen in einem Wohnwagen hausen. Sie sollte Urlaub machen, würde jedoch als Ersatzoma für quirlige Zwillinge und einen halbstarken Chiller fungieren (an dieser Stelle wurde ihr die Dringlichkeit des zeitnahen Googelns noch einmal sehr deutlich). Anstelle der angepeilten Seniorenwassergymnastik im gut temperierten Thermalbad würde sie sich entweder im Schlick (der nicht aus den Handtüchern zu waschen war) suhlen oder beim Baden in der Flut ihr Leben riskieren. Hinzu kam das wegen der steifen Brise nicht zu unterschätzende Frisurproblem. Der Wind wehte immer und überall und ständig von vorn. Das hatte Bille den Erzählungen der Winterbergs entnommen, wenn sie von ihren Radtouren erzählten. Bille legte aber großen Wert auf einen guten Sitz ihrer Dauerwelle. Da stimmte jede Locke.

Es gab bei dieser Reise also etliche Argumente dagegen, aber auch ein unschlagbares dafür: Das große Problem mit den zu zahlenden 2000 Euro würde in weite Ferne rücken. Dagegen waren ein Halbstarker und alle anderen Widrigkeiten eigentlich Peanuts, wie die Zwillinge es ausdrücken würden. Oma Bille grinste. Das Leben funktionierte manchmal perfekt.

»Wäre denn genug Platz für meine Bücher da?«

Maja lächelte, kannte sie doch Billes Vorliebe für dicke Schmöker. »Du wirst viel Zeit zum Lesen haben. Versprochen!«

»Und dann geht es also übermorgen wie geplant los?«

»So ist es, Oma Bille.« Maja strahlte übers ganze Gesicht, die Mädchen führten einen Freudentanz auf. »Es ist alles organisiert. Damit du dich wirklich gut erholen kannst. Wegen der Blumen, der Treppenhausreinigung und dem Briefkasten habe ich schon Frau Meyer-Semmelmann gefragt. Sie macht das liebend gern für uns.«

Bille nickte. Frau Meyer-Semmelmann waren diese Arbeiten wie auf den Leib geschnitten, es gab in ganz Oberhausen bestimmt keine Mittfünfzigerin, die so erpicht auf solche Hilfsdienste war wie sie. Darüber brauchte sich Oma Bille also nicht den Kopf zu zerbrechen.

»Übermorgen ... Ich freue mich«, hörte sie sich sagen. In Gedanken packte sie bereits ihren Koffer und überlegte, welche Bücher sie sich noch aus der Stadtbücherei besorgen sollte, wo sie Stammgast war. In zwei Tagen lägen zwischen ihr und dem Geldeintreiber ungefähr 300 Kilometer. Das klang nach einer gesunden Distanz. Dennoch ließ ihr Magengrummeln nicht ganz nach. Aufgeschoben war nicht aufgehoben.

2. Kapitel

Fleischermeister Häwelmann packte Bille sechs Salamiwürste ein. »Sie sollen in Hooksiel ja nicht darben, Werteste«, sagte er und lächelte sie an. Und weil Bille so nett zurücklächelte, legte er noch ein Stück Schinken dazu. Bernd Häwelmann senior hätte aus Altersgründen schon lange nicht mehr in seinem Laden stehen müssen, aber er war kein Typ, der freiwillig Verantwortung abgab, und schon gar nicht an seinen sich bereits dem Rentenalter nähernden Sohn. Das war wie mit Prinz Charles, der auch kein König werden durfte.

Fleischermeister Häwelmann senior war stets sehr bemüht um Billes Wohlergehen, genauer gesagt, er wollte sie heiraten. Er war ebenso lange verwitwet wie Bille und hätte gegen eine Rubens-Häwelmann Verbindung nichts einzuwenden gehabt. Deshalb führte er sie einmal im Jahr zum Fest in der Kleingartenanlage am Bahndamm aus und schob sie dort energisch übers Tanzparkett. Öfter mochte Oma Bille die Fleischerhände nicht an ihrem Körper fühlen, selbst wenn sie den einzigartigen Schinken und seine Mettwurst, die er seit Jahren nach alter Tradition herstellte, durchaus schätzte. Doch es bestand ein Unterschied zwischen wohlschmeckender Mettwurst und der Berührung durch die Finger, die diese Wurst herstellten. Deshalb war Bille den Annäherungsversuchen des Fleischermeisters bereits dreimal erfolgreich ausgewichen.

Er hatte vorhin etwas betrübt gewirkt, als Bille ihm von dem bevorstehenden Urlaub erzählte, sich dann aber sofort überlegt, was er ihr zur Erinnerung an ihn mitgeben konnte. Natürlich wunderbare Wurstqualitäten. Er glaubte, damit ihr Frauenherz doch eines Tages erobern zu können. »Spätestens wenn Sie im Heim leben, Frau Rubens, werden Sie sich nach meiner Wurst sehnen.« Er sah Oma Bille so durchdringend an, dass sie sich verlegen ihre Dauerwelle richtete. Vermutlich würde er lange vor ihr dort landen, denn er zählte sieben Lenze mehr als Bille.

Bernd Häwelmann war aber noch nicht fertig. »Und nach *mir* werden Sie sich auch sehnen«, flüsterte er mit seinem unverkennbaren Salami-Atem, der vom häufigen Kosten der Dauerwurstvielfalt herrührte.

Bille mochte ihn ja, denn Bernd Häwelmann war durchaus ein angenehmer Zeitgenosse, nur wollte sie ihn deswegen nicht gleich heiraten. »Ich danke Ihnen, Herr Häwelmann«, sagte sie deshalb ausweichend. »Natürlich werden Sie eine Ansichtskarte von mir bekommen.«

»Ach, liebe Bille – wenn Sie aus Hooksiel, oder wie auch immer das Kaff heißt, wohin Sie nun für eine so lange Zeit entschwinden, zurück sind … Werden Sie mich dann erhören? Sie brauchen doch einen starken Mann an ihrer Seite!« Fleischermeister Häwelmann ließ seinen Oberarmmuskel spielen. Er wirkte wie Arnold Schwarzenegger *nach* seinen besten Tagen.

»Jetzt verreise ich erst einmal, Herr Häwelmann.« Bille lächelte. Sie hatte bereits seinen ersten Antrag im vorigen Herbst abgelehnt und im Winter den zweiten. Nummer drei war im Frühling erfolgt, und sie glaubte nicht, dass sich an ihrer Abneigung gegen eine Eheschließung nach ihrem Nordseeurlaub etwas ändern würde.

Fleischermeister Häwelmann packte eine weitere Wurst ein. Dieses Mal die grobe Kalbsleberwurst mit Bärlauchnote. Dann verneigte er sich und reichte Bille die prall gefüllte Wursttüte über den Tresen. »Ich wünsche eine gute Reise, meine Liebe. Lassen Sie sich meine Wurst munden, und verschwenden Sie in diesen Augenblicken ein paar kurze und freundliche Gedanken an mich.« Er machte eine Pause, beugte sich hinunter und schnitt eine Scheibe Bierschinken ab. »Kosten Sie die bitte noch, Frau Rubens. Sie werden es nicht bereuen.«

Bille lehnte ab und verabschiedete sich eilig. Herr Häwelmann behandelte sie stets wie ein Kind, dem man eine Scheibe Wurst mit auf den Nachhauseweg gab, damit es an Mamas Hand nicht so herumnörgelte.

»Dabei bin ich schließlich nicht käuflich und schon gar nicht mit Wurst«, murmelte sie. Ein Grund mehr, Herrn Häwelmann keinesfalls zu erhören. Wer wusste, was ihm noch einfallen würde, wenn er mit ihren Aktivitäten nicht einverstanden war.

Fleischermeister Häwelmann fehlte das, was einen Mann ausmachte, den Oma Bille sich auf ihre alten Tage an ihrer Seite wünschte. Einen, neben dem sie am Morgen aufwachen wollte. Einen, mit dem sie auch über andere Dinge sprechen konnte als über passende Gewürze für die neue Wurst- und Fleischproduktion. Bille las doch so gern und liebte die Natur. Eben nicht nur die Produkte, die man aus Kühen und Schweinen herstellen konnte.

»Nur Freundschaft«, hatte Bille immer zu ihm gesagt und seinen traurigen Blick ignoriert. Wegen eines traurigen Blickes konnte man nicht heiraten, das wäre nicht richtig.

Jetzt gehe ich erst einmal campen, dachte sie und lächelte. Ihre Unruhe war allerdings noch nicht völlig verflogen. Ständig sah sie sich um, ob der junge Mann irgendwo herumlungerte und ihr auflauerte, doch er ließ sich nicht blicken.

Bille musste sich beeilen, denn sie hatte vor der Abreise noch viel zu tun. Bei der Hitze war es nicht einfach, alles in kurzer Zeit zu bewerkstelligen. Zunächst galt es ohnehin, dieses riesige Wurstpaket im Kühlschrank zu verstauen und so vor dem Verderben zu retten.

Nachdem Bille das erledigt hatte, beschloss sie, einen Proviantkorb zu packen. Ein bisschen erkenntlich musste sie sich der Familie Winterberg gegenüber schließlich zeigen, und was lag näher, als das mit schmackhaftem Essen zu tun? Sie holte die selbstgebackenen Kekse aus dem Schrank, eilte in den Keller, wo es angenehm kühl war, und suchte drei Sorten Marmelade aus. Sie fand tatsächlich ein letztes Glas Quittengelee, von dem sie wusste, dass Jan Winterberg es liebte. Quitten machten unglaublich viel Arbeit, aber Bille hatte im Alltag sonst kaum etwas zu tun, und sie liebte es, zu kochen, zu backen und einzuwecken. War das ähnlich wie die Wurstherstellung? Bille schob den Gedanken rasch weg.

Die ersten Dinge waren eingepackt, den Rest würde sie morgen hinzufügen. Mit Maja galt es nachher noch zu besprechen, wo sie all die Wurst lassen sollte. Ihren Koffer hatte Jan Winterberg bereits vom Speicher geholt und auf Billes Bett gestellt.

Jetzt lief Bille der Schweiß über die Stirn, und sie musste sich auf die Bettkante setzen. Was zum Teufel nahm man in einen Campingurlaub mit? Wie kleidete man sich auf einem Campingplatz? Sie kannte nur die Fernsehserie *Die Camper*. Eine leichte Gänsehaut kroch über Billes Rücken. Ob es da wirklich solche Gestalten gab? Nun, dann hätte sie wenigstens was zu lachen. Aber das löste ihr Kleidungsproblem leider auch nicht. Sie warf einen Blick auf ihre Bücher. Lesestoff musste sie auch ganz dringend einpacken.

Bille stand auf und inspizierte ihre Bestände. Viel besaß sie nicht, weil sie sich sommers wie winters eher klassisch kleidete. Grauer oder beigefarbiger Flanellrock, dazu ein dünner oder dickerer Pulli, und wenn sie sich schick machte, eine Bluse. An heißen Tagen wie heute durfte die auch kurzärmelig sein. Ging sie mit Herrn Häwelmann zum Tanzen, schlüpfte sie in ein schwarzweiß gemustertes Kleid, das mit einem dunklen Gürtel gehalten wurde. Mehr brauchte Bille nicht. Nur – trug man Flanellröcke beim Campen? Bille war ratlos und räumte ihren Koffer nun schon zum dritten Mal ein und wieder aus.

Ein Blick aus dem Fenster zeigte ihr, dass die Winterbergs gerade ihre Sachen in die Schränke des riesigen Wohnwagens luden. Der blockierte seit zwei Stunden mehrere Parkplätze vor dem Haus und gab Anlass zu lauten Hupkonzerten, weil die Kunden der Apotheke nicht direkt davor parken konnten. Jan Winterberg kümmerte das nicht, er war in Urlaubslaune. Morgen früh würden sie sich auf den Weg an die Nordsee machen.

Der Campingplatz lag hinterm Deich, man hatte dort wohl die See vor der Nase. Wenn sie da war und nicht Ebbe spielte. Bille hatte die Gezeiten noch nie erlebt und war auf den Blick übers Watt gespannt. Nordsee ist Mordsee, hatte sie mal gelesen, weil es gefährlich war, bei Ebbe zu weit hinauszulaufen, denn das Wasser konnte plötzlich von allen Seiten zurückkommen. Aber sicher war es dort nicht gefährlicher als in der Thüringer Straße in Oberhausen, wo sie bei glühender Hitze Lammfelldecken angedreht bekam und bei Nichtzahlung um Leib und Leben fürchten musste.

Mittlerweile freute sich Bille auf die Reise, auch wenn sie nicht ganz mit einem Urlaub in einem schicken Hotel vergleichbar war. Aber einem geschenkten Gaul sah man nicht ins Maul, und so kam sie zumindest mal raus und vor allem weit weg von hier und ihren unüberschaubaren Problemen. »Deiche sind auch Hügel, fast Berge«, tröstete sie sich. Immerhin gab es Mühlen und Leuchttürme, Möwenschiss und das Wattenmeer.

Bille wandte sich wieder dem Packen zu, und schließlich war der Koffer bis zur Hälfte gefüllt. »Ich wusste gar nicht, wie viele

Sachen ich tatsächlich im Schrank habe«, sagte sie zu sich und nahm erfreut eine hellblaue Bluse in die Hand, deren Existenz sie völlig vergessen hatte.

»Was brauche ich noch?« Wichtig war ihre Schürze. Maja, Jan und die Kinder würden wohl kaum auf ihre Kochkünste verzichten wollen, auch wenn Bille das Campingkochen erst noch erproben musste. Aber Maja hatte gesagt, im Wohnwagen gäbe es einen Gaskocher, und sie könnten zudem auf einem Zweiflammer draußen im Vorzelt kochen. Das bekam Oma Bille gewiss hin. Nur aufs Backen würde sie verzichten müssen. Doch zurück zur Kleidungsfrage. Auf Campingplätzen trug man Jogginghosen, jedenfalls sah das in Filmen immer so aus.

Bille durchwühlte die Kommode. Sie besaß nur eine einzige von diesen Hosen. Darin nahm sie ab und zu am Seniorensport teil. Schließlich durfte sie nicht einrosten, musste Krampfadern vorbeugen. Vielleicht gab es auch auf Campingplätzen so etwas wie morgendliche Strandgymnastik.

Ihr zweiter Flanellrock war sicher verstaut, dazu ein Stapel Feinstrumpfhosen und eine dunkelgrüne Strickjacke.

»Eine normale Hose muss noch mit«, sagte Bille zu sich. Irgendwo musste doch eine sein? Sie überlegte kurz, öffnete dann die Schublade und zerrte die dunkelblaue Jerseyhose mit Gummibund heraus. Eigentlich unterschied sie sich nur unwesentlich von ihrer Jogginghose. Für Jeans fühlte Bille sich zu alt, und außerdem fand sie, dass sie nicht besonders gut zu ihrer schmalen Figur passten.

Es klingelte. Laura stand vor der Tür. Sie folgte Bille ins Schlafzimmer und inspizierte den Kofferinhalt mit neugierigem Blick. »Was willst du denn mit Röcken und diesen Strumpfhosen auf einem Campingplatz? Da kriegst du höchstens Laufmaschen.« Sie krauste die Nase, als sie die eben erst verstaute Jerseyhose mit spitzen Fingern herauszupfte. »Und ganz ehrlich, Oma: So was macht dich uralt! Dabei bist du das doch gar nicht. Uralt, meine ich.«

Bille winkte ab. »Man sollte Tatsachen nicht beschönigen. Mit 73 kriecht man nicht mehr frisch aus der Tupperdose, man hat Runzeln an Leib und Seele, so ist es nun mal.«

»Du könntest zehn Jahre jünger aussehen, weil du gar nicht viele Falten hast«, entgegnete Laura. »Neue Frisur, schicke Klamotten, und du bist wie neu!«

»Ich laufe nun mal so rum. Das ist mein Style, wie ihr so schön sagt. Eine alte Karosserie sollte man nicht mehr neu spritzen.« Bille suchte mittlerweile nach ihren Lockenwicklern, ohne die sie den Tag nicht beginnen konnte. Ihre Dauerwelle war ihr heilig, dafür legte sie immer einen Betrag zurück. Gleichgültig, wie eng es bei ihr finanziell war. Die Haare mussten sitzen, Locke an Locke. Sie hasste es, wenn sie herauswuchsen. Das sah scheußlich aus. Bille seufzte. Der Friseurbesuch würde mit ihren horrenden Schulden bald nicht mehr möglich sein.

»Stimmt nicht, Oma Bille«, riss Laura sie aus ihren Gedanken. »Man ist so alt, wie man sich fühlt, sagt Mama immer. Außer mit deiner altmodischen Kleidung wirkst du gar nicht so old school.«

Was war das nun schon wieder für ein altkluger Spruch? Bille kam nicht dazu, nachzufragen, weil Laura derweil ihren Schrank durchwühlte. Plötzlich schrie sie begeistert auf. »Du hast ja sogar eine super Hose, Oma! Eine *Jeans!* Wie cool ist das denn?« Sie warf eine nagelneue Jeans aufs Bett. Am Bund baumelte noch das Preisschild. »Wenn du die anhast, siehst du aus wie eine Oma und nicht wie eine Uroma.« Laura machte eine Pause. »Nee, wie eine coole Frau.«

»Sind Omas keine Frauen?« Bille nahm Laura die Jeans aus der Hand. »*Die* findest du gut?«

»Klar, besser als deine Röcke. Sitzt die eng?«

Bille schluckte und musterte unauffällig Lauras Jeans, die sich gut an ihren Po schmiegte. In Lauras Alter war das ja in Ordnung, aber sie auf ihre alten Tage in einer Pelle im Jeansdesign? Da kam sie sich ja schon vor wie die Fleischmassen, die Herr Häwelmann in seine Häute drückte. Ihr Bauch würde eingequetscht werden, keine schöne Vorstellung. Außerdem setzte eine Jeans einen Hintern voraus, ein Gesäß, was sie nicht vorweisen konnte.

Laura hatte Oma Billes Zögern nicht wahrgenommen, oder sie ignorierte ihre Skepsis. »Hast du denn keine zweite? Vielleicht in Schwarz? Ich stell mir grad so vor, wie du damit über den Campingplatz läufst!«

Oma Bille stellte sich das lieber nicht vor. »Ich hab nur die eine, und die bleibt, wo sie ist. Ich werde sie nach meiner Rückkehr in die Altkleidersammlung geben. Zu mir passt so etwas gar nicht.«

Sie hatte nämlich nicht vor, auf ihre alten Tage noch *cool* zu werden. Sie war, wie sie war.

»Pack sie trotzdem ein, wer weiß, was alles passiert.« Laura legte die Jeans in den Koffer und kaute auf ihrer Unterlippe. »Wenn es so heiß bleibt, brauchst du Shorts.«

Bille lachte auf. Lauras Modeberatung nahm groteske Züge an. Sie schob das Mädchen beiseite, denn sie hatte ganz hinten im Regal ihren großblumigen Badeanzug erspäht. »Wenn es warm ist, ziehe ich den am Strand an. Ich hab immerhin keine Krampfadern.«

Laura kommentierte das nicht, für eine Zwölfjährige waren Krampfadern definitiv kein Thema. Sie kramte ein paar hellblaue und gelbe Kurzarmshirts mit Lochmuster aus dem Schrank und reichte sie Oma Bille.

»Jetzt noch die Nachthemden und mein Morgenmantel. Man muss doch über den Platz zur Toilette laufen, oder?«

Laura seufzte. »Das kannst du im Bademantel tun. Ein Jogginganzug wär aber auch gut. Da gibt es ganz flotte.«

Das war sicher der Fall, wenn man Geld hatte und das kaum vorhandene nicht für Lammfelldecken hinauswarf.

Laura sah sich um. »Hast du keine Badelatschen? Zum Duschen sind die wichtig.«

Oma Bille seufzte. Zum Glück ging sie außer zum Seniorensport auch zur Wassergymnastik 60+. »Im Bad, rechter Schrank unten.«

Laura stürzte dorthin, brach aber gleich in lautes Lachen aus. »Oma, das ist nicht dein Ernst, oder? Aus welchem Gruselfilm hast du die denn?«

»Was?« Bille blickte zur Tür und sah Laura mit ihrer Badekappe auf dem Kopf hereintanzen. Die Badelatschen schwenkte sie locker in der rechten Hand.

»Was hast du daran auszusetzen? Die trage ich beim Schwimmen, sonst ruiniert das Chlor meine Haare.«

»Die willst du nicht wirklich mitnehmen, oder?« Laura setzte die Kappe ab und fuhr mit den Fingerkuppen über die Spitzen der orangefarbenen Rüschen. »Es gibt in Hooksiel ein Meerwasserschwimmbad, das ist ohne Chlor. Nur mit Unmengen Salz, genau wie die See. Also weg damit!« Sie schleuderte das Ungetüm aufs Bett.

Doch Bille grapschte sofort danach. »Salz ist auch Gift für die Haare!« Ich muss meine Dauerwelle nun besonders schonen, dachte sie. Ich habe Schulden ... »Pass auf, ich lasse dir zuliebe diese Jeans im Koffer. Kleiner Kompromiss. Ansonsten nehme ich nur mit, was ich mag. Und deshalb« – sie deutete auf die von Laura in den Koffer gelegten Klamotten – »fliegt das alles wieder raus. Ich mag diese Sachen nicht mehr anziehen!«

Billes Tonfall bewirkte, dass Laura die Shirts anstandslos zurück in den Schrank legte. Bille nickte zufrieden. Diese Jeans mitzunehmen bedeutete ja keineswegs, sie auch anzuziehen. Bestimmt fand sich in Hooksiel ein Altkleidercontainer, in dem sie das Ding rasch entsorgen konnte.

»Das hätten wir«, sagte Laura kurz darauf und klappte den Deckel des Koffers herunter. Doch er ging nicht zu und sah aus wie ein Fisch mit aufgerissenem Maul.

Es klingelte an der Tür. Bille warf einen nervösen Blick Richtung Flur. Nicht, dass der Mann ... Jetzt so kurz vor ihrer Flucht ...

»Ist nur Felix«, sagte Laura. »Dann hau ich mal ab. Ältere Brüder sind die Pest, und den muss ich noch in Hooksiel tagelang ertragen.«

Felix schob sich an ihr vorbei und blickte skeptisch auf den gefüllten Koffer. »Wir essen in ein paar Minuten, Schwesterlein. Beeil dich. So kurz vorm Urlaub herrscht Notstand zu Hause. Man lehnt sich besser nicht auf. Mama gleicht gerade einer Furie.«

Laura huschte aus der Tür, aber Felix rührte sich nicht vom Fleck und schaute abwartend zu Bille.

»Ist noch was?«, fragte sie, während sie sich bemühte, den Koffer zu schließen. Es gelang ihr nicht, weil er viel zu voll war und ständig ein Stück Ärmel oder anderer Stoff herauslugte.

Felix zog die Mundwinkel hinunter. »Ja, schon.« Pause.

»Nun sag, was ist!« Ein Stück vom Reißverschluss hatte Oma Bille tatsächlich bereits zubekommen.

»Ist wirklich merkwürdig, aber vor dem Haus lungert ein Typ herum. Üble Sorte. Er hat nach dir gefragt.«

Bille bemühte sich, gleichmütig zu wirken, und beschäftigte sich weiter mit ihrem Gepäck. »Ach, was wollte er denn?«

»Keine Ahnung. Hab ihn ignoriert«, sagte Felix betont beiläufig. »Er tut so, als wäre er saugefährlich. So ein echter Muskel-Angeber.«

»Ich weiß nicht, wer das ist«, sagte Bille lächelnd. Bloß keine Aufregung zeigen! »Kann nicht wichtig sein.«

»Ich würde an deiner Stelle nicht runtergehen.« Felix schlug Oma Bille aufmunternd auf die Schultern. »Bis später, ich hau jetzt auch mal ab, sonst wird Mama tatsächlich noch zum Monster.«

»Kannst du mir kurz helfen?« Oma wies auf den Kofferdeckel, der noch immer nicht geschlossen war. Felix drückte, Bille zog, und dann war die letzte Lücke des Reißverschlusses zu.

Nachdem Felix davongeflitzt war, schlich Oma Bille zum Fenster und schaute vorsichtig am Schlitz der Gardine vorbei. Der junge Mann lehnte am Laternenpfahl und rauchte in aller Seelenruhe eine Zigarette. Bille zuckte zusammen und stieß dabei an die Gardine, so dass die sich bewegte. Der Mann sah hoch. Ein kurzes, höhnisches Nicken, dann pustete er den Qualm in ihre Richtung, ließ die angerauchte Zigarette fallen und trat demonstrativ langsam die Glut aus. Abschließend strich er noch mit der Handkante an seinem Hals entlang und trollte sich.

Die Warnung hatte gesessen. Für einen Augenblick hatte Bille das Gefühl, ihr Herz bleibe stehen. Doch dann beruhigte sie sich. Er konnte ihr nicht mehr drohen, ab morgen war sie weg und vorerst in Sicherheit. Wie gut, dass er das nicht wusste! Sie grinste breit: Oma Bille ging campen.

Frau Meyer-Semmelmann lauerte Bille im Treppenhaus auf, als sie ihren Koffer nach unten brachte. »Frau Rubens, Sie wollen tatsächlich verreisen? Ich hätte nie geglaubt, dass die Winterbergs Sie dazu überreden können.«

»Ja, nach Hooksiel. Das liegt in Friesland an der Nordsee.«

»Ach herrje! *Da* wollen Sie hin?« Das Entsetzen in Frau Meyer-Semmelmanns Stimme war unüberhörbar.

»Warum fragen Sie das? Ich meine, ich fahre zwar campen, aber ja nicht ins Dschungel-Camp«, erwiderte Bille lachend, doch der Blick ihrer Nachbarin irritierte sie.

Frau Meyer-Semmelmann verdrehte die Augen, was Bille noch stärker verunsicherte. »Frau Rubens! Die sprechen da eine sehr komische Sprache. Allein das!«

»Aber doch Deutsch?«

»Plattdeutsch. Versteht kein Mensch. Und in jedem Dorf eine andere Variante. Das ist kein Dialekt, dieses Platt, das ist eine eigene Sprache mit eigenen Gesetzmäßigkeiten. Also, wenn Sie mich fragen, grenzt das ein bisschen an Revolution!«

Das fand Bille ziemlich übertrieben, aber Frau Meyer-Semmelmann war nicht mehr zu stoppen. »Und wissen Sie, was ich kürzlich in der Zeitung gelesen habe? Die Friesen gelten als anerkannte Minderheit. Von unserer Regierung anerkannt. Also ich meine, ein Volk mit eigener Kultur und Sprache.«

Frau Meyer-Semmelmann war gut informiert, das musste man ihr lassen, aber was sollte Oma Bille mit einer solchen Information anfangen?

Ihre Nachbarin war noch nicht fertig. »Und die sagen immer Moin! Tag und Nacht.«

Nun konnte Oma Bille punkten, denn das Geheimnis hatte Annemie am Nachmittag bereits gelüftet. »Das hat ja auch mit dem Morgen nichts zu tun, Frau Meyer-Semmelmann. Moin kommt von ›moi‹ und heißt so etwas wie ›gut‹ oder so.«

Das wollte ihre Nachbarin nicht hören. Sie stieß den Besen einmal heftig auf die Fliesen, als müsse sie sich Gehör verschaffen. »Es ist doch nun wirklich egal, woher das stammt. Sie *sagen* es, das ist ausschlaggebend. Und jetzt kommt es, Frau Rubens: Die Ostfriesen und Friesen trinken ständig schwarzen Tee, ich weiß gar nicht, ob es dort Kaffee überhaupt *gibt!*«

Bille schluckte. Sie mochte keinen schwarzen Tee, sollte sie doch besser zu Hause bleiben? Ein Frühstück ohne Kaffee? »Ich denke, die Winterbergs haben eine Maschine, damit können wir ihn selbst kochen, Frau Meyer-Semmelmann.«

Die Nachbarin rümpfte ihre Nase, weil Bille sie dauernd unterbrach. »Es ist völlig exotisch, wenn da jemand Kaffee trinkt. Nur die ostfriesische Tee-Mischung ist erlaubt, drei Minuten gezogen, kleine Tassen, in die eigentlich gar nichts reingeht, gefüllt mit einem Zuckerklumpen, den sie Kluntjes nennen. Da wird dieser Tropfen Tee draufgegossen, ein Schuss Sahne drübergekippt, und stellen Sie sich vor, Frau Rubens, das Zeug darf man nicht mal umrühren! Obwohl das so ja bitter schmeckt. Ich sage Ihnen, das ist ein ganz eigenartiges Völkchen. Und wissen Sie was? Den Löffel nehmen die nur, um ihn in die Tasse zu legen, wenn sie keinen Tee mehr wollen. Hallo?«

Bille rauschten die Ohren. Sie wollte sich nicht verunsichern lassen. Es war nur wichtig, so rasch es ging aus Oberhausen fortzukommen, sie musste schließlich fliehen, nur wusste ihre Nachbarin das nicht. Frau Meyer-Semmelmann fand ohnehin kein Ende und plauderte über weitere Eigenarten der Menschen an der Nordseeküste, und nach einer Weile glaubte Bille tatsächlich, dass Friesland ebenso exotisch war wie Hawaii oder die Fidschis.

»Ich muss weiterpacken ...« Mit diesen Worten versuchte Bille schließlich der misslichen Lage zu entkommen, aber Frau Meyer-Semmelmann war noch lange nicht fertig mit ihren Ausführungen. Sie wäre bestimmt eine gute Reisebegleiterin bei den Kaffeefahrten geworden, wenn sie denn je das Bedürfnis verspürt hätte, arbeiten zu gehen, dachte Bille. Nur hätte sie in dem Fall zu viel von dem verpasst, was in ihrem Mietshaus vor sich ging.

»Nehmen Sie lieber den Wollmantel mit, Frau Rubens«, sagte sie gerade. »In Friesland ist es oft deutlich kälter als hier bei uns, das lassen Sie sich mal gesagt sein! Ach, Frau Rubens, am sichersten ist man ja doch zu Hause ...«

Was Oma Bille im Moment nicht bestätigen konnte, aber den Rest nahm sie dennoch sehr ernst. Zum Beispiel dieser Ostfriesentee ... Als alter Mensch konnte und durfte man seinem Körper nicht mehr alles zumuten. Nahrungsumstellungen förderten Verstopfung oder Diarrhöe, je nach Veranlagung. Also stieg Bille wieder in den Keller und packte Vorräte ein. Ein zweiter Koffer war nun mit eingeweckten Köstlichkeiten gefüllt. Kirschen süß. Kirschen sauer. Pflaumen, Bohnen und Gulasch.

Billes Gepäckvolumen hatte sich im Laufe des Nachmittags verdreifacht, weil ihr Stunde um Stunde mehr Dinge eingefallen waren, auf die sie während der nächsten zwei Wochen unmöglich verzichten konnte. Frau Meyer-Semmelmann hatte sie zusätzlich beunruhigt. Deshalb stapelten sich in ihrem kleinen Wohnzimmer jetzt mehrere Gepäckstücke.

Jan zog die Stirn in Falten, als er sah, was Bille mitzunehmen gedachte. »Wir fahren nicht in den Dschungel«, sagte er vorsichtig. »In Hooksiel gibt es Supermärkte mit allem, was man braucht. Es ist ganz zivilisiert dort.«

Bille tat so, als hätte sie seinen Einwand nicht gehört, schließlich widersprachen die Aussagen von Frau Meyer-Semmelmann dieser Behauptung. Es war besser und sinnvoll, auf Nummer sicher zu gehen.

Jan schaute auf den noch nicht ganz gefüllten Proviantkorb, den Bille auf dem Küchentisch abgestellt hatte. »Der soll morgen auch noch mit?«, fragte er entgeistert. »Wo soll ich den verstauen? Oma Bille, ich fahre keinen Linienbus mit Gepäckraum im Bauch. Wir haben nur einen Van, und Felix hockt auf dem Sitz im Kofferraum.«

»Wir müssen unterwegs doch etwas essen«, sagte Bille.

»Lass bitte den großen Korb hier. Den müsstest du auf den Schoß nehmen, und dann sitzt du nicht mehr bequem«, versuchte Jan Bille umzustimmen. Doch sie wusste, was sie wollte, und dazu gehörte ein gut bestückter Proviantkorb. Sie hatte der Familie gegenüber eine Verantwortung, und es war wichtig, dass alle angemessen versorgt waren.

»Oma Bille ...« Maja hatte sich dazugesellt und Jans Worte mitbekommen. »Die Fahrt dauert höchstens drei Stunden. Da müssen wir nicht einmal Rast machen. Und für den Hunger zwischendurch reicht ein Brötchen für jeden.«

Bille schüttelte den Kopf. Man musste auf dieser Reise auf alles gefasst sein. Fernab jeglicher Zivilisation auf einem Campingplatz am Meer, da galt es vorzusorgen. Sie dachte an schlechte Zeiten, Unwetter und Überfälle. In der Truhe war noch Hackfleisch gewesen, davon hatte sie Frikadellen gebraten. Natürlich durfte auch ihr spezieller Gugelhupf mit Schokoglasur nicht fehlen. Und weshalb hatten Laura und Annemie ihr beigebracht, wie man die amerikanischen Minikuchen, diese Muffins, buk? Was wären die Frikadellen ohne die eingemachten Senfgurken? Zum Nachtisch schmeckten die Sauerkirschen von Frau Meyer-Semmelmanns Sohn, der seinen Baum jedes Jahr sachgerecht zurechtschnitt, einfach köstlich, und auch die Birnen aus der Kleingartenanlage von Herrn Häwelmann. Na ja, und die anderen eingeweckten Sachen wollte sie nicht zurück in den Keller schleppen, so heiß, wie es war. Nur auf Kartoffelsalat hatte sie wegen der Hitze verzichtet. Den würde sie auf dem Campingplatz bei einem Grillabend beisteuern.

»Und wozu brauchst du zwei große Koffer und eine Reisetasche? Man kann auf dem Platz waschen. Dafür gibt es Waschmarken und bei Regen einen Wäschetrockner.« Maja lächelte sie weiter freundlich an, doch was das anging, war Oma Bille erst recht altmodisch. »Ich trockne meine Sachen seit Jahrzehnten auf dem Speicher oder draußen an der frischen Luft. Ordentlich geradegezogen, so dass man kaum bügeln muss. Wäschetrockner, pah!« Sie legte ein paar Servietten in den Proviantkorb. »Das muss alles mit. In einem Koffer sind zusätzliche Vorräte. Die werden wir brauchen beim Campen. Jan sagte zwar, man bekommt dort alles, aber ich habe da andere Informationen!«

Zum ersten Mal, seit Maja Bille eingeladen hatte mitzufahren, zeigten sich nun Zweifel auf ihrem Gesicht, ob dies wirklich eine gute Idee gewesen war.

3. Kapitel

Bille wartete seit einer halben Stunde auf das Zeichen zur Abreise, aber das zog sich hin, weil Jan den Wagen bereits zum wiederholten Male komplett aus- und wieder einräumte, in der Hoffnung, Billes Proviantkorb doch noch irgendwo unterzubekommen. Endlich winkte er, und Bille konnte die Tür hinter sich abschließen. Es war ein befreiendes Gefühl, so als würde sie mit dieser Geste ihre Probleme und den jungen Bodybuilder einsperren.

Jan war das Kunststück gelungen, Gepäck, Kinder, Ehefrau und Oma Bille optimal zu verstauen, der Proviantkorb passte allerdings tatsächlich nur noch auf ihren Schoß. Jan hatte diesbezüglich gewisse Befürchtungen, aber auch der letzte Versuch, Oma Bille umzustimmen, das Essen zu Hause zu lassen, war kläglich gescheitert.

Die Strecke auf der A1 zog sich endlos dahin. Außerdem drückte der Henkel gegen Billes Kinn, und wenn Jan über eine Bodenwelle fuhr, stieß er gegen ihren Hals, was einen Hustenreiz auslöste. Erst nach einer Stunde hatte Bille eine Sitzposition gefunden, die zumindest ihren vorzeitigen Tod verhinderte.

Sie hatten bisher vorsichtshalber nicht angehalten, weil a) keiner nach einer Pipipause verlangte und b) Jan fürchtete, seine

Mitreisenden danach nicht mehr vollständig in den Van zu bekommen.

Am Ende fuhren sie von der Autobahn ab und gelangten auf die Landstraße in Richtung Hooksiel. Die Gegend war hinter Oldenburg bereits ganz flach geworden. Und nachdem sie Varel passiert hatten, durchquerten sie ein unendlich weites Land.

Die höchsten Erhebungen sind hier die Maulwurfshügel, schoss es Bille durch den Kopf, als sie aus dem Fenster sah und die grünen Wiesen erblickte, auf denen sich schwarzbunte Kühe und Schafe tummelten. Dazwischen staksten weiße Möwen herum, und auf einer Wiese hatte sich ein Graureiher dazugesellt. Kurz hinter einem Ort, der Sengwarden hieß, ragten auf der rechten Seite Fabrikschornsteine in den Himmel. Flankiert wurden sie von einer erhöhten grünen Linie, die Lauras begeisterten Ausrufen nach der Deich zur Nordseeküste war. Dass sie ursprünglich eigentlich in die Berge hatte fahren wollen, war offenbar völlig vergessen.

Bille fiel auf, dass einige der Bauernhöfe auf Hügeln gebaut waren. »Das sind Wurten«, erklärte Jan. »Bevor es Deiche in ausreichender Höhe gab, war das der einzige Schutz gegen die Sturmfluten.«

Bille zuckte zusammen. Beruhigend klang das nicht, doch inzwischen schienen die Deiche wohl hoch genug zu sein. Maja griff nach hinten und tätschelte Billes Hand. »Ganz ruhig, der Campingplatz liegt zwar vor dem Deich, aber im Sommer sind Sturmfluten nicht zu erwarten.«

Mittlerweile war Annemie, die seit Münster in einen komaähnlichen Tiefschlaf gefallen war, erwacht und verlangte nun doch nach einer Pause, weil sie zur Toilette musste, was Jan aus Grund b) jedoch verweigerte. »Außerdem sind wir ganz bald da«, sagte er.

Felix hatte die gesamte Fahrt über teilnahmslos aus dem Fenster geschaut oder die Augen geschlossen und sich zwei Knöpfe ins

Ohr gesteckt. Er chillte. Bille hatte gestern noch mit dem Laptop, das Jan ihr mal überlassen hatte, gegoogelt, und der Sinn dieses Wortes hatte sich ihr erschlossen. Laut Wikipedia hatte dieser Zustand mit »abhängen« zu tun. Das beherrschte der Junge perfekt, wobei Bille froh war, dass sich ihre anfängliche Befürchtung nicht bestätigte. Denn als sie das Wort »abhängen« gelesen hatte, war sie im ersten Moment doch sehr besorgt gewesen. Abhängen tat auch das Fleisch von Herrn Häwelmann, das allerdings auf einem Haken. Zum Glück hatte dort als Nächstes etwas von »entspannen« gestanden …

Annemie akzeptierte die Absage ihres Vaters bezüglich der Pause und vertrieb sich nun mit Laura die Zeit damit, die nächsten Urlaubstage zu planen. Die Mädchen freuten sich mittlerweile doch auf Hooksiel.

»Gut, dass du mal aus der Stadt weg bist, Oma, und nun mit uns spielen kannst. Du hast dir vor lauter Langeweile ja schon tote Schafe gekauft«, sagte Laura, als sie Hooksiel bereits auf der Umgehungsstraße umrundeten. Jan durchfuhr einen Kreisverkehr, und zu Billes Erstaunen zeigte sich links ein hochmoderner Supermarkt. Ob Frau Meyer-Semmelmann doch wieder schamlos übertrieben hatte, so wie es ihre Art war? Bille ärgerte sich, sie hätte es wissen müssen.

»Du hast dir *was* gekauft?« Mist, Maja hatte Lauras Bemerkung mitbekommen. Sie fuhren nun geradewegs auf ein Deichtor zu, wo es links zum Campingplatz abging.

»Nur eine warme Decke«, wich Bille aus. »Ich friere im Winter immer so leicht.«

»Zwei Decken, Oma«, berichtigte Annemie sie. »Es waren zwei.«

Maja seufzte. »Hauptsache, du hast sie nicht bei einem windigen Haustürgeschäft erworben. Ich habe gehört, dass gerade wieder solche Drückerkolonnen unterwegs sind.« Sie lachte auf. »Aber nein, Oma, dazu bist du zu schlau.«

Ich bin zu blöd, dachte Bille. Laut aber sagte sie: »Nein, Maja, mach dir keine Gedanken. Ich war bei Betten Johann. Dort kaufe ich so etwas, sie haben eine sehr gute Qualität!« Ein Mal erlaubte Bille sich das Schwindeln. Es war so peinlich, dass sie einem Betrüger aufgesessen war! Das konnte sie im Leben nicht zugeben.

»Da vorn ist der Campingplatz!«, rief Laura.

Jan fuhr auf die Rezeption zu. »Bin gleich zurück«, sagte er. »Und ihr bleibt sitzen!«

Bille schaute auf den Deich und war überrascht, dass Gras so grün sein konnte. Die Farbe glich der irischen Landschaft in der Werbung für Butter. In Irland regnete es häufig. Hauptsache, das ließ nicht den Umkehrschluss zu, dass es sich hier ebenso verhielt. Der Himmel präsentierte sich zumindest momentan in einem strahlend hellen Blau, über das nur kleine Wolkengebilde zogen.

Es dauerte nicht lange, bis Jan mit einem breiten Lächeln im Gesicht zurückkam. »Endlich Urlaub!«

Er fuhr auf den Platz und bugsierte das große Gefährt zielsicher durch die schmalen Wege. Als sie die richtige Parzelle erreicht hatten, kuppelte er ab und parkte den Caravan mit dem Mover ein. Oma Bille kletterte mit den anderen aus dem Van. Ein Windzug streifte ihr Gesicht, obwohl es kaum weniger heiß war als im Ruhrpott. Das konnte ja heiter werden, wenn ihre Dauerwellenpracht allmorgendlich nach dem Frisieren von der Brise wieder in Unordnung gebracht wurde! Aber Annemie und Laura hatten sie schließlich vorgewarnt. Nur den Wollmantel würde sie bei den Temperaturen wohl nicht brauchen. Warum nur war sie auf das Gerede von Frau Meyer-Semmelmann reingefallen? Sie war wirklich viel zu gutgläubig! Das war ein echtes Manko: Sie konnte sich partout nie vorstellen, dass jemand sie anlog.

Annemie und Laura liefen aufgekratzt von hier nach dort und rissen Bille mit ihrem Geschrei aus den Gedanken. Sie wollten sofort ans Wasser.

»Erst wird das Vorzelt aufgebaut«, bestimmte Jan, die langen Gesichter ignorierend. Felix hingegen lächelte abwesend. Jan ignorierte das und warf ihm sein Zelt vor die Füße. »Bau wenigstens das schon mal auf. Dort!« Er wies in eine Ecke des Stellplatzes, die wegen ein paar niedrig gewachsener Büsche um diese Tageszeit etwas schattig war.

»Da hab ich aber Morgensonne«, stellte Felix mit einem Blick zum Himmel fest. Er hatte sich dafür offenbar aus seinem entspannten Zustand gerissen. »Da kann ich ja nicht ausschlafen!«

»Wir frühstücken ohnehin gemeinsam«, erklärte Maja und schleppte die Luftmatratze samt elektrischer Pumpe zu ihrem Sohn. »Avanti, Großer! Zum Chillen bleibt dir noch genug Zeit.«

Felix bückte sich seufzend und entfaltete seine Unterkunft. Vor ihm lag nun ein grüner Tunnel, den er in die vorgegebene Ecke zerrte, wo er lustlos die Heringe in den Boden trieb. Kurz darauf ertönte das Zischen der Pumpe, und auch die Luftmatratze nahm Form an. Danach ließ sich Felix auf einen der Campingstühle fallen und schaute dem geschäftigen Treiben seiner Eltern und Schwestern zu, die sich um den Aufbau des Vorzeltes kümmerten.

Derweil hielt Bille Ausschau nach ihrem Wohnwagen, denn sie kam sich angesichts der Aktivitäten ringsum, bei denen alle zu wissen schienen, was sie tun mussten, ein wenig überflüssig vor. Maja bemerkte ihren suchenden Blick und unterbrach ihr Tun. »Ach, Bille, da laden wir dich ein und vergessen vor lauter Aufbauarbeit, dir dein Zuhause zu zeigen! Entschuldige bitte.« Sie drückte ihr einen Schlüssel in die Hand. »Schau dort! Da steht dein Domizil für die nächsten zwei Wochen.« Sie wies auf den Nachbarplatz, der nicht durch eine Hecke von der Parzelle der Winterbergs getrennt war. Dort befand sich ein altersschwach wirkender Wohnwagen, weiß mit braun-orangefarbenen Streifen an der Seite. Hinter den Fensterscheiben hingen Häkelgardinen, und er war größer, als Bille erwartet hatte.

»Mach es dir drüben erst mal gemütlich, bis wir hier fertig sind.« Maja reichte Bille den Proviantkorb. »Die Wurst habe ich bei uns im Kühlschrank und in der Elektrokühlbox verstaut. Du hast bei dir aber auch eine Kühlmöglichkeit. Vielleicht kannst du aber eben diese Vorräte bei dir einräumen?«

Bille war erleichtert, etwas tun zu können, und näherte sich ihrem Asyl. Vor dem Caravan war bereits ein Pavillon aufgebaut, darunter standen ein kleiner Tisch (mit braun-orangefarbener Decke, passend zu den Caravanstreifen, die Ecken wurden mit Klammern festgehalten) und zwei Campingstühle, die Kissen ebenfalls farblich abgestimmt. Bei einem der Stühle war es möglich, die Lehne nach hinten zu kippen. Es wirkte alles sehr gemütlich, eben ihrem Alter entsprechend. Im Übrigen war die Sauberkeit wichtig und nicht, ob etwas modern war.

Bille schien sich hier wirklich um nichts kümmern zu müssen, was für ein paradiesischer Zustand! Wie gleichgültig war es doch, dass sie sich in einem Land der Minderheiten befand, wo Kaffee ein Fremdwort war und stets eine steife Brise wehte! Frau Meyer-Semmelmann war bestimmt nur neidisch gewesen!

Bille stellte den Proviantkorb auf dem Tisch ab und ließ ihren Blick über den Campingplatz schweifen. Eigentlich befand sie sich auf einer vollgestellten Wiese. Zugegebenermaßen ordentlich vollgestellt, denn die Caravans standen in Reih und Glied – bis auf einen überdimensionalen und doppelachsigen Wohnwagen auf dem Nachbarplatz, der alle anderen überragte, aber dem trotzdem das Kunststück gelang, innerhalb der Grenzsteine zu bleiben.

Bille setzte sich probehalber auf einen der Stühle und schloss kurz die Augen. Von nebenan drang das Klappern des Gestänges zu ihr herüber. Sie atmete die frische Brise, die sie hier im Schatten angenehm umwehte, tief ein und entspannte sich zunehmend.

Doch schon nach kurzer Zeit fand sie, dass es nun an der Zeit war, ihr Domizil von innen zu betrachten und vor allem die Vorräte zu verstauen, bevor sie in der Hitze verdarben. Vorsichtig steckte Bille den Schlüssel ins Schloss des Wohnwagens.

Sie schaute noch einmal zu Maja und den anderen hinüber, dort bot sich das Bild, das Bille erwartet hatte: Jan gab ruhig und präzise seine Anweisungen, so wie es seine Art war. Die Zwillinge packten mit an, Felix hielt zumindest eine Stange fest, hatte aber die Augen geschlossen und nickte rhythmisch mit dem Kopf, seine Ohren waren mit Ohrstöpseln verkorkt.

Bille betrat den Wohnwagen und inspizierte den Innenraum. Er war überraschend geräumig und wider Erwarten hell und freundlich. Es gab sogar ein kleines Bad mit Toilette. Die war allerdings sehr eng, so dass Oma Bille sie nur im Notfall oder in der Nacht nutzen wollte. Es war gut, dass sie den Morgenmantel und die Badelatschen dabeihatte, damit sie das Waschhaus problemlos aufsuchen konnte.

Das Bett war bereits bezogen, sie selbst war in Sicherheit und dem in Oberhausen anstehenden Besuch des Bodybuilders mit der negativen Sozialbilanz entkommen. Oma Bille seufzte zufrieden auf, verstaute dann den Inhalt des Proviantkorbs im Kühlschrank und setzte sich auf die Eckbank. Als es klopfte, schreckte sie hoch.

»Da hast du es ja gut getroffen«, dröhnte eine tiefe Stimme. Ein grauhaarig gelockter Mann ihres Alters steckte den Kopf zur Tür herein. Er trug ein dunkelblaues T-Shirt, auf der rechten Brust segelte eine Möwe. Seine behaarten Waden lugten aus farblich zum Shirt abgestimmten Shorts, zu denen er passende Flip-Flops anhatte. Das perfekte Nordsee-Styling, wie Laura es ausdrücken würde und gegen das Bille sich staubig und hässlich vorkam.

Billes Karl war farbenblind gewesen. Und stoffblind. Und drecksblind. Und ... ach, man sollte über Verstorbene nicht schlecht denken, auch nicht über Ehemänner, zumal sie ihren Karl ja sehr geliebt hatte.

Unwillkürlich strich Bille sich jetzt über die heute Morgen frisch ondulierte Dauerwelle, die auf der Reise allerdings ein paar Blessuren hatte hinnehmen müssen. Dann trat sie ihrem Besuch freundlich entgegen.

Der lächelte sie mit ausgestreckter Hand an. »Darf ich mich vorstellen? Harry Sitter, dein Campingnachbar von der rechten Seite.«

Dem Möwenmann gehörte also der Doppelachser – und er sprach Deutsch, nicht Platt, wie Frau Meyer-Semmelmann es für alle Menschen hier vorausgesagt hatte.

»Bille Rubens. Wie der Maler«, sagte sie und schämte sich augenblicklich. Nicht, dass Harry falsche Schlüsse zog. Mit diesem Maler brachte man üppige Frauen in Verbindung, ein Bild, das sie überhaupt nicht bot. Und verwandt war sie auch nicht mit ihm. »Schön, Sie kennenzulernen.«

Harry grinste. »Wir duzen uns hier alle. Wir sind Camper.«

Aha, eine große Familie, dachte Bille. Da braucht man weder Hecke noch Zaun. Und anständige Sitten wie das Siezen, das erst nach einer angemessenen Zeit des Kennenlernens aufgegeben wurde, waren ebenfalls überflüssig. Bille musste erst darüber nachdenken, ob ihr das zusagte. Mit Herrn Häwelmann siezte sie sich schließlich auch nach alle den Jahren noch, obwohl sie mit ihm tanzen ging und sogar Wurstgeschenke annahm.

»Campen ist ein Stück Lebensfreiheit, weißt du?« Harry ließ sich ganz lebensfrei neben Bille nieder. Doch sie rückte sofort ein Stück von ihm ab. Sie kannte diesen Mann überhaupt nicht! Bille wusste, was sich gehörte, und so eng neben einem wildfremden Mann zu sitzen, der sie unverfroren duzte, gehörte nicht dazu. »Ich muss jetzt draußen meiner Familie helfen«, sagte sie.

»Kein Problem.« Harry Sitter stand auf. »Wir sehen uns später. Ich werde dich in den nächsten Tagen mal nach Hooksiel zum Fischessen ausführen. Du entkommst mir nicht, so eng, wie wir beieinander stehen.« Er lachte rauh, und Bille fragte sich kurz, ob sie den letzten Satz als Drohung empfinden sollte.

Sie trat vor den Wohnwagen. Das Vorzelt nebenan stand schon fast. Jan spannte gerade die letzten Seile. »Nun haben wir eine feine Wohnwagenburg, Oma Bille«, stellte er befriedigt fest. Felix hielt noch immer eine der Vorzeltstangen umklammert und hatte sich kein Stück bewegt.

Jan stieß ihn leicht an. Als sein Sohn nicht reagierte, zog er ihm die Stöpsel aus den Ohren. »Hey, mein Sohn«, sagte er tadelnd, »das geht so aber nicht weiter mit dir!«

Felix verdrehte genervt die Augen. »Ständig meckerst du. Ich hab doch gar nichts gemacht!«

»Genau das ist das Problem«, sagte Jan. »Du hast *nichts* gemacht.« Er deutete auf die herumliegenden Heringe und Schnüre. »Los, pack die bitte mal weg.«

Widerstrebend machte Felix sich ans Werk.

»Wollt ihr gleich die Frikadellen essen?«, fragte Bille in dem Versuch, die Stimmung ein wenig aufzuhellen.

»Später, Oma Bille!« Maja dekorierte gerade ihren Campingtisch. »Ich bau erst zu Ende auf, danach können wir gemeinsam essen. Ein bisschen dauert es aber noch.«

»Gut, dann sehe ich mich mal auf dem Campingplatz um.« Es konnte schließlich nicht schaden zu wissen, wo sie sich befand. Außerdem verspürte sie nur wenig Lust, gleich wieder Harry Sitter an der Backe zu haben.

»Das ist eine gute Idee, mach das, Oma Bille«, sagte Maja.

Da auch der Rest der Familie mit den letzten Aufbauarbeiten beschäftigt war, machte Bille sich allein auf den Weg. Neben den

Winterbergs stand ein Wohnwagen, dessen Fenster mit unzähligen Window-Color-Motiven geschmückt waren – wenn man diese Bilder als Schmuck und nicht als überholten Kitsch bezeichnen wollte. Auf dem Tisch lag ein Seidenblumenstrauß, an der Ecke des »Grundstücks« winkte ein Gartenzwerg.

Bille schüttelte sich. Sie war immer noch nicht sicher, ob campen wirklich ihr Ding war. Doch sie lief weiter, bis sie das rotgeklinkerte Waschhaus gefunden hatte, und war angenehm überrascht von dem Komfort, der sich ihr bot. Einen solchen Luxus hatte sie nicht erwartet.

Da sie noch keine Lust verspürte, zurück zur Parzelle zu gehen, spazierte Bille noch eine Runde über den Platz. Seitlich ging es zur Drachenwiese und zum Spielplatz. Bille beschloss, in diese Richtung zu gehen, dort hatte sie vermutlich am ehesten ihre Ruhe. Trubel gab es in den folgenden Tagen gewiss noch genug. »Das ist ja lustig«, sagte sie grinsend, als sie entdeckte, dass auch der Campingplatz von einem hüfthohen Deich umgeben war.

Auf einer großen Zeltwiese standen etliche Motorräder. Es handelte sich um riesige Maschinen, ein paar hatten durchaus das Ausmaß eines Kleinwagens. Davor lungerten finster dreinblickende Männer herum, teilweise in zerschlissenen Jeans. Einige hatte Zigaretten zwischen den Fingern, und die meisten schmückten lange Bärte und dafür umso weniger Haupthaar. Sie wohnten in Igluzelten, die sie rings um Bierzeltgarnituren und einen überdimensionalen Grill aufgebaut hatten. Mitten auf dem Tisch stapelten sich Pappteller um mehrere Krautsalattöpfe, Ketchup, Senf und Toast. Hier würde nachher eine Grillparty steigen, das war unübersehbar.

Und alles aus der Dose! Bille schüttelte sich. Kein selbstgemachter Kartoffelsalat, kein eigenhändig angerührtes Tsatsiki. Hier fehlte eindeutig eine Frau.

Bille überlegte für einen Moment, wieder umzudrehen, denn ein wenig fürchtete sie sich vor diesen Gestalten. Aber dann schüttelte sie entschieden den Kopf. Sie werden mich schon nicht überfallen, dachte sie. Ich bin ja nur eine alte Frau, was sollen sie von mir wollen? Ich werfe ihnen die Maschinen schließlich nicht um. Also stapfte sie weiter, in der Hoffnung, den Lagerplatz umrunden zu können und von hinten zurück auf den Campingplatz zu gelangen.

Einer der Männer riss gerade einen Witz, den Bille nicht verstand, der aber Leben in die Mimik der Gesichter zauberte. Bille bemühte sich, sie nicht zu beachten. Die Typen erinnerten sie sehr an ihren Bodybuilder zu Hause, denn auch die Arme dieser Männer waren voller Gemälde. Irgendwelche Indianerköpfe oder Adler waren auf die muskulöse Haut tätowiert, mal in einem verblichenen Blau, mal fahlbunt. Bille kroch eine Gänsehaut über den Rücken. Ihr Karl hatte keine Höllenmaschinen gemocht, und er wäre niemals auf die Idee gekommen, sich Köpfe auf den Körper stanzen zu lassen. Oder Anker, Schlangen und sonstiges Getier. Sie selbst war früher mal auf einem Motorrad mitgefahren, aber darüber wollte sie lieber nicht nachdenken. Es gab Erinnerungen, die waren zu schmerzhaft.

Ohne es zu merken, war Bille stehen geblieben und musterte die Männer. Was nur faszinierte sie so an ihnen? Einer der Rocker stach ihr stärker ins Auge als die anderen, er trug trotz der Hitze braune Lederstiefel und ein dunkles T-Shirt, über das er eine Weste gezogen hatte. Sein Haar war kurz und grau, das Gesicht wurde von einem schmalen Backenbart eingerahmt. Auffällig an ihm war die mächtige Uhr, deren Armband mit bunten Steinen bestückt war. Er mochte in Billes Alter sein, wirkte aber erheblich jünger als sie mit ihrem grauen Flanellrock. Gerade streifte er sich die Stiefel von den Füßen und schlüpfte in ein Paar Flip-Flops. »Ist echt heiß, wenn man nicht auf der Kiste sitzt«, kommentierte er die Aktion.

Noch war Bille den Männern nicht aufgefallen, aber das konnte sich rasch ändern, wenn sie weiterhin so tat, als stünde sie im Zoo vor einem Gehege und warte nur darauf, dass der Affe endlich die Banane schälte.

Trotzdem vermochte Bille nicht weiterzugehen. Die Männer und deren Maschinen zogen sie in den Bann. Jedes Motorrad hatte ein eigenes Design, wirkte aufgemotzt und individuell gestaltet, ein Unikat, das der Besitzer sicher selbst kreierte. Einige schmückten goldene Adler, andere ein Feuer auf dem Tank. Einige Sitze waren schwarz, andere hatten Schlangenleder-Optik. Die eine oder andere Maschine war mit Packtaschen bestückt, deren metallische Nieten im einfallenden Sonnenlicht glänzten. »Harley-Davidson«, flüsterte Bille, »das müssen diese Rockermaschinen sein.«

Waren diese Rocker nicht allesamt in Banden organisiert und beschäftigten sich mit Drogenhandel und Prostitution? Billes Herz schlug schneller. Nicht, dass sie doch gekidnappt oder ausgeraubt wurde! Also, nichts wie weg hier. Sie drehte sich um und machte sich schnurstracks auf den Weg zurück zur Parzelle.

Dabei war ihr entgangen, dass ihr der Rocker mit den Flip-Flops und der Weste längst schräg über die Wiese entgegenschlenderte. »Interessierst du dich für Harleys?« Der Spott in seiner Stimme war unüberhörbar.

»Nein.« Bille blieb stehen. »Ich mag Motorräder nicht, und ich kenne mich auch nicht damit aus.«

»Macht nichts. Siehst du diese Harley? Das ist meine.« Er wies auf eine von denen, die Bille für sich eher als Kleinwagen bezeichnet hatte, weil sie so hoch und breit war. »Ist eine Electra Glide«, sagte er nicht ohne Stolz. »Eine ganz besondere Maschine. Ist quasi mein Baby.«

Oder dein Frauenersatz, fügte Bille in Gedanken hinzu. Diese Harley-Fahrer kloppten auch nach all den Jahren noch immer dieselben Sprüche. Das kannte sie von Wolfi, aus dem bestimmt etwas hätte werden können, wenn er sich keine Höllenmaschine gekauft hätte. Warum sprach der Mann sie überhaupt an?

»Ich mag wirklich keine Motorräder«, wiederholte Bille. »Sind zu gefährlich. Schlechte Erfahrungen.« Sie wollte eigentlich weitergehen, doch sie verharrte wie angewurzelt vor dem Mann, dem sie nun zum ersten Mal in die Augen sah. Sie passten nicht zu ihrem vorgefertigten Bild, denn darin entdeckte sie eine freundliche Wärme. Die Iris war grau, und wenn Licht auf sie fiel, funkelten darin Sterne. Das passte doch nicht zu einem Rocker!

Der Tätowierte grinste. »Eine Oma, die auf heiße Öfen steht, wäre ja auch eigenartig. Das gibt es nur im Film.«

»Früher fand ich das toll«, wehrte Bille sich. »Aber nur bis ...« Sie brach ab. Verdammt, warum rechtfertigte sie sich vor dem Kerl? Das hatte sie weiß Gott nicht nötig. Sie hasste Motorräder. Punkt. Und Rocker passten nicht zu ihr, deshalb wurde es Zeit, diese Unterhaltung abzubrechen.

»Schon gut.« Der Mann grinste. »Brauchst nichts weiter zu erklären. Ich bin übrigens Franz. Bin mit meinen Kumpels auf Bikertour.«

»Bille Rubens. Aus Oberhausen.«

Bist du nun völlig durchgedreht?, dachte Bille im nächsten Moment erschrocken. Du kannst einem potenziellen Verbrecher doch nicht verraten, wie du heißt!

Franz schaute Bille eine Spur zu lange an. Was sollte denn das schon wieder? Vermutlich glaubte er, sie sei ein willkommenes leichtes Opfer. Aber da hatte er die Rechnung ohne sie gemacht, auch mit 73 war man noch lernfähig, und sie würde sich von ihm nicht ins Bockshorn jagen lassen. Das hatte sie mit ihrem Bodybuilder bereits hinter sich.

»Willst du mal eine Spritztour machen? Als Beifahrerin?«

Oma Bille lächelte verkrampft, und in ihr regte sich Unmut. Allerdings war sie zu höflich, Franz anzufahren. Die Winterbergs warteten jetzt bestimmt schon mit dem Essen. Sie wollte schleunigst die Frikadellen auf den Tisch bringen. »Ich muss los, einen schönen Tag noch!« Sie, die kleine Oma Bille im grauen Flanellrock, auf einer Spritztour mit einer Harley-Davidson. Alberner ging es wohl nicht! Der Mann wollte sie doch auf den Arm nehmen!

»Hey, komm. Macht echt Spaß! Auch in unserem Alter.«

Bille war verunsichert. »Es ist außerordentlich gefährlich, Motorrad zu fahren.«

Jetzt lachte Franz dröhnend auf. »Motorradfahren ist gefährlich? Ach was. Busfahren kann auch tödlich sein.«

»Natürlich, aber Sie müssen zugeben ...« Bille unterbrach sich selbst.

Franz hatte den Kopf zur Seite geneigt und sah sie amüsiert an. »Was muss ich zugeben?«

Bille winkte ab. »Ach, egal! Ich habe gar keinen Helm.«

»Sie hat keinen Helm.« Abermals grinste er. »Aber der Franz, der hat einen. So einen echten Thunderbike, der perfekt zu deinem Lockenkopf passt. Wäre nur super, wenn du eine Jeans hättest. Flanellrock und Harley passt so gar nicht zusammen.«

»Sie sind ein Flegel!« Bille schnappte empört nach Luft. Nun war ihr doch eine schärfere Bemerkung herausgerutscht, es galt immerhin, diesen Herrn in die Schranken zu verweisen. Es gab bestimmt jüngere, willige Dinger, die sich von ihm und seiner Höllenmaschine beeindrucken ließen. Der wollte sich doch nur über sie, die alte Frau, lustig machen. Aber nicht mit ihr!

»Ich meine es ernst«, antwortete Franz. »Ich wollte, dass du auch ein bisschen Fun hast, mehr nicht.«

Bille schnaubte. »Mein lieber Herr ... Herr ...« Sie winkte ab, seinen Nachnamen hatte er ihr ja nicht verraten. »... Franz, ich kenne Sie gar nicht. Ich mag keine Motorräder und Harleys schon mal gar nicht, und ich finde alles drumherum sehr ... gewöhnungsbedürftig.«

»Ich wollte doch nur –«

Bille unterbrach ihn. »Bitte akzeptieren Sie das! Ich sehe vielleicht so aus, als sei ich alt und ein bisschen einfach, aber wissen Sie etwas? Ich bin in meinem Leben oft genug veräppelt worden. Ich habe keine Lust auf ein weiteres Mal.« Bille entfernte sich schnellen Schrittes von der Zeltplatzwiese. Ihr reichte es!

»Morgen soll es nicht so windig sein!«, rief Franz ihr nach. »Ich erwarte dich gegen zwei Uhr! Wo hast du denn deine Parzelle?«

Bille antwortete nicht mehr. Eine Spritztour auf einer Harley-Davidson, Electra Glide! Was für ein schwachsinniges Angebot. Mit 73! Da fuhr man Bus oder Bahn mit dem Seniorenticket oder saß auf der Rückbank eines Familienvans, sofern man wie Bille keinen Führerschein hatte. Aber auf dem Sattel einer Harley, da saß man bestimmt nicht.

Bille war insgeheim sehr stolz auf sich. Noch nie, wirklich noch nie in ihrem Leben hatte sie einem Menschen derart Kontra geboten. Sie war auf einem guten Weg.

Kurz bevor sie um die Ecke zum Campingplatz bog, kicherte sie albern. Was war das schon jetzt für ein Urlaub! Sie war noch keinen ganzen Tag in Hooksiel und hatte bereits die zweite Herrenbekanntschaft gemacht. Der eine Mann hatte sie spontan zum Essen eingeladen, der andere wollte mit ihr Motorrad fahren. Wenn das Fleischermeister Häwelmann wüsste! Als er ihr seine Salami geschenkt hatte, hatte er sicherlich keine Gedanken daran verschwendet, dass die Konkurrenz hier gleich um 200 Prozent anwachsen würde.

Davon hatte Frau Meyer-Semmelmann nicht gesprochen, als sie von ihrer Nordseereise erzählte. Aber vielleicht kannte Frau Meyer-Semmelmann das Männerproblem nicht. Es gab bestimmt kaum jemanden, der täglich von einer Frau mit Klobürste in der Hand empfangen werden wollte, vermutlich war ihre Nachbarin deshalb auch ledig. Billes Mann war zwar tot, aber immerhin hatte sie mal einen gehabt! Und nun offenbar ein paar Verehrer in der Warteschlange. Kein schlechter Schnitt für ihre 73 Jahre. Wahrlich nicht!

Das war wie zu ihren besten Zeiten, als junge Frau. Oder als sie zur Kur in Horn-Bad Meinberg gewesen war und ihr gleich der dicke Anton Avancen gemacht hatte. Aber mit ihm verhielt es sich ähnlich wie mit Fleischermeister Häwelmann. Der dicke Anton hatte eine Bäckerei und kreierte Torten. Die Gesprächsthemen waren folglich für Bille genauso einschläfernd wie die des Wurstmachens von Herrn Häwelmann, wobei es beim dicken Anton stets darum gegangen war, ob mit Rosinen oder ohne, und bei Herrn Häwelmann eben, wie viel Speck die Salami vertrug. Das war zwischendurch bestimmt mal ganz interessant, als tägliches Frühstücksthema jedoch eher abschreckend.

Außer mit Fleischermeister Häwelmann hatte Bille sich hin und wieder auch mit dem ebenfalls verwitweten Herrn Sieberfink getroffen. Ihm war sie bei ihrem Spaziergang am Rhein-Herne-Kanal begegnet, wo er täglich seinen Silberpudel Baldur ausführte und seine Spaziergänge stets so legte, dass er Oma Bille in die Arme laufen musste. Er war forscher als der Fleischermeister Häwelmann und hatte ihr schon dreimal das Du angeboten. Natürlich hatte Bille abgelehnt, weil sie Gefahr lief, dass darauf ein Heiratsantrag folgte. Der Mann tickte so. Nur wollte sie erstens nicht Sieberfink heißen, zweitens mochte sie keine Silberpudel, und drittens sollte man keinen Mann ehelichen, der Plüschhasen sammelte. Diese Leidenschaft lebte Herr Sieberfink mit Hingabe aus, wie er ihr gleich zu Beginn gestanden hatte. Als sie dann doch einmal zum Kaffee zu ihm gegangen war, hatte er das Sofa erst freiräumen müssen, und Bille hatte beschlossen, nicht eines seiner Häschen sein zu wollen.

Franz sammelte ganz sicher keine Plüschhasen und Silberpudel, sondern jagte mit seiner Electra Glide über die Straßen. Und ganz sicher schraubte er ständig an ihr herum. Auch das war ihr von Wolfi in Erinnerung. »Wichtig ist nicht, welche Harley du dir kaufst, wichtig ist, dass sie danach anders ist als die anderen«, hatte er oft gesagt.

So waren sie, die Harley-Fahrer, da hatte sich über die Jahrzehnte nichts geändert. Und als Frau musste man immer noch die Maschine als Zweitliebe neben sich dulden.

Die Harley von Franz wirkte auf jeden Fall sehr individuell. Genau wie seine Tattoos und das Shirt mit dem Totenkopf-Aufdruck. Für einen Augenblick sehnte Bille sich nach Herrn Häwelmann, der ihr mit seiner Salamitaktik gerade wesentlich charmanter erschien als der ölverschmierte Rocker.

»Ich warte auf dich!«, hörte sie Franz noch rufen. »Morgen, okay?«

Bille verlangsamte den Schritt. War es nicht fair, jedem Menschen eine Chance zu geben? Doch dann vernahm sie etwas völlig anderes: Es waren die Stimmen seiner Kumpel, die lautstark einen altbekannten Song über den Zeltplatz grölten: »Meine Oma fährt im Hühnerstall Motorrad, Motorrad, Motorrad! Meine Oma …«

Übertönt wurde der Song schließlich von »Highway to hell!«.

Als sie zum Stellplatz zurückkam, war alles fertig aufgebaut. Bille fand, dass es ein guter Moment war, um ihre kulinarischen Köstlichkeiten auf den Tisch zu bringen. Kochen, backen, das waren ihre Stärken. Turteln mit wildfremden Kerlen hatte sie noch nie gekonnt, und wenn sie zudem tätowiert waren und wirkten, als kämen sie von einem anderen Planeten, war sie endgültig überfordert. Sie konzentrierte sich besser auf das, was sie gut beherrschte.

Bille holte den Korb, nahm ein paar Köstlichkeiten wie die kleinen Frikadellen aus dem Kühlschrank und plazierte alles auf dem Campingtisch. Maja würde in ihren Schränken sicher Teller und Besteck haben.

Doch bevor sie danach fragen konnte, ertönte von links neben den Winterbergs ein herzzerreißender Schrei. »Mein Gold! Mein ganzer Schmuck ist weg! Hier auf dem Platz treibt ein Dieb sein Unwesen!« Aus dem Wohnwagen mit den Window-Color-Motiven stürzte eine blondierte Frau, die in Ballonseide gehüllt war. Ihr folgte ein schwergewichtiger Mann, in Partnerlook gekleidet. Er fiel über den Gartenzwerg in einen der Papierlampions, die ihrem Stellplatz am Abend wohl eine romantische Note verpassen sollten. Der Mann rappelte sich aber schnell wie hoch und wischte den Papierrest vom Ärmel.

Jan war augenblicklich zur Stelle. »Sollen wir den Platzwart informieren?«

Die Blondine schüttelte den Kopf. »Ich kann mir schon denken, wer das war! Seit gestern sind Rocker auf dem Platz. So richtige Rocker! Dass man die überhaupt hier zulässt, ist eine Zumutung für alle Gäste.«

Oma Bille betrachtete die Ballonseidenfrau. Sie redete offenbar von Franz und seinen Freunden. Sie waren anderen hier also ebenfalls aufgefallen.

Jan versuchte, die Nachbarin zu beruhigen. »Wenn der Schmuck wirklich weg ist, müssen Sie das melden, und es sollte auch die Polizei informiert werden.«

Die Frau schluchzte auf. Ihr Mann legte den Arm um ihre Schultern. »Salome, du Arme. Ich weiß ja, wie sehr du an genau diesen Ketten und Ringen hängst.«

»Genau, Johannes! Ich habe das alles von dir bekommen ...« Salome sank kraftlos in seine Arme, und Bille fragte sich, wann die Frau wohl wie ihre Namensvetterin in der Legende den Kopf des Mannes serviert bekäme. Salome und Johannes, das hatte einen eigenartigen Beigeschmack. Bille ahnte, warum sie die Frau auf Anhieb nicht mochte.

4. Kapitel

Hier irgendwo musste es sein. Hier irgendwo lag Hooksiel. Wie konnte ein Ort Hooksiel heißen? Justus verfluchte den Tag, an dem er sich auf den Kuhhandel mit dieser Omi eingelassen hatte. Er war kein Lammfelldeckenverkäufer, er war ein cooler Dealer, der Unmengen Stoff unters Volk brachte. *Das* war seine Aufgabe! Trotzdem war es besser, jetzt nicht zu scheitern. Und nun war ihm diese Oma auch noch durch die Lappen gegangen und einfach in den Urlaub gefahren! Aber er kam schließlich nicht aus Dummsdorf und hatte seine Ohren überall. Hooksiel klang nicht gerade nach Weltstadt, da würde ihm sein Silberlöckchen schon über den Weg laufen.

»Oma geht also campen ...« Justus grinste und ließ seine Muskeln spielen, auch wenn ihn während der Fahrt keiner sehen konnte. Es gab ihm ein gutes Gefühl. Er fingerte die Sonnenbrille aus dem Handschuhfach und setzte sie auf, das steigerte seine Unantastbarkeit noch.

Er hoffte, nicht allzu lange in diesem friesischen Kaff bleiben zu müssen. »Auftrag ausgeführt!«, würde er demnächst seinem Boss schreiben können. Und sich dann wieder den wirklich kriminellen Aufgaben des Lebens widmen. Hatte der Job mit dieser Oma zunächst leicht und lässig ausgesehen, nahm er nun doch eine kompliziertere Wendung.

Justus entdeckte ein Schild, das ihm sagte, er müsse am Kreisel die zweite Ausfahrt nehmen, wenn er zum Campingplatz wolle. Die dritte führte nach Schillig und Horumersiel, bei der ersten bog man in den Ort ab. Nun, es konnte sicher nicht schaden, Hooksiel mal kurz seine Aufwartung zu machen, immerhin hatte er seit Stunden nichts gegessen, und irgendeine Pizzeria würde es in dem Fischerdorf ja wohl geben.

Justus steuerte den Ford Ka ins Zentrum von Hooksiel. Ja, er fuhr nur solch eine Gurke, zu mehr reichten die Einkünfte nicht. Aber was nicht war, konnte schließlich noch werden. Die Ortsdurchfahrt war für den Durchgangsverkehr gesperrt, er musste abbiegen und gelangte schließlich zum Hafen. Dort gab er einmal kräftig Gas, um den Touris deutlich zu machen, dass nicht *irgendwer*, sondern Justus durch ihren verschlafenen Ort fuhr. Leider beeindruckte es niemanden, die Auspuffanlage war zu leise.

»Ihr Friesen werdet euch eines Tages vor mir fürchten«, zischte Justus. »O ja, das werdet ihr. Aber jetzt fang ich mit der silbergelockten Oma an. Der werden spätestens morgen die Knie zittern.«

Justus gefiel sich als Supermann, selbst wenn ihm noch nicht ganz klar war, wie er Oma Bille auf dem Campingplatz einschüchtern wollte. Aber ihm würde bestimmt etwas einfallen, notfalls nutzte er seine Muskeln, und die hatten sie bereits in Oberhausen so eingeschüchtert, dass sie willenlos seinen Anweisungen gefolgt war.

Kurz darauf hatte Justus Hooksiel durchquert. Er wendete und stellte seinen Wagen am Hafen ab. Nach ein paar Schritten wurde er fündig. Da Nello hieß der Laden, und er war überrascht, was für eine hervorragende Pizza er dort serviert bekam. Weil es ihm so gut schmeckte, bestellte er noch ein Tiramisu hinterher und genoss den feinen Schokoladengeschmack. Danach fühlte er sich gewappnet für alles, was auf ihn zukommen würde.

Auf dem Rückweg ging es nur langsam voran, weil sich die Urlauberströme durch das Fischerdörfchen schoben und sie natürlich alle Zeit der Welt hatten. Als Justus den Kreisel erneut erreichte, bog er zum Strand ab, wo sich auch der Campingplatz befand.

»Goldschmuck ist richtig viel wert!« Oma Bille hörte das Gespräch der Zwillinge mit an, während sie den Tag im lauen Abendwind auf dem Relax-Sessel ausklingen ließ. »Was meinst du, wie reich der Dieb ist, wenn der noch mehr klaut? Überall ein bisschen, dann hat keiner richtig großen Schaden, aber bei den vielen Leuten auf dem Platz lohnt es sich!«

Annemie und Laura waren vom Auftauchen der Polizei völlig beeindruckt gewesen. Natürlich konnte der Dieb nicht dingfest gemacht werden, und die Beute war nicht wieder aufgetaucht.

Reich, ja, reich wäre Bille auch gern, wer träumte nicht davon? Steckte man in ihrer Haut, träumte man sogar noch ein bisschen mehr als andere. Diese Schulden waren eine immense Belastung und für Bille eine neue Erfahrung, hatte sie doch in ihrem ganzen Leben noch nie welche gemacht. Nur einmal hatte sie sich bei Herrn Häwelmann fünf Euro ausgeliehen, weil sie ihre Geldbörse zu Hause vergessen hatte. Das Geld hatte sie ihm am nächsten Tag sofort zurückgegeben, so wie es sich gehörte.

Ob der Bodybuilder ihre Wohnung bereits auf den Kopf gestellt hatte? Bei der Vorstellung, sie wäre allein zu Hause geblieben und ihm gnadenlos ausgeliefert, wurde ihr noch immer abwechselnd heiß und kalt. Wie viel lieber lag sie nun unter dem norddeutschen Sternenhimmel und war in Sicherheit!

Zudem hatte sie hier bereits angenehme Abwechslung und wurde von einem Mann wie Harry hofiert, der schon rein äußerlich ein anderes Kaliber war als Herr Häwelmann oder Herr Sieberfink. Und Manieren hatte dieser Harry! Er hatte vorhin mit einem Piccolo vor ihr gestanden und sich dann mit ihr übers Lesen und über das Künstlerhaus in Hooksiel unterhalten. Dort wollten sie die nächsten Tage mal hin. »Vor dem Gebäude befindet sich eine ausnehmend amüsante Skulptur«, wusste Harry Sitter zu berichten. »Ein Mann mit Taucherflossen und Rettungsring, zu seinen Füßen schwimmt ein Fisch, den er zu jagen scheint. Und, werte Bille, es gibt sogar ein Weihnachtshaus in Hooksiel. Es ist das ganze Jahr über geöffnet. Wenn Sie hingegen historisch interessiert sind: In dem Örtchen wurde auch Kapitän Hegemann geboren. Er fuhr in die Arktis und überlebte dort mit seinen Seeleuten 2000 Tage. Ja, es gibt viel zu sehen in Hooksiel, und es ist für jeden etwas dabei!« Über Bilder und Kunst, geschweige denn Bücher, konnte Bille weder mit Herrn Häwelmann noch mit Herrn Sieberfink plaudern. Herr Häwelmann guckte nur Fußball, er war Schalke-Fan und saß mit seinem königsblau-weißen Fan-Schal vor dem Fernseher oder verbrachte die Wochenenden im Stadion. Natürlich auch mit Fan-Schal und dazu dem passenden Käppi. Bille wunderte es nicht, dass er auch Wurst im Schalke-Mantel anbot. Um die Rot-Weiß-Oberhausen-Fans nicht zu verprellen, lag aber die Fleischwurst mit Kümmelnote in rot-weißem Design direkt daneben und wurde extra für die Oberhausener angefertigt. Die Wurst ging weg wie warme Semmeln!

Herr Sieberfink wiederum erweiterte seinen Horizont mit Vorabendserien und *Dr. House,* ab und zu schaute er auch Ballerfilme wie *Alarm für Cobra 11*. Die Gesprächsthemen waren deshalb sehr beschränkt. Meist ging es um den Bau einer guten Autobombe oder den perfekten Mord.

Bei Harry Sitter schien das ganz anders zu sein.

Aber generell wollte Oma Bille lieber allein bleiben. Neulich beim Frauen-Computerkurs hatten die anderen Frauen derartige Schreckensszenarien in Bezug auf ihre Ehemänner entwickelt, dass Bille beinahe schwindlig geworden war. Dabei waren die Damen im Durchschnitt 10 bis 15 Jahre jünger als sie. Ach nein, Oma Bille konnte auf einen neuen Mann in ihrem Leben gut verzichten. Aber sie würde es genießen, sich mit Harry über kulturelle Dinge auszutauschen, das war immer noch besser, als über Schalke-Wurstkreationen zu debattierten. Oder über das günstigste unnatürliche Ableben.

Die Diskussion der Mädchen war weitergegangen, und nun horchte sie wieder auf.

»Und wenn Salome nun recht hat und diese Rocker wegen krimineller Aktivitäten hier sind? Gut getarnt als Bikertour, fahren sie in Wirklichkeit von Platz zu Platz und klauen?«

Vorhin war Franz an Billes Parzelle vorbeispaziert, und er hatte sich betont unauffällig verhalten. Hatte auch Salomes Palast mit keinem Blick gewürdigt. War das Tarnung? Immerhin konnte er sich ein großes Motorrad leisten, preiswert war das sicherlich nicht.

»Es gibt zwei Möglichkeiten«, murmelte Bille, »entweder hat er so viel Geld, dass er nicht stehlen muss, oder er besitzt deshalb eine Harley, weil er stiehlt.« Man konnte es drehen und wenden, wie man wollte, zu einem Ergebnis führten die Gedanken definitiv nicht. Es war besser, sie hielt sich zurück.

»Wenn man ganz viel Schmuck klaut, kann man sich bestimmt einen Palast bauen.« Lauras Stimme. »Stell dir vor, eine Villa mit Swimmingpool in den Bergen!«

»Mit goldenen Badezimmergriffen!«

»Armaturen«, verbesserte Felix, aber seine Schwestern ignorierten die Bemerkung.

»Salome hat massig Geld, guck dir doch den großen Wohnwagen an. Das ist ein Tabbert«, flüsterte Laura.

»Sie wird sich nicht selbst beklaut haben, davon wird man schließlich auch nicht reicher«, wandte Annemie ein. »Außerdem ist der Wohnwagen nicht neu.«

»Stimmt auch wieder. Und sie trägt diese altmodischen Jogginganzüge. Wer zieht so was noch an? Das ist ja Steinzeit pur.«

»Jungsteinzeit.«

»Frühes Neolithikum.«

Bille grinste, denn die Mädchen prahlten mit ihrem erworbenen Wissen aus dem Erdkundeunterricht. Nannte man das heute noch so? Die Unterrichtsfächer hatten sich seit ihrer Zeit derart verändert, dass sie oft gar nicht mehr wusste, von welchem Fach die Kinder sprachen.

»Wir kommen so nicht weiter«, fasste Annemie zusammen. »An die Rockertheorie von Salome glaube ich nicht, das wäre zu einfach. Und du hast recht: Sie wird sich kaum selbst bestohlen haben, das ergibt keinen Sinn!«

Es sei denn, Salome und Johannes wollen ihre Versicherung betrügen, dachte Bille. Sie sagt, der Schmuck sei weg, und in Wirklichkeit hat Johannes ihn mitgenommen und bunkert ihn irgendwo. »Ich könnte ihnen ja mal auf den Zahn fühlen«, murmelte Bille. Dann aber brachte sie sich gleich selbst zur Räson. »Du bist nicht die Miss Marple von Hooksiel! Und von Ermittlungen hast du keine Ahnung, also halt dich da raus.«

»Wenn ich das Gold finden würde«, erklärte Laura eben, »weiß ich gar nicht, ob ich es der Tussi zurückgeben würde. Hallo? Die führen sich hier so angeberisch auf! Wie sie noch vorhin damit geprahlt hat, dass sie zu Hause sogar einen Pool im Garten haben! Und sie besitzen einen dicken Wohnwagen, selbst wenn sie ihn mit ihren komischen Fensterbildern völlig verunstaltet haben. Voll prollig. Die brauchen den Schmuck doch gar nicht.«

»Vielleicht hängt sie aus romantischen Gründen an dem Schmuck«, überlegte Annemie. »Und man muss auch bei reichen Leuten ehrlich bleiben.«

Bille schloss die Augen. Es gab wirklich viele Menschen, die nur so in Geld schwammen. Denen ein paar gestohlene Goldketten gar nichts ausmachten, weil sie sich einfach neue kaufen konnten. Sie würden nicht leiden, wenn ihnen etwas Geld abhandenkam, es war ja noch genug da. Bei Oma Bille war es eben nicht da, und leider würde sich das nach ihrer Reise auch nicht geändert haben. Das Problem war lediglich aufgeschoben, aber nicht aufgehoben.

Das Geflüster der Zwillinge war verstummt. Bille sah sie im Wohnwagen verschwinden, das Thema »Diebstahl Salome und Johannes« hatte sich bei den Mädchen offenbar erschöpft. In Bille aber kreisten die Überlegungen weiter.

Es gab auf dem Platz noch mehr Camper wie Königin Salome und Gemahl. Was hatten die Mädchen zu Beginn des Gesprächs gesagt? Wenn man den gutsituierten Campern ab und zu ein bisschen wegnahm, nur winzige Sümmchen, die kaum auffielen und die nicht wehtaten, wäre man schnell reich und hätte keinem wirklich geschadet. Billes Rücklagen würden in einer stetig ansteigenden Kurve wachsen, immerhin hatte sie zwei Wochen lang Zeit, sie zu füttern und zu mästen. Sie würde nur die Gutsituierten besuchen ...

Bille konnte die Gunst der Stunde nutzen, denn immerhin trieb ja ein »echter« Dieb auf dem Platz sein Unwesen. Zwar waren jetzt alle wachsamer, aber man würde ihr, der harmlosen Oma Bille, sicherlich keinen Diebstahl zutrauen. Sie trug Flanellröcke und Dauerwelle. Und wenn sie nur bei den Reichen einstieg, war das fast legitim, so wie ein moderner Robin Hood.

Bille zuckte bei ihren Überlegungen zusammen. Ihr Herz raste. Sie und kriminell! Unvorstellbar. Sie und Robin Hood – der Vergleich hinkte, weil sie sich mit dem Diebstahl selbst bereichern und nicht etwas Gutes damit tun wollte. Also Schluss damit!

Billes Herz klopfte noch stärker. Stolperte. Du liebe Güte, was für abscheuliche Gedanken purzelten ihr durch den Kopf?

»Ich habe doch nicht mal ein Glas Wein getrunken und benehme mich wie beschwipst!« Bille stand auf und kletterte in ihren

Wohnwagen. Dort überprüfte sie wie von einem inneren Zwang getrieben den Kopfkissenbezug. Sie hatte dasselbe Versteck wie zu Hause gewählt, und die vermaledeite Rechnung über die Lammfelldecken hatte sich leider auch hier nicht in Luft aufgelöst. Das Papier knisterte verdächtig, als sie es auseinanderfaltete. Auch die Summe hatte sich nicht reduziert. Bille konnte es drehen und wenden, wie sie wollte: Sie steckte tief in der Klemme. Aber eines würde sie bestimmt nicht tun: zur Diebin werden.

Franz köpfte die Bierflasche und saugte den herausspritzenden Schaum auf. Er liebte das herbe Jever Pils und beschloss, auch zu Hause darauf umzusteigen. Warum hatte er Bille Rubens (die übrigens überhaupt nicht aussah wie eine Rubens-Frau) angesprochen? Sie sogar zu einer Spritztour eingeladen? Diese Bille war beinahe so alt wie er, und das Schlimme war, man sah es ihr an. Das konnte doch nicht sein Ernst sein! Er, der große Franz, der locker eine Mittvierzigerin auf seine Harley bekommen konnte, wenn er es drauf anlegte, sprach eine gleichaltrige Oma an?

Er überlegte, warum er zu ihr gegangen war. Sie hatte hilflos gewirkt, etwas unglücklich. Und als sie ihn angesehen hatte, waren ihr Alter, ihre altbackende Kleidung und all das plötzlich völlig nebensächlich. Da waren nur noch ihre Augen gewesen. Die blaue Iris, bei der er glaubte, in die Tiefe des Meeres zu sehen. Wurde er jetzt zum Romantiker, oder was? Franz nahm einen weiteren Schluck aus der Flasche. Tiefblaue Meeresaugen, wie kam er nur auf solch absurde Ideen? »Sie erinnern mich an Helga«, flüsterte er ergeben, als ihm deutlich wurde, was wirklich dahintersteckte. Helga, seine verstorbene Frau. Die große Liebe seines Lebens. Sie war sein Lebensinhalt, sein Augenstern gewesen. Nie hatte er einer anderen Frau hinterhergesehen, geschweige denn Helga betrogen. Sie waren eins gewesen, Helga und er, ein Team. Schlimm waren lediglich die Momente, wenn sie nicht zusammen sein konnten. Wie hatte er jedes Mal sehnsüchtig auf den Moment gewartet, als sie wieder um die Ecke bog! Erst dann war sein Leben wieder in der Spur.

Aber Helga war fort.

Billes Blick war ähnlich bezaubernd wie ihrer. Dieses Tiefsinnige, so als hinterfragte sie die Welt auf eine ganz besondere Art und Weise und immer mit einem liebevollen Augenmerk. Er hatte nicht geglaubt, das noch einmal zu erleben, und deshalb war er binnen Sekunden völlig aus der Fassung geraten.

»Du mutierst hier gerade zum Totalromantiker«, schimpfte Franz mit sich. Was war nur in ihn gefahren? Ihm fehlten die Worte für seine Gefühle. »Ich werde wohl alt, anders ist dieses Gedankenchaos nicht zu erklären.«

Die Bierflasche war leer, doch in dem Kasten vor seinen Füßen stand noch eine weitere. Hier halfen im Grunde nur eine junge Frau oder Alkohol. Erstere war nicht in Sicht, und ehrlicherweise musste Franz zugeben, dass er dazu auch gar keine Lust verspürte, tanzte doch Billes Gesicht ständig vor seinem inneren Auge.

Seine Freunde zündeten gerade unter lautem Gejohle den Grill an, Gott sei Dank würde er gleich abgelenkt sein.

Mike war unbemerkt hinter ihn getreten. »Sag mal, Alter, macht dir das Greisentum zu schaffen? Du führst seit Minuten *Selbstgespräche!*«

»Sorry, ich war in Gedanken«, sagte Franz erschrocken. »Was geht heute ab?«

»Grillen, siehst du doch. Oder meinst du, die Jungs machen einen Regentanz, weil uns die Sonne nicht passt?« Mike schlug seinem Kumpel auf die Schulter. »Was zum Henker ist los mit dir?«

»Nichts, holst du uns noch ein Bier? Der Kasten ist leer.« Franz trank die angefangene Flasche auf ex. Zwei Pils hintereinander. Das hatte er in seiner Jugend besser abgekonnt, jetzt wurde ihm leicht schwindelig. Und ihm zitterten die Hände, hoffentlich bemerkte Mike das nicht. Er musste sich wirklich zusammenreißen, damit seine Jungs ihn nicht aufzogen, allen voran Doc Gringo und ErTeEl. Das Lied von der Oma im Hühnerstall war Bille gegenüber nicht besonders nett gewesen. Aber damit er sich nicht vollends zum Gespött der Gruppe machte, hatte er mitgesungen, wenn auch nur leise. Er musste sich behaupten, denn er war der heimliche Alterspräsident und es war wichtig, sich die besten Kumpels warmzuhalten. Vor allem Doc Gringo, der einen Bart bis zur Hüfte trug und nie ohne Sonnenbrille anzutreffen war. Sein Wort galt unter den Jungs etwas. Niemand kannte seinen richtigen Namen. Er fuhr die individuellste Maschine, schraubte ständig daran herum und hatte immer, wirklich immer, ölige Finger. Kein Wunder, dass er schon lange nicht mehr als Doc arbeitete. Er war mal Chirurg oder so gewesen, jedenfalls ein Weißkittel. Ärzte waren normalerweise in ihren Kreisen nicht besonders angesehen. So reiche Stinker, die sich eine Kiste leisten konnten, aber sie normalerweise »von der Stange« kauften. Gringo hatte es anders gemacht. Den Traum von Freiheit gelebt, das bürgerliche Leben samt Arztpraxis hinter sich gelassen. Vor ihm wollte Franz wirklich nicht als senil dastehen.

ErTeEl hingegen hatte nie etwas anderes getan, als Harley zu fahren. Zumindest von dem Zeitpunkt an, als er sein erstes Harley-Schaukelpferd bekam, denn auch sein Vater war Harley-Fahrer gewesen. ErTeEl hatte nichts gelernt, war aber perfekt darin, eine Maschine aufzupeppen. Cruiste er nicht mit dem Motorrad durch die Gegend oder bastelte daran herum, guckte er eines der RTL-Programme. Oder einen anderen Privatsender. Er nannte das Bildungsfernsehen, vor allem *Dschungelcamp*, *Der Bachelor* und *Frauentausch* empfand er als sehr informativ und psychologisch tiefsinnig. Franz hatte es aufgegeben, mit ihm darüber zu diskutieren. ErTeEls Niveau war eher niedrig, obwohl er ein guter

Kumpel war, mit dem man immer Spaß haben konnte. Nur wäre Franz' heimliche Schwärmerei für Bille ein gefundenes Fressen für seine spitze Zunge. Franz musste sich also zusammenreißen, wollte er nicht zum Gespött seiner Kumpels werden.

Mike kam mit zwei neuen Flaschen Jever zurück. Er entfernte die Kronkorken mit den Zähnen, lehnte er doch Hilfsmittel als spießig ab. »So, Alter, nun mal Butter bei die Fische. Was geht ab?« Er nahm einen Schluck und wischte sich mit dem Handrücken über die Lippen. »Bevor Doc Gringo und ErTeEl kommen, will ich wissen, warum du so nachdenklich bist. Haben wir dir irgendwas getan?«

»Quatsch!« Franz nahm einen Zug. So konnte er noch ein paar Sekunden überlegen, was er Mike antworten wollte.

»Ist es diese Omma?«

Treffer. Scheiße.

Franz schwieg und wand sich unter Mikes bohrenden Blick. Sie kannten sich schon viele Jahre, es war unmöglich, ihm etwas vorzumachen.

»Franz, das ist eine alte Schachtel, du kannst doch echt was Jüngeres haben! Was willst du ausgerechnet von der? Die läuft ja rum wie von vorgestern!«

»Ich will gar nix von ihr. War ein Spaß, mal zu gucken, was eine Alte zu meiner Einladung sagt.« Franz stieß mit Mike an, das Glas klirrte. »Aber sie wirkt so ... nett. Wir hätten sie hinterher nicht verarschen sollen. War unfair.«

»Nett ist das liebevolle Wort für langweilig«, konterte Mike. »Das sagt doch alles. Jetzt trink dein Bier, danach gehen wir zum Grill, und du vergisst die Olle ganz schnell.« Er machte eine Pause. »Und Mann, Alter! Was heißt denn schon unfair? Die Frau siehst du nach unserem Abgang nie wieder!«

Franz nickte. Mike hatte ja recht. Nur spukte ihm gerade ständig durch den Kopf, dass sämtliche Affären seit Helgas Tod schiefgegangen waren. Keine einzige Frau hatte mehr sein Herz berührt. Wirklich nicht eine. Klar, er hatte schöne Frauen an seiner Seite gehabt. Wunderschöne Frauen. All die Jahre war er durch die Lande gestreift, nicht ahnend, wonach er eigentlich suchte, weil da nur noch diese Leere war. Dieses Gefühl, er habe das Wichtigste verloren, und dazu der Trotz, sich nun alles zu nehmen, was sich ihm bot. Und doch hatte sich diese Leere nicht wieder gefüllt. Im Gegenteil, sie war größer geworden, so dass er sich meist wie eine mit Luft gefüllte Hülle fühlte. Das Gefühl war nur dann weg, wenn er auf der Electra Glide saß. Und jetzt rührte diese Bille etwas in ihm, aber er konnte nicht einmal sagen, was genau es war.

»Mann, nun komm mal wieder runter, Kumpel!«, riss Mike ihn aus den Gedanken. »Eine Omi in Flanell, geht's noch? Die sieht aus, als könnte sie deine Mama sein, und das heißt bei deinem Alter schon viel.« Mike grinste und köpfte eine weitere Bierflasche. Danach rülpste er dreimal hintereinander.

»Benimm dich, Mann!«, herrschte Franz ihn an. »Es gibt tatsächlich so etwas wie ein kultiviertes Auftreten, selbst wenn man eine Harley unter dem Arsch hat.«

»Vor allem unter dem *Arsch!* Hörst du dir eigentlich noch selbst zu?«

»Ach, lass mich in Ruhe, Mike. Ich muss nachdenken.«

»Jetzt sag nicht, über Frau Flanellrock!«

Franz schüttelte den Kopf. Aber sein Kumpel gab nicht auf. »Brauchst du jetzt so etwas? Pass auf, wir gehen gleich nach dem Grillen auf Tour und gucken mal, wo eine fetzige Strandfete läuft, und dann geht die Post ab. Notfalls suchen wir eine Disko. Das bringt dich auf andere Gedanken, diese Trauermiene ist ja kaum auszuhalten!«

»Ich hab keinen Bock auf Strandfete.«

»Das darf ich Gringo und ErTeEl echt nicht erzählen, die bringen dich samt deiner Harley in die Klapse. Franz will nicht feiern!« Mike warf die leere Bierflasche ins Gras, zuckte mit den Schultern und machte sich an den Satteltaschen seiner Maschine zu schaffen, bis er gefunden hatte, was er suchte. Er hielt einen Flachmann in der Hand, den er ebenfalls mit den Schneidezähnen öffnete und dessen Inhalt er dem Bier hinterherkippte. »Die Frau trägt *Oma-Röcke!* Franz! Oma-Röcke! Knielang! Vergiss es!«

Justus hatte den Campingplatz endlich erreicht und saß nun rauchend vor seinem Zweimannzelt. Was tat er sich an, bloß um eine alte Frau zu finden? Hatte er das nötig, dafür in einem *Zelt* zu schlafen? Gut, es war eines, das sich selbst entfaltete, und es war nagelneu. Sein Boss hatte es angesichts der veränderten Situation springenlassen.

»Verdammt, Justus, natürlich hast du das nötig, weil dir für jedes Hotel der Welt die Kohle fehlt!« Ohne diese Aktion würde er immer ein armer Schlucker bleiben. Zog er das mit den 2000 Flocken jedoch erfolgreich durch, standen die Zeichen super dafür, dass er mehr solcher Aufträge bekam und sich ein finanzielles Polster zulegen konnte. Mal was anderes als die Drogendealerei. Es war also wichtig, dass Justus seinen Job gut machte. Richtig gut.

Er tat sich normalerweise schwer damit, zuzugeben, wenn es ihm mies ging, und er spielte sich vor allem vor seinen Freunden gern damit auf, dass er stets gut bei Kasse war. Das hatte ihm einen sicheren Platz in der Clique beschert – Kohle zu haben war immer gut.

Justus rutschte hin und her. Ihm war das rechte Bein eingeschlafen. Egal, er wollte sowieso ein wenig herumstromern, denn vorhin hatte er die Alte nicht entdeckt, war ja verdammt groß hier. Er hatte gedacht, zack, rauf auf den Platz, die Oma ein bisschen unter Druck setzen und ab durch die Mitte. Aber sie war nicht auffindbar, zu allem Überfluss hatte er sich in den Gängen auch noch verlaufen. Zumindest hatte er die Nordsee vor der Nase, denn der Platz grenzte direkt an die See, und so haftete der Arbeit zumindest ein Hauch von Urlaub an.

Gegenüber feierten ein paar Rocker. Justus beneidete sie. Doch statt darüber nachzudenken, sollte er lieber endlich Bille Rubens finden. Nicht, dass sie doch woanders untergekommen war, weil ihre Krampfadern oder irgendwelche anderen Zipperlein sie davon abgehalten hatten, sich hier niederzulassen. Alten Leuten und nervigen Gören war alles zuzutrauen.

Justus stand auf, wackelte mit seinem Bein, schlenkerte es hin und her, bis das Kribbeln aufhörte. Danach stapfte er los und ließ die Rockergang hinter sich, obwohl er am liebsten mit ihnen ein Bier getrunken hätte. Er schlenderte am Waschhaus vorbei, bog mal links, mal rechts ab. Immer dorthin, wo er glaubte, noch nicht gewesen zu sein. Schließlich lief er geradewegs auf einen überdimensionalen und sehr teuer wirkenden Wohnwagen zu, den der Fahrer sicher eher zum Angeben als für eine lange Urlaubsreise nutzte. Mit dem Teil kam man ja um keine Kurve!

Daneben duckte sich ein älteres Modell, das neben dem Angeberteil geradezu verschämt wirkte. Allein die braun-orangefarbenen Streifen vermittelten einen demütigen Eindruck. Dort schlich gerade ein Mädchen heraus, das ihm ungeheuer bekannt vorkam. Die lungerte doch mit einer anderen, die völlig identisch aussah, immer vor ihrem Haus in Oberhausen herum!

Bingo, Treffer, versenkt. Er hatte den richtigen Riecher gehabt. Er würde einen Besen schlucken, wenn sich sein Opfer nicht irgendwo hier in der Nähe versteckte! Justus schnalzte zufrieden mit der Zunge. Das lief ja wie geschmiert. Er vermutete die Oma in dem altersschwachen Gefährt nebenan.

Justus sah auf die Uhr. Heute wollte er nichts mehr tun, aber morgen würde er der Dame mal fein auflauern und ihr deutlich machen, dass sie mit ihrer Flucht weiß Gott nichts gewonnen hatte. Ihm entkam man nicht! Justus beobachtete, wie die Gardine am alten Wohnwagen für einen Augenblick beiseitegeschoben wurde. Gleich darauf zerrte jemand den Stoff hastig wieder vors Fenster. Hatte sie ihn gesehen? Dann würde der Oma heute Nacht bestimmt die Düse gehen, und schon bald hätte er seine Kohle in der Tasche und sein Boss war zufrieden. Wobei Justus noch immer nicht verstanden hatte, was genau der Typ mit der Aktion bezweckte. Ihm war es wichtig, dass diese Frau Rubens massiv unter Druck gesetzt wurde und zahlte. Nun, dafür konnte Justus sorgen, das war kein Problem.

»Findest du nicht, dass Oma Bille irgendwie bedrückt aussieht?«, fragte Laura ihre Schwester, als sie vom Waschhaus zurückkam. »Sie starrt ständig vor sich hin, so als müsse sie nachdenken, ob das Leben überhaupt noch schön ist.«

»Ach Quatsch. Oma Bille hat eben Urlaub. Ich glaube, sie war noch nie weg und nun genießt sie ihre Ruhe.«

»Ihre Ruhe?« Laura schüttelte entschieden den Kopf. »Oma Bille hat das ganze Jahr über ihre Ruhe. Und ich habe darüber nachgedacht, seit wann sie so verändert ist.«

Annemie zuckte mit den Schultern und blätterte gelangweilt eine Seite in ihrem Buch um. »Und?«

»Seit sie diese komischen Decken gekauft hat. Als wir sie darauf angesprochen haben, hat sie eigenartig reagiert. Heute Nachmittag, als wir hier angekommen sind, war es für kurze Zeit besser. Aber gerade kam sie mir auf dem Weg zum Klo entgegen, und da hatte sie wieder dieses Saure-Gurken-Gesicht. Als wäre ihr ein Geist begegnet.«

»Meinst du?« Annemie ließ das Buch sinken und betrachtete Oma Bille, die vor ihrem Wohnwagen in dem Relax-Sessel saß und die Augen geschlossen hielt. »Du könntest recht haben. Sonst strahlt Oma von innen, aber sie wirkt tatsächlich wie ein Trauerkloß. Das sieht man sogar jetzt, wo sie so tut, als würde sie schlafen!«

»Macht sie aber nicht. Die Füße zucken, siehst du das? Außerdem war sie eben noch in ihrem Wohnwagen.«

Annemie nickte. »Vielleicht war ihr warm?« Sie pustete sich eine Strähne aus der Stirn. »Ist es ja schließlich auch – warm, meine ich.«

»Was ist, wenn Oma Bille Mama die Wahrheit verschwiegen hat? Die Decken sind nicht vom Fachmarkt, die hat ihr jemand aufgeschwatzt, und irgendetwas stimmt damit nicht. Ich möchte ihr so gern helfen! Oma Bille ist immer für uns da, und ich glaube, jetzt steckt sie in irgendeinem Schlamassel! Ist nur so ein Gefühl, weißt du?«

»Vielleicht hängen ihre Sorgen wirklich mit diesen Decken zusammen. Da hing zu Hause so ein windiger Typ vor der Haustür rum, der hat Oma komplett nervös gemacht«, erklang Felix' Stimme wie aus dem Off.

Die Zwillinge schnellten herum. »Felix? Chillst du nicht mehr?«

»Doch, ich brauch aber mal 'ne Pause. Ist ein wenig *boring.*«

»Red Deutsch mit uns, wir verstehen auch so, dass du dich langweilst.« Laura deutete auf den leeren Stuhl. »Also, was genau hast du gesehen? Und bitte ein bisschen fix, Mama und Papa kommen gleich bestimmt vom Strandspaziergang zurück, und ich glaube, wir sollten das Ganze erst mal für uns behalten.« Sie machte eine bedeutungsschwere Pause. »Erwachsene müssen schließlich nicht alles wissen.«

Felix stimmte ihr zu und erzählte dann von dem jungen Mann auf der Straße. Er schloss mit den Worten: »Oma Bille hat zwar so getan, als wüsste sie gar nicht, wovon ich rede, aber sie war ganz schön nervös.«

»Wir müssen das weiter beobachten, ich will einfach nicht, dass es ihr schlechtgeht. Wer weiß, wer sie da übers Ohr gehauen hat.« Laura zog die Nase kraus. Oma Bille saß noch immer vor ihrem

Wohnwagen, hatte nun allerdings die Augen geöffnet und starrte ins Nichts. Nahm nicht wahr, dass sich eine getigerte Katze über die Parzelle schlich. Realisierte weder den feinen Windhauch, der ihre Dauerwelle verwuschelte, noch das Mondlicht, das ihre Augen streifen würde, wenn sie auch nur einen Augenblick den Kopf hob.

»Kein Wort zu Mama oder Papa!«, sagte Annemie. »Wir finden raus, was Oma Bille bedrückt, und dann stellen wir demjenigen nach. Der wird nichts mehr zu lachen haben.«

Die drei hoben die Hände wie zum Schwur.

Es wurde von Minute zu Minute ruhiger auf dem Platz. Die eben noch vom Strand herüberschallende Musik war verstummt, der Geruch nach Grillfeuer wurde vom Meeresgeruch abgelöst. Hin und wieder schallte noch ein Lachen über den Campingplatz, hin und wieder knackte eine Wohnwagentür. Bille nahm an, dass sie sich vorhin geirrt hatte, als sie glaubte, diesen jungen Mann aus Oberhausen vor dem Wohnwagen gesehen zu haben. Das konnte nicht sein! Woher sollte er denn wissen, dass sie ausgerechnet hier Urlaub machte?

Von ihrer Reise hatte sie nur Frau Meyer-Semmelmann und Herrn Häwelmann erzählt. Der junge Mann musste anderweitig Wind von ihrem Aufenthaltsort bekommen haben. Vielleicht hatte er sich die Information auch erschlichen, und Frau Meyer-Semmelmann hatte ihm ihren Aufenthaltsort versehentlich preisgegeben, redefreudig, wie sie war. So könnte es gewesen sein.

»*Wenn* er es überhaupt gewesen ist, ganz sicher bin ich mir schließlich nicht«, flüsterte Bille. Sie setzte sich aufrecht hin. »Doch egal, ob der Typ hier ist oder nicht, ich muss sehen, wie ich an das Geld komme.«

Bille schreckte hoch, weil Stimmen zu ihr herüberdrangen. Maja und Jan kamen vom Spaziergang zurück. Sie waren so in ihr

Gespräch vertieft, dass sie Bille gar nicht wahrnahmen, zumal es mittlerweile dunkel geworden war. Sie verschwanden in ihrem Vorzelt, und kurz darauf klackte die Wohnwagentür hinter ihnen.

Harry Sitter schlenderte vom Waschhaus kommend an ihrer Parzelle vorbei und blieb für einen Augenblick stehen. »Guten Abend, werte Bille. Ich habe für übermorgen in der Alten Schneiderei einen Tisch bestellt. Um 19 Uhr, ist das passend?«

Bille schnappte nach Luft. Es war ein Gebot der Höflichkeit, eine Dame zuvor zu fragen, ob sie das überhaupt wollte!

»Bitte sei nicht böse, dass ich so eigenmächtig gehandelt habe, aber ich war gerade in Hooksiel, und da dachte ich, es sei eine wunderbare Überraschung für dich.« Harrys Blick hatte etwas Flehendes, und da Bille ohnehin schlecht nein sagen konnte, zog sie es vorerst vor, zu schweigen. Doch als sie in diesem Moment den Rocker Franz den Weg entlangschlendern sah, musste sie grinsen. »Meine Oma fährt im Hühnerstall Motorrad«, sangen die Männer in ihrem Ohr. Unverfroren und frech war das gewesen. Respektlos.

Sie hob ihre Stimme, damit Franz auch wirklich jedes Wort verstand. Sie würde nicht mit ihm Motorrad fahren, aber mit ihrem Platznachbarn essen zu gehen war kein Problem. Franz sollte den Unterschied ruhig erkennen.

»Ja, Harry. Ich gehe sehr gern mit dir essen. Ich freu mich darauf!« Franz brauchte wegen seiner blöden Spritztour gar nicht mehr angekrochen zu kommen!

Der Rocker war für einen Augenblick stehen geblieben und verschwand nun wortlos in der Dunkelheit. Was auch immer er vorgehabt hatte – eine Entschuldigung oder gar ein neuer Anlauf –, Bille hatte ihn in seine Schranken verwiesen. Sie war hochzufrieden.

»Ich wünsche dir noch eine gute Nacht, Harry«, setzte sie nach, in der Hoffnung, dass Franz es noch hörte, obwohl ihr das Du noch immer schwer über die Lippen kam. Harry entfernte sich höflich und verschwand in seinem Wohnmobil.

Bille war jetzt viel zu aufgekratzt, um schlafen zu können. Was war das für ein Tag gewesen! Sie musste erst einmal runterkommen, egal, wie spät es mittlerweile war. Sie huschte kurz in den Wohnwagen, schlüpfte in ihre Strickjacke und verließ danach die Parzelle. Es würde ihr sicher guttun, sich ans Meer zu setzen und in den weiten Sternenhimmel zu schauen. Vielleicht kam sie dort zur Ruhe.

Bille atmete tief ein. Was hatte sie für Hoffnungen gehegt, als Jan und Maja sie einluden, mitzukommen. Und nun sah es so aus, als würde sie bis in den Urlaub verfolgt.

»Du bist eben eine Närrin. Vor Problemen kann man nicht davonlaufen, man muss sich ihnen stellen. Das solltest du in deinem Alter wirklich wissen!«, schalt sie sich, während sie den Weg in Richtung Nordsee entlanglief. Einen Strand gab es zwar nicht direkt am Campingplatz, dazu musste man ein kleines Stück laufen, aber man gelangte über kleine Trampelpfade zum Meer.

Das Schlendern beruhigte sie. Es war eine laue Sommernacht, der Wind hatte sich gelegt, und die Sterne funkelten am Firmament. Der Mond thronte hoch über der Nordsee, die Lichter von Horumersiel glitzerten herüber. Am Horizont glitt ein Frachter entlang, und plötzlich kam in Bille Fernweh auf. Sie näherte sich dem Wattenmeer, doch vorher musste sie einen Grasstreifen überqueren, es roch nach Heu und Sommer. Bis zum frühen Abend hatte sie von hier die Mähdrescher stampfen gehört.

Kurze Zeit später fühlte Bille Sand unter den Füßen, dann wurde es feuchter, je näher sie der Wasserlinie kam. Sie schlüpfte aus den Schuhen, band die Riemchen zusammen und traute sich sogar, die Strumpfhose auszuziehen. Sie wollte den Sand zwischen ihren Zehen fühlen, das leichte Kribbeln unter den Fußsohlen, wenn sie sich über den Untergrund abrollten. Bille stopfte die Strumpfhose in die Schuhe und stellte sie an einer kleinen Senke ab. Am Wattsaum angekommen, lauschte Bille dem Knistern des Schlicks und setzte sich auf eine der Sandabbruchkanten. Sie legte den Kopf in den Nacken und genoss die Weite über sich. Der Himmel über Friesland war viel weiter als der im Ruhrpott. Dort sah man ihn immer nur zwischen den Häuserzeilen, und meist verfremdeten das Licht der Straßenlaternen und der Rauch aus den Industrieanlagen das Bild.

»Der Abend ist viel zu schön, um sich mit negativen Gedanken zu belasten. Wie sagte Scarlett O'Hara? ›Morgen ist auch noch ein Tag‹«, flüsterte Bille. »Ich fange besser erst morgen mit meiner kriminellen Karriere an.« Sie lachte albern, weil sich die Idee, irgendwo einzubrechen, wieder nach oben gearbeitet hatte und sich hier am Meer einfach nur lustig anfühlte. Ihr Karl würde sich im Grab umdrehen, wenn er davon wüsste. Ach, nicht nur umdrehen würde er sich: einen Salto schlagen!

»Was für eine Nacht ...«

Oma Bille zuckte erschrocken zusammen, als hinter ihr eine dunkle Männerstimme ertönte. Warum zum Teufel verfolgte sie der Altrocker?

Bleib höflich, Bille, dachte sie. Man weiß nicht, ob er womöglich mir nichts, dir nichts zur Bestie mutiert, wenn man sich ihm widersetzt.

Langsam drehte sie sich um. »Ach, Sie sind es«, sagte sie mit gespielter Leichtigkeit, während sie Franz musterte, der mit verschränkten Armen hinter ihr stand. »Können Sie sich nicht früher bemerkbar machen? Warum erschrecken Sie eine alte Frau?«

»Du, hier ist man per du!« Franz schlug Oma Bille kumpelhaft auf den Rücken, entschuldigte sich aber im selben Atemzug für sein Benehmen und sagte grinsend: »Ich muss den Umgang mit Damen erst wieder erlernen.«

Obwohl sie sein Auftreten nach wie vor unmöglich fand, musste Bille zugeben, dass Rocker-Franz ein spannenderer Typ war als

Herr Sieberfink oder Herr Häwelmann. Bei ihrem Wohnwagennachbarn kam der Kuttenmann allerdings nicht mit. *Der* hatte Manieren und hatte sie in ein piekfeines Restaurant eingeladen!

Franz setzte sich neben Bille und verschränkte die Hände hinterm Kopf, während er die Sterne betrachtete. »Du hast ja keine Schuhe an.« Das war ihm in der kurzen Zeit also auch aufgefallen.

»Und keine Strümpfe«, rutschte es Bille heraus. Vor Schreck schlug sie ihre Hand vor den Mund. »Entschuldige, es ziemt sich wohl nicht, das einem mir völlig unbekannten Herrn zu sagen.« Sie wurde rot, als sie spürte, wie Franz' Blick zu ihren Beinen wanderte. Bille versuchte, den Rock tiefer übers Knie zu ziehen, was sich jedoch als unmöglich herausstellte. Was sie da gesagt hatte, war ja an Peinlichkeit kaum zu überbieten! Womöglich nutzte dieser Rocker gleich seine Chance und fiel über sie her ... Außer ihnen war hier niemand, und wenn sie nicht alles täuschte, hatte er eine Bierfahne.

»Ich schau nicht hin, und die fehlenden Strümpfe habe ich längst vergessen. Ehrlich!«

Bille sprang auf und lief ein Stück zurück, wo es trockener und sandiger war. Dort setzte sie sich auf eine kleine Düne und zupfte erneut den Rock über die Beine. Sie wusste selbst nicht, warum sie nicht einfach verschwand und sich stattdessen von Franz einlullen ließ. Er folgte ihr wie selbstverständlich und ließ sich erneut neben sie fallen.

»Warum willst du nicht mit mir Harley fahren?«, fragte er. »Ich frage nicht oft Frauen, ob sie mich auf der Maschine begleiten wollen. Ehrlich.«

»Warum denn mich?«

Der Rocker druckste herum. Schabte mit der Fußspitze im Sand. Rieb sich das Kinn. Und schwieg.

Bille glaubte ihm kein Wort. Wollte der Mann sie veräppeln? Von wegen, er nahm keine andere Frau auf seiner Maschine mit.

Wahrscheinlich hatte der Sattel schon eine dicke Sitzkuhle von all den Damenhinterteilen!

»Ich fahre nicht Motorrad. Nicht mit und nicht ohne Helm«, sagte Bille. Sie wusste, dass sie etwas schnippisch klang. »Schon lange nicht mehr.«

»Du bist also schon mal gefahren?«

Bille nickte, biss sich aber auf die Lippen. Franz hatte ihr keine Antwort gegeben, da würde sie ihm von Wolfi und seiner Harley ganz bestimmt nichts erzählen.

Franz hakte auch nicht weiter nach, und so saßen sie eine Weile stumm im Sand und schauten auf die Weite des Wattenmeeres.

»Ob die Diebe wohl wieder herumstreifen?«, fragte Franz plötzlich.

Bille fühlte sich plötzlich unwohl, so allein mit ihm am Strand. »Wie kommst du darauf, dass die Diebe wieder unterwegs sein könnten? Viele auf dem Platz glauben, deine Kumpel haben damit zu tun.«

»Na, du glaubst doch den Mist nicht, der über mich und die anderen erzählt wird? Wir wollen nur unsere Ruhe, ab und zu ein bisschen durch die Gegend fahren, grillen und dann weiter.«

»Ihr fahrt also bald woandershin?«

»Denke schon. Aber ein bisschen bleiben wir noch.« Franz' Tattoos glänzten im Mondschein auf den muskulösen Unterarmen. Vom Strand her erklang leises Lachen, aber die Menschen waren viel zu weit weg. Bille überkam eine Gänsehaut. Es war besser, sie verschwand so rasch wie möglich.

»Du glaubst also auch, dass wir Mörder, Diebe und Betrüger sind? So, wie es alle denken, bloß weil wir eine Harley unter dem Arsch ... äh, Hintern, haben?« Frank zupfte einen Dünengrashalm ab und steckte sich das Ende in den Mund. »Nun sag schon!«

Bille beschloss, gute Miene zum bösen Spiel zu machen. Sie wollte Franz keineswegs reizen. Er hatte wirklich eine Bierfahne, er war Rocker. Er fuhr Harley. Sie musste achtgeben, was sie sagte.

»Nein, ich möchte mir darüber kein Urteil erlauben. Für mich gilt immer: im Zweifel für den Angeklagten. Man darf Menschen schließlich nicht nach Äußerlichkeiten beurteilen.«

Auf Franz' Stirn bildete sich eine tiefe Falte.

»So meinte ich das nicht«, beeilte sich Bille zu sagen, doch es war zu spät. Franz erhob sich abrupt und klopfte den Sand von seiner Jeans. »Hab verstanden, Bille. Schönen Abend noch!« Er tippte sich mit der Handkante an die Stirn und verschwand zum Campingplatz.

Bille stolperte durch den Sand zurück, fand aber ihre Schuhe nicht auf Anhieb. Sie war ein ganzes Stück zu weit nach rechts geraten. Wie dumm, dabei hätte sie sich doch nur in Richtung des Weges zum Platz halten müssen. Wie konnte man in ihrem Alter auch so unvernünftig sein und einfach Schuhe und Strümpfe irgendwo liegen lassen! Sie war wirklich nicht mehr ganz zurechnungsfähig.

Mit gesenktem Blick schlurfte Bille am Weg entlang, bis sie das Gesuchte gefunden hatte. Dann eilte sie schnurstracks zum Campingplatz zurück. Für heute hatte sie die Nase voll.

5. Kapitel

Oma Bille stand am nächsten Tag lange vor den anderen auf. Sie deckte den Campingtisch vor dem Wohnwagen der Winterbergs, holte Brötchen und plazierte einen Teil ihrer mitgebrachten Vorräte auf dem Tisch. Gestern war schon etliches in den Mündern der drei Kinder verschwunden. Sie freuten sich über Billes Essen. Das wiederum tat ihr gut, als sie jetzt darüber nachdachte, denn sie hatte sich in der Nacht die ganze Zeit hin und her gewälzt, weil sie kein Auge zubekam. Und am frühen Morgen war ihre schlimmste Befürchtung wahr geworden: Auf dem Weg zum Waschhaus war sie dem jungen Mann aus Oberhausen begegnet. Er hatte sie tatsächlich bis nach Hooksiel verfolgt.

Bille saß nun vor dem gedeckten Tisch und bemühte sich, ihre Gedanken zu sortieren. Es half nichts: Sie musste handeln, und zwar so rasch es ging. Ihre eiserne Reserve von 553,60 Euro aus dem Wohnzimmerschrank hatte sie mit hierher genommen, aus lauter Furcht, der Kerl würde bei ihr einbrechen und das Geld stehlen. Sie hatte es in ihrem zweiten Schuhpaar hinten im Campingschrank versteckt. Wer vermutete schon Geld im Gesundheitsschuh einer alten Dame? Den Rest würde sie sich nun beschaffen müssen, auch wenn es ihr noch bis gestern völlig unmöglich erschienen war. Sie würde das Geld »besorgen«. Nach und nach. Und immer nur ein bisschen, damit es nicht auffiel. Kein Mensch würde ihr, der kleinen Oma Bille, so etwas zutrauen. Ehrlich gesagt traute sie es sich ja nicht einmal selbst zu.

»Ich schau mich nachher mal auf dem Platz um und spähe aus, inwieweit es überhaupt möglich ist, mich unauffällig zu bereichern«, murmelte sie vor sich hin. Ein bisschen Vorbereitung konnte schließlich nicht schaden, aber allein bei der Vorstellung begann Billes Herz zu rasen.

Insgeheim hoffte sie, dass sie schon von der Unmöglichkeit des Vorhabens abgehalten wurde. Sie würde nach kurzer Zeit zurückkehren und festgestellt haben, dass sie nirgendwo einfach einsteigen und etwas stehlen konnte.

Bille seufzte. Wie wäre es, eine andere Identität anzunehmen? Also, nicht wirklich wie im *Tatort*, sie konnte schließlich nicht ohne weiteres aus dem Leben der Winterbergs verschwinden. Aber vielleicht half es, wenn sie sich ein bisschen anders kleidete und der junge Mann sie deshalb nicht mehr erkannte? Es war ohnehin viel zu heiß und zugegebenermaßen unpraktisch, wie sie herumlief. Kein Wunder, dass die Rocker ... Nein, dafür gab es keine Entschuldigung, und sie sollte nicht versuchen, es schönzureden. Ihre Hosen, die sie eingepackt hatte, fand sie ebenfalls unpassend, und den ganzen Tag in einer Jogginghose herumzuspazieren, war unter Billes Niveau. Da hielt sie es mit Karl Lagerfeld. Der hatte mal gesagt, Menschen in Jogginghosen hätten die Kontrolle über ihr Leben verloren. Das bezog sich natürlich nicht auf die Nutzung beim Sport, sondern wenn man tagein und tagaus darin herumstiefelte. Wenn Bille eines wollte, dann die Kontrolle behalten.

Heute war ein wundervoller Tag, er versprach genauso sommerlich warm zu werden wie gestern. Vor dem klarblauen Himmel zogen weiße Möwen ihre Kreise, die Luft roch nach Meer und Tang, ein wenig süßlich. Darunter mischte sich eine leichte Brise, die den Geruch von Sommer mit sich trug.

»Was für ein wunderbarer Morgen, Oma Bille!«, rief Maja begeistert aus, als sie vom Waschhaus zurückkam. Sie blühte hier förmlich auf. Über Nacht waren die dunklen Schatten unter ihren Augen verschwunden. Stattdessen strahlten sie vor Energie. »Wie lieb, dass du den Tisch gedeckt hast! Ich habe vorhin den Kaffee bereits angestellt, riechst du es?«

Zu Bille wehte der leicht herbe Duft herüber, als Maja die Tür des Vorzeltes beiseiteklappte und seitlich festband. Bille liebte Kaffeeduft, das war normalerweise ein guter Start in den Tag. Sie fand ohnehin, dass ein ausgewogenes Frühstück wichtig war. Das gönnte sie sich in Oberhausen immer. Es sei denn, sie hatte gerade Lammfelldecken zu übertreuerten Preisen gekauft und deswegen eine Menge Probleme. Dann tat es auch trockener Zwieback mit Kamillentee.

»Nun frühstücken wir in aller Seelenruhe. Urlaub, Oma Bille, Urlaub!« Maja stellte ihre Kulturtasche auf dem Schrank im Vorzelt ab und reckte sich. »Ich möchte gar nicht wieder nach Hause.«

Ich auch nicht, dachte Bille. Nur, bin ich hier sicherer als dort?

Die Zwillinge steckten nun ebenfalls verschlafen ihre Köpfe aus der Tür, der Reißverschluss von Felix' Zelt blieb allerdings verschlossen. Jan kehrte gerade völlig außer Atem vom Joggen zurück und trocknete sich mit einem Handtuch den Schweiß von der Stirn. »Puh, ich muss gleich duschen. Fürs Laufen ist es schon so früh am Morgen beinahe zu warm.« Er holte sich ein trockenes T-Shirt. »Aber erst wird gefrühstückt, oder?«

Sie ließen sich auf ihren Metallstühlen um den Tisch nieder.

»Camping ist Urlaub für die ganze Familie«, sagte Annemie gähnend. »Wäre super, wenn das sogar im Schädel meines Bruders ankommen würde.« Sie hob eine Muschel von der Erde auf und schleuderte sie gegen Felix' Wurfzelt.

Jan schnappte sich ein Brötchen, auch er strahlte von innen. Der Urlaub tat den Winterbergs richtig gut. Bille musste achtgeben, dass sie ihnen mit ihren Schwierigkeiten die Zeit hier nicht vermieste. Deshalb war es ungeheuer wichtig, ein Grabtuch des Schweigens über die Sache zu legen. Es war ihr ureigenstes Problem, und das würde es auch bleiben.

»Wie ist denn die Planung für heute?«, fragte Jan, während er sich Kaffee in den Becher schenkte. Er reichte die Kanne an Maja weiter. Sie goss Bille ein und gab ihr auch die Milch.

»Strand! Baden! Wattwandern!«, riefen die Zwillinge wie aus einem Mund. »Alles auf einmal.« Sie blickten zu Bille. »Und am liebsten alles mit Oma!«

Die hob abwehrend die Arme. »Ach, Kinder, ihr könnt doch nicht die ganze Zeit mit mir alter Frau verplempern!« Ich muss nämlich mein kriminelles Leben in Ordnung bringen, fügte sie in Gedanken hinzu.

»Du bist nicht alt, Oma Bille. Und mit dir macht das alles bestimmt Spaß!« Laura zappelte wie immer auf ihrem Stuhl herum, so dass er bedenklich kippelte. Wenn sie das noch lange tat, würde er den Campingurlaub vermutlich nicht überleben. Maja warf ihr einen warnenden Blick zu, den sie aber geflissentlich übersah. Laura war einfach nicht in der Lage, auch nur eine Sekunde stillzusitzen. Bille griff nach ihrer Hand.

»Ein paar Sachen mache ich mit euch gemeinsam. Nur wisst ihr ja, wie gern ich lese. Ich mag es, ein bisschen im Schatten zu sitzen und mich auszuruhen. Außerdem wollte ich noch –«

Ratsch. Der Reißverschluss des Zeltes wurde aufgerissen. »Chillen. Ich werde hier die ganze Zeit chillen.« Felix kroch heraus und reckte sich. »Keine Hektik, keine Eile. Einfach nur Ruhe für einen leistungsgeplagten Schüler in Auszeit!«

»Prima, dann haben die jungen Leute ja immerhin einen Plan.« Jan hatte sich das Handtuch in den Nacken gelegt. Er warf einen Blick zum Himmel, ein Flugzeug malte gerade einen Kondensstreifen in das helle Blau. »Es ist übrigens wunderbar, hier zu laufen. Die Strecke zum neuen Hafen führt die ganze Zeit am Strand entlang, man hat immer die Weite der Nordsee vor Augen. Zurück habe ich die Route am Hooksmeer entlang gewählt. Ganz anders, aber auch eine tolle Etappe. Es ist ein interessantes Binnengewässer, rechts der Wald, links ein paar Surfer auf dem Wasser. Kinder, hier möchte ich als Rentner leben«, schwärmte er. »Wenn ich endlich im Lotto gewonnen habe, kaufe ich mir in Hooksiel ein Haus. Aber heute lege ich mich an den Nordseestrand.«

»Immobilien sind in Norddeutschland vom Preisniveau nicht mit denen bei uns im Ruhrgebiet zu vergleichen«, sagte Felix und ließ sich mit völlig verstrubbeltem Haar am Tisch nieder. »Deshalb kaufen auch viele Menschen aus unserer Region an der Küste Häuser, die sie vornehmlich als Altersruhesitz nutzen.« Er nahm ein Brötchen. »Wisst ihr übrigens, dass das Meer in Friesland See heißt und ein See Meer?«

Diese lange Ansage musste ihn sehr ermüdet haben, denn er legte den Kopf ermattet auf den Tisch, was ihm von Maja eine scharfe Rüge einbrachte. »Benimm dich bitte, Felix. Auch beim Campen lässt man sich nicht so gehen. Aber du hast recht. Deshalb heißt das Hooksmeer auch Meer, obwohl es ja genau genommen ein See ist. Und die Nordsee eben See und nicht Meer.«

»Wie in Holland«, warf Annemie ein. »Da gibt es das Ijsselmeer.«

»Seid ihr eigentlich alle in einen Topf voller Weisheit gefallen, oder hat Felix einen Zaubertrank geschlürft, weil er so unwichtige Dinge weiß und auch noch lautstark kundtut? Und kann Annemie nicht aufhören, ihn beim Klugscheißern zu unterstützen?« Laura hieb ihre Zähne ins Nutella-Brötchen, das sie sich mit raschen Bewegungen geschmiert hatte.

»Hab eben in der Schule aufgepasst«, erwiderte Felix grinsend und langte nach der Butter. Immerhin saß er wieder gerade.

»Chill du besser, sonst redest du zu viel«, sagte Laura.

»Wer bringt denn hier die Würze ins Gespräch?«, fauchte Felix. »Gib mir mal die Wurst, die Oma Bille von Herrn Häwelmann mitgebracht hat. Hab voll den Kohldampf! Ich kann ja nichts dafür, dass ihr so ungebildet seid.«

»Schluss! Sofort!«, unterbrach Maja den sich anbahnenden Streit. »Was möchtest denn du heute tun, Oma Bille? Felix hat dich ja vorhin unterbrochen.«

Bille lächelte gequält. Sie konnte Maja schlecht erzählen, dass sie in Gedanken gerade den ersten Diebeszug ihres Lebens plante.

»Es klang so, als ob du dir außer dem Lesen noch etwas anderes vorgenommen hast.«

»Ach, ich weiß nicht«, druckste Bille herum. »Vielleicht gehe ich ein bisschen spazieren, zum Beispiel auf der Deichkrone. Hier sieht alles so unendlich weit aus. Der Blick zum Horizont, der Blick über das flache Land, das ich mir nicht so grün vorgestellt habe.«

»Wir können doch mitkommen«, sagte Annemie. »Ich finde es blöd, wenn du mit uns in den Urlaub fährst und dann alles allein tun musst.«

»Das ist lieb gemeint, aber ich finde es wirklich schön, mal nur für mich zu sein. Ich bin so viel Trubel schließlich nicht gewohnt. Bitte nehmt keine Rücksicht auf mich!« Bille lächelte die Mädchen freundlich an. »Außerdem überlege ich seit dem Frühstück, ob ich nachher zum Seniorensport gehe. Ich habe nämlich einen Aushang am Schwarzen Brett gesehen.«

»Das ist eine sehr gute Idee«, bestätigte Maja, und Laura fügte hinzu, dass sie Oma Bille extra darin bestärkt hatte, Sportzeug mitzunehmen. Sie hatte das Brötchen mittlerweile vertilgt, was unübersehbare Schokospuren auf ihren Wangen hinterlassen hatte.

Täuschte Bille sich, oder waren die Mädchen tatsächlich erleichtert, dass sie sich nicht ununterbrochen um sie kümmern mussten? Teenager waren bestimmt nicht erpicht darauf, die Animateure für eine alte Dame wie sie zu geben. Bille erinnerte sich an das Naserümpfen, wenn die Mädchen sahen, was sie gerade las oder sich im Fernsehen anschaute. Die beiden standen eben nicht auf Sendungen wie *Das Traumschiff* und *Herzkino* oder irgendwelche Musikvergnügen mit Florian Silbereisen. Bille mochte auch Helene Fischer, ob das den anderen gefiel oder nicht. Die Frau hatte hart für ihren Erfolg gearbeitet und tat es noch. Bille schätzte das. Bei »Atemlos durch die Nacht« tanzte sie gern durch ihre Wohnung. Aber nur heimlich, das verstand sich von selbst.

Bille lächelte in die Runde. »Ein bisschen Fitness mit anderen in meinem Alter tut mir bestimmt gut.«

»Dein Wohnwagennachbar geht da auch hin. Hat er mir gestern erzählt. Dann kennst du ja schon jemanden«, freute sich Laura.

Bille war nicht sicher, ob sie das positiv sah. Allein die Vorstellung, neben diesem perfekten Mann zu schwitzen ... Ein Grinsen huschte über Billes Gesicht, als sie sich vorstellte, Franz würde auch kommen und seine Gemälde trainieren, damit der Indianerkopf keine Falten bekam.

Maja begann den Tisch abzuräumen, alle Brötchen waren verzehrt. Ein paar Spatzen freuten sich über die heruntergefallenen Krümel. Einige waren richtig dreist und näherten sich bis auf wenige Zentimeter. Jan zupfte ein frisches Handtuch von der Leine. »Bis später, ich bin duschen!«

Die Mädchen fassten beim Abräumen zuerst mit an, wurden aber nach kurzer Zeit unruhig. »Wir möchten gern schon zum Strand, dürfen wir?«

Majas Blick wanderte zu ihrem Sohn, der sich lässig abgewandt hatte und scheinbar konzentriert auf ein paar Ameisen schaute, die sich begeistert am Abtransport der Brötchenkrümel beteiligten. »Bevor du zum Extremchillen übergehst, Felix: Auf dich wartet der Abwasch. Du weißt, dass jeder hier seine Aufgabe hat. Chillen gilt *nicht* als Ausrede!«

»Ich weiß«, knurrte er und erhob sich betont langsam. »Aber morgen sind die Mädchen dran!«

»Natürlich. Bitte schließ hinterher ab, und versteck den Schlüssel wie gewohnt, okay?«

Bille wurde hellhörig. Vielleicht hatten alle Camper Verstecke für ihre Schlüssel? Sie freute sich kein bisschen darüber, denn das gab ihrer Einbruchidee neue Nahrung, selbst wenn sie das gar nicht wollte. Du musst es ja nicht tun, Bille. Dich zwingt kein Mensch!

»Bis auf den jungen Mann, der mich sonst einen Kopf kürzer macht!«, murmelte sie.

»Hast du was gesagt, Bille?«, fragte Maja, die geschäftig mit den Wurst-und Käsedosen zwischen dem Tisch und der Wohnwagenkühlbox im Vorzelt hin und her eilte.

Bille schrak zusammen. Sie musste besser achtgeben. Diese Selbstgespräche waren nicht ungefährlich. Sie durfte sich um Gottes willen nicht verplappern!

»Ja. Ich habe dich gefragt, wo ihr den Schlüssel denn versteckt? Ich meine nur, falls ich mal eher zurück bin und was brauche … Sonst betrete ich euren Wohnwagen natürlich nicht und …« Du redest dich um Kopf und Kragen, Bille!

Maja hielt einen Moment in ihrem Tun inne und legte die Hand auf Billes Schulter. »Du musst dich nicht rechtfertigen, du gehörst schließlich zur Familie. Der Schlüssel liegt immer in der Klappe.« Maja deutete auf den hinteren Teil des Caravans. »Da ist eine Leiste, und darunter legen wir den Schlüssel. Ist leicht zu finden. Sogar für Diebe.« Sie lachte laut auf. »Aber auf Campingplätzen kommt normalerweise nichts weg, Camper sind durch und durch ehrlich. Da passt jeder auf den anderen auf.« Sie sah zu Salomes Wohnwagen. »Ich glaube auch nicht, dass man wirklich bei unseren Nachbarn eingestiegen ist. Die hat ihren Kram bestimmt nur verlegt, und es ist ihr peinlich, es jetzt im Nachhinein zuzugeben.« Das war typisch Maja, sie drehte sich die Welt immer ins

Sonnenlicht. Genau das liebte Bille an ihr. Aber dieses Schlüsselversteck war nicht besonders originell.

»Dann weiß ich ja Bescheid«, sagte sie zu Maja. »Ich werde nur im Notfall davon Gebrauch machen.«

Majas Schlüsseldepot war vermutlich 90 Prozent der Camper bekannt, und wahrscheinlich hinterlegten sie alle ihre Schlüssel an solche einem Platz. Das Stehlen würde dadurch leichter sein, als Bille es sich vorgestellt hatte. So ein Mist! Weg mit diesen schrecklichen Gedanken! Weg damit!

Was aber willst du sonst tun, Bille? Dir einen Strick nehmen? Dich zusammenschlagen lassen? Du hast doch gar keine Wahl, als in diesem Zug, der unaufhaltsam auf den Abgrund zurast, die Notbremse zu ziehen! Unablässig wirbelten die Gedanken durch ihren Kopf.

»Dann ist ja alles geklärt«, sagte Maja, die nun den Campingtisch abwischte. »Ich mache mich mit Jan auch auf den Weg zum Strand, wenn er vom Duschen zurück ist. Heute werde ich auch nur auf der Decke liegen und die Nordsee genießen!«

Oma Bille konnte also ihre Zeit frei verplanen. Sie sah an sich hinunter und war noch unsicher, was sie heute anziehen wollte. Es war ausgeschlossen, bei dieser Hitze, so angenehm sie am Meer auch zu ertragen war, in Feinstrumpfhosen und knielangen Röcken herumzuspazieren. Der Badeanzug gefiel Bille ebenfalls nicht richtig, sie war es nicht mehr gewohnt, sich so locker zu kleiden und Haut zu zeigen. Aber deshalb die Geschäfte zu stürmen und sich neu einzukleiden, wäre völlig wider ihre Natur. Bille konnte sich kaum erinnern, wann sie sich, außer ihrer Unterwäsche, das letzte Mal ein neues Kleidungsstück gekauft hatte.

»Du hast sowieso kein Geld dafür«, flüsterte sie. »Mit Schulden bis über beide Ohren träumst *du* von einem Einkaufsbummel?« Und das, wo du vor wenigen Minuten noch den nächstbesten Wohnwagen ausrauben wolltest, fügte sie in Gedanken hinzu.

Bille biss sich auf die Lippen. Doch es war nun mal so, dass ringsumher alle in bunter, luftiger Sommerkleidung herumliefen. Und wenn sie ganz ehrlich war: Ihr war heiß. Also musste sie eine Lösung finden, denn laut Wetterbericht würde die Hitzewelle noch eine Weile anhalten. Und mit ein bisschen Glück würde der Bodybuilder sie in anderer Kleidung nicht mehr erkennen.

»Ich habe ja meinen Notgroschen. Und bevor man mir den noch wegnimmt, könnte ich doch …« Ob sie einen Einkaufsbummel wagen sollte? Nachdem sie sich etwas Luftiges zum Anziehen gekauft hatte, würde sie gewiss wieder klar denken können. Es war ja kein Wunder, dass sie im Augenblick auf schlimme Gedanken kam, wenn sie ständig zu ersticken drohte. Warum nicht wenigstens eine leichte Hose und ein Flattershirt erstehen? Das konnte schließlich kein Vermögen kosten.

»Heute Abend würde ich euch gern am Hafen ins To'n Fischhus zu einem leckeren Backfisch einladen, wie immer, wenn wir unseren Urlaub in Hooksiel beginnen!« Jan kam eben frisch geduscht vom Waschhaus zurück und brachte den Zitronenduft seines Duschbads mit. Er leckte sich die Lippen.

»Das ist eine tolle Idee«, sagte Maja. Sie steckte die Sonnenmilch zurück in die Halterung und verwischte die letzten Spuren auf ihrem Unterarm. Die Strandtasche hatte sie schon gepackt und das Haar mit einem bunten Tuch aus der Stirn gebunden. Sie lächelte Bille an, die noch unschlüssig vor dem Vorzelt ausharrte.

»Hast du es dir anders überlegt, Bille? Möchtest du doch mit uns an den Strand? Das ist kein Problem! Wir freuen uns.«

Bille schüttelte den Kopf. »Nein, mir ist eben eine Idee gekommen. Kann ich dein Fahrrad haben, Maja?«

»Mein Fahrrad?«, hakte diese ungläubig nach.

»Ja, es ist so heiß und …« Bille stockte. »Ich glaube, ich bin fürs Campen und für die Hitze einfach unpassend gekleidet. Der Rock« – sie zupfte am grauen Flanell herum – »der ist viel zu warm. Nicht, dass ich noch einen Sonnenstich bekomme. Ich überlege deshalb, nach Hooksiel zu fahren und mir ein paar Anziehsachen zu kaufen.« Bille beschleunigte ihren Redefluss, es war ihr unangenehm, sich verteidigen zu müssen. »Und morgen Abend will Harry, also der Nachbar aus dem Wohnwagen neben mir, mit mir essen gehen, und irgendwie …« Bille unterbrach sich. So genau musste sie Maja das gar nicht erklären. Aber Harry Sitter war eher elegant gekleidet. Billes Stil harmonierte da nicht. Grund Nummer drei für einen Einkaufsbummel.

Maja strahlte sie begeistert an. »Ach, Oma Bille, das ist eine tolle Idee. Sollen wir dich nach Hooksiel fahren? Mit dem Rad könnte es vor allem auf dem Rückweg in der Mittagszeit sehr unangenehm werden.«

Bille schüttelte den Kopf. »Auf keinen Fall! Ich möchte euch nicht zur Last fallen. Eine langsame Radtour schaffe ich schon.«

Maja blickte skeptisch von Bille zum Fahrrad und wieder zurück. »Und du weißt, dass hier an der Küste immer der Wind geht. Eine steife Brise, wie die Friesen es ausdrücken. Das könnte anstrengend sein.« Die Sorge stand ihr ins Gesicht geschrieben.

»Maja, zu Hause bin ich auch bei solchen Temperaturen Rad gefahren. Ich lass mir viel Zeit. Notfalls schiebe ich. Mach dir keine Gedanken, und nun ab mit euch an den Strand!« Bille wollte allein zum Einkaufen. Jemanden dabeizuhaben würde sie unnötig verunsichern, ungeübt, wie sie war.

Jan überprüfte bereits, ob genug Luft im Schlauch war. »Alles klar, Oma Bille. Die Strecke kennst du?«

»So viele Dörfer gibt es im Umkreis schließlich nicht.« Bille lachte.

Maja war in den Wohnwagen geklettert und hielt ihr nun einen Geldschein hin. »Ich möchte, dass du dir was Schönes kaufst, Oma Bille. Nimm das Geld bitte als ein kleines Dankeschön für alles, was du in den letzten Jahren für uns getan hast.«

»Ich ... ich kann doch von euch kein Geld annehmen«, stammelte Bille. »Ihr bezahlt ja schon den Urlaub!«

»Du kannst! Ständig springst du zu den unmöglichsten Zeiten ein, sagst nie nein, wenn wir dich um etwas bitten. Ohne dich könnte ich gar nicht arbeiten gehen. Und« - Maja machte eine Pause und umarmte Bille spontan - »meinst du, wir wüssten nicht, wie eng es bei dir oft finanziell aussieht? Nun nimm schon und mach dir einen schönen Vormittag.«

Bille schämte sich ein bisschen, aber dann steckte sie das Geld ein. Sollte sie es nicht besser gleich für die Decken zurücklegen? Ach nein, Maja würde fragen, warum sie sich nichts gekauft hatte.

Franz kaute lustlos auf seinem Brötchen herum. Warum war er gestern wie eine beleidigte Leberwurst abgehauen, anstatt das Gespräch mit Bille in Ruhe fortzusetzen? Sie war keine Zicke, im Gegenteil. Wenn es brenzlig wurde, neigte sie zur Flucht und nicht zum Angriff.

So war seine Frau auch gewesen. Die jungen Dinger dagegen liebten es eher stürmisch. Im Bett, beim Streiten, überall. Er konnte ihre ausladenden Gesten schon nicht mehr ertragen, wenn sie ihm weismachen wollten, wie sehr er im Unrecht sei, allein, weil er älter war und von der modernen Welt keinen Plan hatte. Das ließen auch Mike und ErTeEl immer mal wieder durchblicken. Von Doc Gringo ganz zu schweigen. Der hatte allerdings eine besondere Art, Franz deutlich zu machen, für wie antiquiert er ihn hielt. Er kämmte mit Zeige-und Ringfinger seinen langen Bart und schnalzte dabei leise mit den Lippen. Das war bei Doc Gringo, der grundsätzlich keine unnötigen Worte verlor, eine eindeutige Ansage, dass er eine Sache überaus kritisch sah. In letzter Zeit kämmte Doc Gringo recht häufig seinen Bart, wenn Franz in seine Nähe kam. Er kratzte bildlich gesprochen an dessen Thron. Aber war es denn überhaupt möglich, den Alterspräsidenten abzusägen? Franz war nun mal der Älteste von den Jungs, daran änderte auch das Kämmen eines Bartes nichts. Aber Alterspräsident zu sein und das Sagen zu haben waren zwei völlig verschiedene Paar Schuhe. Franz merkte ja selbst, dass er nicht mehr der Jüngste war, dass es ihm oft schwerfiel, eindeutige und zugleich populäre Entscheidungen zu fällen. Das Gemotze war häufig laut und unangenehm. Vor allem, weil sich im Laufe der Jahre die Gruppe stark verjüngt hatte und dadurch andere Interessen in den Vordergrund getreten waren. Noch hielt Franz mit, aber er hatte auch schon Kommentare mitbekommen, die wohl nicht für sein Gehör bestimmt waren. Sie spiegelten wider, dass sein Einfluss kontinuierlich abnahm. Aber brauchte er das denn überhaupt noch? Einfluss? Macht?

»Der Grasbeißer« war eine der harmloseren Bezeichnungen. Sie spielte darauf an, dass er vielleicht schon bald das Zeitliche segnen würde. Nun, sollten sie ihn doch so nennen, alt wurden sie auch, das ging schneller, als man dachte. Und Franz war es müde, gegen den Jugendwahn anzukämpfen, der Welt etwas beweisen zu müssen. Er wollte einfach nur Harley fahren, und es widerstrebte ihm immer mehr, sich mit Haut und Haar der Gruppe zu unterwerfen. Trotzdem waren die Jungs seine Familie, Männer, die das Lebensgefühl der unendlichen Freiheit teilten, die sie mit dem Harleyfahren verbanden. Männer (gut, es wurden auch immer mehr Frauen), die sich für nichts zu schade waren, wenn es galt, einem Kumpel beizustehen. Aber es herrschte eben ein rauher Ton, mit dem Franz in zunehmendem Alter immer schlechter zurechtkam. »Nicht, dass du zur Mimose wirst!«, maßregelte er sich selbst. Er benahm sich wirklich wie ein Grasbeißer, es wurde Zeit, mal wieder Stärke zu zeigen, verdammt!

Ob er noch einmal zu Bille gehen sollte? Ihr ein Gespräch aufdrücken? Nur – worüber sollte er mit ihr reden? Sie glaubte, er sei kriminell, war in ihren Augen schlecht gekleidet und hatte ölige Finger. Franz schaute auf seine Hände und seufzte. Wo Bille recht hatte, hatte sie recht. Zumindest mit Letzterem, sonst lag sie allerdings total falsch und vereinte sämtliche Vorurteile der Welt. Trotzdem war er selbst schuld daran, dass sie so von ihm dachte!

»Meine Oma fährt im Hühnerstall Motorrad ...« Wie blöd musste man sein, das in ihrem Beisein zu singen! War doch logisch, dass sie sich nicht mit ihm einließ. Er war ein Idiot!

Franz hieb mit der Faust auf die Lehne seines Regiestuhls, was dazu führte, dass dieser sofort in sich zusammensackte. Er selbst war schon zu schwer für das bisschen Stoff am Alu-Gestänge, und dann schlug er zu allem Überfluss auch noch darauf herum. Was war nur in ihn gefahren?

»Sag mal, Alter, alles klar? Warum schlägst du denn den Stuhl kurz und klein?« Mike hatte schon am frühen Morgen eine Flasche Pils am Hals. In der freien Hand klemmte eine selbstgedrehte Zigarette zwischen den gelblichen Fingerkuppen. Er stellte die Flasche ab. »Hör mal, wenn die Omma dich so verrückt macht, geh hin, reagier dich ab und sei danach wieder du. Sonst können wir unsere Nordseetour komplett vergessen. Denk dran: In ein paar Tagen fahren wir weiter, die Frau hin oder her. Ich geh mal davon aus, dass sie dich nicht auf diesem Feuerstuhl begleiten will.« Er kicherte albern. »Die Omma im Rock auf der Höllenmaschine – das wäre ein gefundenes Fressen für Doc Gringo, der Weiber auf unseren Touren ja ohnehin nicht gut leiden kann.«

»Halt's Maul«, fuhr Franz ihn an. »Bille ist einfach eine freundliche Frau, eine ganz feine Person. Wir hätten sie nicht verarschen dürfen.«

Mike schüttelte den Kopf. »Das alles hast du in der kurzen Unterhaltung herausgefunden? Ich kenn dich nicht wieder, Alter. Weißt du, was ich vermute? Das ist gar keine Omma, das ist eine Hexe! Sie hat dich verzaubert!« Mike rotzte auf den Rasen. »Hast du Tomaten auf den Augen? Die Frau ist *alt!*«

»Jünger als ich«, entgegnete Franz und starrte auf den Weg in der Hoffnung, Bille würde einen kleinen Spaziergang an der Zeltwiese vorbei machen. Natürlich tat sie das nicht. »Außerdem hatte ich schon lange keine Frau mehr.«

»Stimmt«, gab Mike zu. »Aber du kannst doch was Besseres haben, wenn du willst. Dass in den letzten Monaten nichts gelaufen ist, lag nur daran, dass du voll einen auf Couchpotatoe machst.«

»Couchpotatoe? Ich bin mit euch auf dem Campingplatz!«

»Ja, das schon, aber du führst dich auf, Alter, als sei der Harley-Sitz dein Sofa, von dem du deinen Arsch nicht mehr runterkriegst.«

Franz schüttelte den Kopf. Ihn nervten Mikes Sprüche, die klangen plötzlich so ordinär, so prollig. Mit ihm stimmte wohl wirklich etwas nicht. »Was meintest du eben mit ›was Besseres‹? Ich sehe hier keine Mieze herumlaufen, die sich auch nur die Bohne für einen von uns interessiert.«

»Ich rede mehr von der allgemeinen Lage, verstehst du?« Mike hatte die Zigarette mittlerweile zur Hälfte ausgeraucht, normalerweise müsste er sie nun auf die Erde werfen und sie mit der Fußspitze austreten. Mike war da recht durchschaubar, aber heute sog er tatsächlich noch einmal daran, ehe er weiterredete. »Hast du mit fünfzig die Midlife-Crisis ausgelassen und musst sie nun noch nachholen, oder was? Mann, solche Ideen sind mir *damals* durch den Kopf geschossen!« Jetzt warf er die Zigarette doch auf den Boden und trat sie mit einer leichten Drehbewegung des Ballens aus. Anschließend trank er das Pils in einem Zug leer. »Aber nun wollen wir frei sein! *Born free!* Das wolltest du doch immer. *Easy rider! Born to be wild!*«

Franz stand auf. »Ich suche sie noch mal.« Weit konnte Bille ja nicht sein. Er hörte das Klacken eines weiteren Kronkorkens und den verzweifelten Gesang seines Freundes: »*Born to be wild!*«

Bille strampelte die Straße nach Hooksiel entlang. Der Wind blies von hinten, das mochte auf dem Rückweg ja heiter werden. Links von ihr gab es immer wieder Abzweigungen in den Ort, eine führte zum Meerwasserwellenbad, aber sie traute sich nicht, dort abzubiegen. Womöglich würde sie sich verfahren und aus dem Straßengewirr nicht mehr herausfinden. Es war wirklich ziemlich heiß, da wollte sie keinen Meter weiter als nötig fahren.

Es war gut, wenn sie bald etwas luftiger gekleidet war. Zuallererst musste Bille sich einen Hut kaufen, sonst bekam sie in Kürze einen Sonnenbrand. Sie war die pralle Sonne einfach nicht gewohnt, und direkt an der See schien sie noch stärker zu stechen als in Oberhausen.

Schon bald erreichte sie die Tankstelle und den Kreisel und näherte sich dann dem Ortskern von Hooksiel. Bille hielt sich links, radelte bis zum Hafen und stellte ihr Rad dort ab. Von hier aus spazierte sie durch die Einkaufsmeile. Cafés und Restaurants reihten sich aneinander, in vielen Auslagen der kleinen Geschäfte fanden sich bunte Schaufeln und Eimer in Netzen, Leuchttürme und Muscheln in Körbchen. Zuerst betrat Bille das Lotto-Lädchen, erstand eine Zeitschrift und entschied sich gleichzeitig, ein neues Buch zu kaufen. Wenn sie schon mal hier war, wollte sie eine Geschichte lesen, die an der Küste spielte, allerdings keinen Krimi. Mord und Totschlag lehnte Bille ab, auch wenn es humorvoll daherkam. Tod war nie lustig, da war sie eigen. Sie mochte lieber historische Romane oder schöne Liebesgeschichten.

Es dauerte nicht lange, bis sie ein geeignetes Taschenbuch in der Hand hielt. Bald darauf suchte sie entlang der Straße nach einem Geschäft, in dem sie etwas Leichtes zum Anziehen erstehen konnte. Ein kleiner Laden, der auch draußen auf einem Kleiderständer einzelne Stücke anbot, sagte ihr sofort zu. Die Leinenhosen wirkten bequem, aber nicht zu jugendlich. Vor allem war der Preis moderat, es wäre natürlich gut, das alles mit Majas Zuschuss bezahlen zu können. Oder sollte sie die Zusatzausgaben, falls es nicht reichte, unter Spesen verbuchen? Immerhin war der Urlaub ja umsonst. Sie hätte auf Laura hören sollen, die hatte ja gleich gesagt, dass ihre Kleidung unangemessen war und man beim Campen alles trug, nur keine Flanellröcke. Dennoch suchte sie unschlüssig in der Auslage und klappte mit schnellen Bewegungen einen Bügel nach dem anderen zur Seite.

»Kann ich Ihnen helfen?«, fragte die Verkäuferin, während sie eine gelbe Bluse auf den Ständer hängte, die aussah, als habe sie der Sonne persönlich einen Besuch abgestattet. »Sie stehen schon so lange hier, und bei älteren Leuten mache ich mir angesichts der Temperaturen gleich ein wenig Sorgen. Ihnen geht es doch gut, oder?«

Bille lächelte sie dankbar an. Sie war froh, dass die Frau sie angesprochen hatte, denn sonst wäre sie vermutlich unverrichteter Dinge wieder zurückgefahren. Ein Wechsel im Kleidungsstil war ein Wagnis, und ehrlich gesagt wusste Bille gar nicht, was ihr stand. »Ja, danke, mir geht es gut. Ich bin nur ein wenig ... unsicher.«

»Da kann ich Ihnen gern helfen. Woran haben Sie denn grundsätzlich gedacht?« Die Verkäuferin zog fragend die Brauen hoch und wirkte plötzlich sehr geschäftig.

Bille zuckte mit den Schultern und sah verzweifelt an sich hinunter. Ihre Beine erschienen ihr so dünn, fast wie Stelzen. Ihre Oberweite war in den letzten Jahren auch geschrumpft, das Alter war eben nicht spurlos an ihr vorübergegangen, nur hatte sie das bislang kein bisschen gestört. Aber nun gab es Harry und diese Rocker, die sie als Oma bezeichnet hatten, und es war so furchtbar warm. Das Thermometer an der Wand des Lädchens war auf 28 Grad geklettert.

Die Verkäuferin begutachtete Bille mit wohlwollendem Blick. »Sie sind so wunderbar schlank, und Ihre blauen Augen strahlen ja förmlich aus Ihrem Gesicht hervor! Dann dieser Teint, kaum tiefe Falten, und die Taille, perfekt! Wir können Sie um zehn Jahre verjüngen, wenn wir Sie in die richtigen Farben kleiden, den passenden Schnitt finden!«

Bille sagte matt: »Wissen Sie, mir ist unwahrscheinlich warm. Was meinen Sie: Kann ich eine kurze Hose tragen? Oder besser eine luftige lange?«

Die Verkäuferin strahlte, Bille war in ihren Fängen. Die wusste das zwar, aber sie war dennoch heilfroh, dass ihr jemand bei den schweren Entscheidungen half.

»Klar, kommen Sie bitte rein. Ich suche Ihnen gern was Passendes raus!« Sie musterte Bille erneut. »Ich denke, Ihnen würde eine dunkle Leinenhose in Knielänge wunderbar stehen. Das Ganze aus leichtem Baumwollstoff. Ich habe ein Modell in Schwarz oder Hellgrau. In Ihrem Alter ist das genau das angemessene Kleidungsstück. Vor allem, wenn wir es mit einem farbenfrohen Oberteil kombinieren.«

Bille schluckte. Wie ein Papagei wollte sie eigentlich nicht herumlaufen. Aber sie hatte A gesagt, da war ein B wohl nicht zu vermeiden. Sie sah aus dem Augenwinkel, wie die junge Frau ein paar bunte Blusen von einer Stange zupfte. Es war eine eisrosafarbene darunter, aber auch eine in Hellblau und eine dezent gemusterte. Bille atmete erleichtert aus. Die Frau schien etwas von ihrem Handwerk zu verstehen und würde sie nicht gänzlich umkrempeln. Das, was sie in den Händen hielt, war meilenweit von einem Papagei entfernt, es sah tatsächlich geschmackvoll aus!

»Auch eine Jeans? Kommt das in Frage?«

Bille schüttelte entschieden den Kopf. Solch ein Ding lag noch in ihrem Koffer. Ungetragen, so etwas musste sie sich kein zweites Mal aufschwatzen lassen.

»Dann nicht«, seufzte die junge Frau ergeben. »Ich will Ihnen ja nichts anschnacken. Sie sollen sich schließlich wohl fühlen, sonst ziehen Sie die Sachen doch nicht an.«

Bille war zufrieden und ließ sich immer mehr auf dieses Abenteuer ein. Sie begann, der jungen Dame zu vertrauen.

Schon nach kurzer Zeit häuften sich Billes Schätze neben der Kasse. Überwiegend farbige Sachen, das Grau fand sich nur in einer langen Leinenhose wieder, die sich dank des leichten Stoffs auch bei der Hitze angenehm trug. Am besten gefiel Bille neben der knielangen Hose das blau-weiß gemusterte Langarmshirt, denn es war aus weichem Material (die Verkäuferin hatte die Zusammensetzung heruntergebetet, nur konnte Bille sich das nicht so rasch merken) und unglaublich luftig. »Sie sind farblich ein Wintertyp und leben von Kontrasten«, hatte die junge Frau kundgetan. »Diese in sich verschobenen Vierecke betonen Ihren Teint besonders!«

In Windeseile hatte sie Bille ein völlig neues Image verschafft. »Darf ich Ihnen einen Vorschlag machen?«, fragte sie dann.

Bille rechnete gerade die Summe im Kopf zusammen. »Meine Ersparnisse sind aufgebraucht. Ich muss nun zwar nicht mehr schwitzen, aber ich habe auch kein Geld mehr. Dabei brauche ich noch ganz dringend einen Sonnenhut.«

»Wissen Sie was? Den gebe ich Ihnen gratis dazu. Was halten Sie von diesem klassischen Modell?« Die Frau zog einen aus der Ecke. »Wenn Sie darunter ein farbiges Tuch tragen, sieht das total hip aus!«

Hip war nun nicht das, was Bille sich vorstellte, aber sie nahm beides an. Der Hut war schließlich umsonst. Einem geschenkten Gaul sah man nicht ins Maul. Die Dame setzte Bille den Strohhut auf, er passte wie angegossen. »Aber ich habe Ihnen noch einen weiteren Vorschlag zu machen!«

»Was auch immer es ist, es darf nichts mehr kosten.« Bille verzog das Gesicht. »Ich hab wirklich kein Geld mehr.« In ihrer Stimme lag größere Verzweiflung, als sie sich gewünscht hätte.

Die Verkäuferin wiegte den Kopf. Presste die Lippen zusammen. Schaute verständnisvoll. »Haben Sie eine halbe Stunde Zeit? Ich hätte da wohl eine Lösung. Eine richtig gute!«

Bille sah auf die Uhr. Aber warum tat sie so beschäftigt? Sie hatte sich mit den Winterbergs erst gegen Abend zum Essen verabredet – und sie hatte Urlaub.

»Ja«, sagte sie. »Ja, ich habe Zeit.«

»Wissen Sie«, hob die Verkäuferin mit schmeichelnder Stimme an, »meine Freundin hat ein paar Schritte von hier entfernt einen Friseursalon. Sie sehen jetzt so toll aus, um zehn Jahre jünger! Nur« – sie zögerte, schien sich dann aber doch für die Wahrheit zu entscheiden – »nur passt diese Dauerwelle so gar nicht zu Ihnen. Sie haben ein junges Gesicht und sprühen vor Elan!«

Das hatte noch niemand zu ihr gesagt. Wo war der Haken?

Neue Frisur, Bille. Die will dich an die nächstbeste Friseurin verschachern! Dabei hatte sie in Oberhausen Mariana, die ihr die Dauerwelle verpasste, und zwar *immer* mit fünf Euro Nachlass. Mariana besaß ein großes Herz.

Bille wandte ihre Aufmerksamkeit wieder der Verkäuferin zu. Sie musste sich wirklich angewöhnen, konzentrierter zuzuhören. Jetzt hatte sie die Hälfte nicht mitbekommen.

Die junge Dame war völlig in ihrem Element. »Meine Freundin sucht für Ihre Auszubildende ein Modell. Ganz dringend. Das kostet Sie nichts, und Sie würden mit einer wundervollen Kurzhaarfrisur das Studio verlassen. Ich weiß, das ist ein Wagnis, aber Sie haben doch eben schon Mut bewiesen ...« Sie runzelte die Stirn. »Das könnte Ihnen noch einmal fünf Jahre Verjüngung bringen, Frau ...?«

»Rubens, ich heiße Rubens.« Bille fühlte sich überfordert, aber dann begriff sie, welchen Vorteil das Ganze brachte. Sie würde bereits in der neuen Kleidung verändert aussehen, das war ein positiver Aspekt, vor allem, wenn sie an Harry Sitter dachte! Aber die junge Frau hatte gesagt, Bille würde mit neuem Haarschnitt noch jünger wirken. Viel jünger. Das würde Harry Sitter bestimmt gefallen, und diese Rockerbrut würde es wohl kaum noch wagen, über sie irgendwelche Oma-Lieder zu singen oder sie anderweitig zu verspotten. Es bedeutete in letzter Konsequenz aber auch, dass der Bodybuilder sie eventuell gar nicht mehr erkannte. Frisch gestylt – ein anderes Outfit, wie Laura es ausdrücken würde –, ein anderer Haarschnitt (obwohl es schon eigenartig sein würde, wenn ihre geliebte Dauerwelle der Schere zum Opfer fiel) ... Sie war mit der neuen Frisur, der neuen Hose in Knielänge und ihrem Wintertyp-Shirt dann quasi inkognito.

»Ja, das mache ich. Eine neue Frisur, das klingt nicht schlecht«, antwortete Bille und schlug sich im nächsten Moment vor Schreck die Hand vor den Mund. Verflixt, was hatte sie da gesagt? War sie denn verrückt geworden? Die Seeluft trübte wohl ihren Verstand, wer wusste schon, was außer dem bekannten Salz und Jod noch so darin herumwirbelte. Frau Meyer-Semmelmann hatte sie schließlich gewarnt! Aber nun war es zu spät, wenn sie sich nicht lächerlich machen wollte.

Die Verkäuferin trat gleich ans Telefon, und ehe Bille sich's versah, befand sie sich ein paar Häuser weiter auf dem Stuhl der Friseurin. Es roch genau wie im Salon von Mariana. Ein bisschen nach Haarspray, nach Festiger und Shampoo, darunter mischte sich eine Spur Kaffeeduft. Das Dröhnen von Hauben und einem Föhn erfüllte den Raum.

»Bitte nehmen Sie Platz. Danke, dass Sie sich zur Verfügung stellen. Es ist für mich sehr wichtig und eine Ehre, Ihnen das Haar schneiden zu dürfen. Ich bin Claudia.« Das junge Mädchen raffte Billes Haar, prüfte die Struktur, den Sitz, suchte nach Wirbeln. »Ich weiß, wie schwer Typveränderungen in einem gewissen Alter sind.« Sie räusperte sich. »Entschuldigung, das sollte jetzt nicht blöd klingen.«

Tat es aber, dachte Bille. Was sollte das denn heißen? In einem gewissen Alter! Dass es kaum noch lohnte, weil sie dem Tod schon wie ein Kaninchen der Schrotflinte davonhoppelte und nur hoffen konnte, von keiner Kugel getroffen zu werden?

Claudia zupfte weiter an Billes Haar herum. »Frau Rubens, wenn ich ganz ehrlich bin, muss ich sagen: Da muss eine Menge ab. Ich meine, eine *richtige* Menge.«

Bille schluckte. Worauf hatte sie sich eingelassen? War sie nach diesem Vormittag überhaupt noch Bille Rubens? Die kleine Oma Bille aus Oberhausen-Buschhausen, die sich um ihr unbedeutendes Leben kümmerte, ab und zu bei den Winterbergs aushalf und dafür sorgte, dass in ihrem kleinen Haushalt nichts fortgeworfen wurde? Die kleine Bille, die ab und zu mit Fleischermeister Häwelmann beim Schrebergartenfest tanzte und sich hin und wieder zu einem Spaziergang am Rhein-Herne-Kanal mit Herrn Sieberfink traf?

Und die kleine blöde Oma Bille, die sich an der Haustür von einem jugendlichen Gauner überteuerte Lammfelldecken andrehen ließ!

»Ich bin durchaus mutig genug, mich zu verändern«, sagte Bille zwar laut, aber mit einer ihr völlig unbekannten Stimme.

Claudia entfuhr ein erleichterter Seufzer. »Dann ist es ja gut, Frau Rubens. Kurz, pfiffig, apart und frech, das wird Ihr neuer Style! Denn genau das spiegelt Ihr Wesen wider.«

Frech? Ich? Bille war ganz perplex. Ob sich ihr Charakter mit der neuen Frisur auch veränderte? Schnipp, schnapp, Haar ab. Aus kleiner dummer Oma Bille wurde ein Star? Na, oder zumindest eine patente ältere Dame, die endlich mal sagte, was sie wollte, und jugendliche Bodybuilder einfach zum Teufel jagte. Das wäre ja bereits ein Quantensprung.

»Apart und frech«, wiederholte Bille ungläubig.

Zu ihr hatte man schon einige Dinge gesagt, aber noch nie, dass sie frech war. Früher vielleicht, als es ihren Karl noch gab. Als sie jünger war, noch laut lachen konnte. Ihr Karl hatte immer gesagt, ihr säße der Schalk im Nacken. Wahrscheinlich hatte sie den zusammen mit ihrem Mann beerdigt. Genau wie ihren Löwenmut, ihren unerschütterlichen Optimismus, mit dem sie Karl durch seine schwere Krankheit begleitet hatte. Da war Bille stark gewesen, hatte sich nie unterkriegen lassen. Heutzutage biss sie sich lieber die Zunge ab oder kaufte Lammfelldecken, ehe sie sich wehrte oder bissige Kommentare machte.

»Darf ich, Frau Rubens?«, fragte Claudia. Sie hatte Bille, während diese wieder einmal in Gedanken versunken war, das Haar gewaschen und nahm eben die Schere aus dem Wägelchen mit den Friseurutensilien.

»Ja, Claudia, verwandeln Sie mich mal in apart und frech!«

Sie hörte ein Schnipp, dann ein Schnapp und spürte geradezu, wie ihr Haar auf den Boden fiel. Bille wusste in diesem Augenblick nicht, ob es sie freute oder ob es eine Katastrophe war.

»Du bist in Wahrheit doch nicht mutig, Bille«, flüsterte sie, fing eine der weißen Strähnen auf und hätte sie am liebsten sofort wieder angeklebt. Gleich darauf kämpfte sie tatsächlich mit den Tränen, glaubte sich erneut über den Tisch gezogen und fremdbestimmt. War das hier wirklich ihre eigene Entscheidung, oder hatte sie sich mal wieder zu etwas breitschlagen lassen? Frech und apart! Sie war noch keine zwei Tage aus Oberhausen fort und veränderte bereits ihr Äußeres, ihr Image. Alles. Bille zitterten die Knie, aber nun war es zu spät. Mit einem halbgestutzten Kopf konnte sie unmöglich durch die Gegend spazieren. Die Entscheidung war nicht rückgängig zu machen. Schnipp. Schnapp.

Am besten, sie stellte sich tot, schloss die Augen und wartete das Ergebnis ab. Vielleicht wurde es besser als gedacht.

»So, Frau Rubens, Sie können in den Spiegel sehen, wir haben es geschafft. Jetzt noch ein bisschen föhnen, ein paar Fingerspitzen Gel, und alles ist perfekt.« Claudia wuschelte Bille noch ein paarmal durchs Haar, hielt den Föhn hinein, zerrte es mit einer Rundbürste in sämtliche Richtungen (jedenfalls kam es Bille so vor) und war erst nach etlichen weiteren Minuten mit ihrem Werk zufrieden. Schließlich verteilte sie etwas Feuchtes auf den Haaren (das war wohl das Gel) und wusch sich die Hände.

»Fertig. Sieht super aus!« Claudia huschte fort. Bille wagte aber nicht, die Augen zu öffnen.

»Und nun die Augen wieder schließen, ach, Sie habe sie ja sowieso noch zu. Ich habe noch eine Überraschung, Frau Rubens. Jetzt mache ich Sie richtig schön!«

Bille spürte Creme auf ihren Wangen, einen Pinsel auf ihren Lidern und schließlich einen Stift, der ihre Augen ummalte. »Jetzt dürfen Sie gucken!«

Bille wagte es kaum, aber dann konnte sie doch nicht widerstehen. Wider Erwarten war sie tatsächlich sehr neugierig auf das Ergebnis. Sie atmete einmal tief ein, setzte sich gerade hin und öffnete die Augen.

»Boah!«, entwich es ihr in waschechtem Ruhrpott-Slang, den sie eigentlich ablehnte und der ihr nur in Extremsituationen über die Lippen kam. Sie glaubte, ihren Augen nicht zu trauen: Vor dem Spiegel saß eine in die Jahre gekommene, aber sehr gutaussehende Frau mit schickem, *apartem* Kurzhaarschnitt und dezentem Make-up. Die Friseurin hielt einen Spiegel, so dass Bille sich auch von hinten betrachten konnte. Es gab keinen Zweifel: Das war tatsächlich sie!

»Oma Bille, wie siehst du denn aus? Super!« Laura rannte dreimal um sie herum und betrachtete ihre Oma begeistert.

»Nicht schlecht, oder?« Bille wurde ein wenig rot, Eigenlob fiel ihr schwer.

»Das ist einfach nur klasse, Oma Bille!«, freute sich auch Jan. »Gar keine Oma mehr!« Er hielt ihr galant den Arm hin. »Voilà, gnädige Frau. Darf ich bitten? Ich möchte heute im To'n Fischhus an Ihrer Seite speisen.«

Bille lächelte verlegen, war über die Komplimente aber sehr glücklich. Ein wenig hatte sie befürchtet, man würde sie auslachen. So alt und eine Typveränderung! Frau Meyer-Semmelmann würde es bestimmt nicht gutheißen, sie war immer so kritisch, was Neuerungen anging, aber sie befand sich weit weg in Oberhausen und würde Bille erst in zehn Tagen wiedersehen. Bis dahin hatte sie sich selbst an ihr neues Aussehen gewöhnt und würde es mit mehr Selbstbewusstsein zur Schau stellen. Außerdem, wen interessierte eigentlich Frau Meyer-Semmelmann? Bille lächelte vor sich hin. Nicht eine ihrer Unkereien war bislang eingetroffen, nicht *eine!* Die Frau im Laden hatte zwar eine leichte Sprachfärbung gehabt, und Bille konnte hören, dass sie aus Norddeutschland stammte, aber sie war der deutschen Grammatik durchaus mächtig gewesen. Es gab ansprechende Geschäfte, Literatur und Historie, einen modernen Ort, dem aber das Küstenflair nicht abhandengekommen war, und sogar einen Supermarkt. Ihre Nachbarin hatte mal wieder gnadenlos übertrieben, so wie es ihre Art war. Sogar den Wollmantel hätte Bille getrost zu Hause lassen können. Also: Was kümmerte es sie, wie Frau Meyer-Semmelmann ihre neue Frisur und ihre neue Kleidung fand?

Jan sah auf die Uhr. Er hatte ein gerötetes Gesicht, die Sonne hatte schon am ersten Tag ihre Spuren hinterlassen. »Es ist kurz nach fünf, meine Lieben. Auf zum traditionellen Backfischessen!«

»Wir gehen doch nicht zu Fuß dahin, oder?« Felix verdrehte die Augen. »Das sind« – er schnaufte – »etliche Kilometer!«

Jan und Maja lachten laut auf. »Wir laufen am Strand entlang, da vergeht die Zeit blitzschnell!«

Sie verließen den Platz in Richtung Nordsee, mussten sich aber bald rechts halten, um auf den schmalen Asphaltweg zum Strand zu gelangen. Bille genoss die warme, würzige Luft des Spätnachmittags, den Blick übers Meer. Sogar eine Insel konnte man heute ausmachen.

»Das ist die Vogelinsel Mellum«, erklärte Jan. »Sie ist nicht bewohnt. Weiter westlich befinden sich die anderen Ostfriesischen Inseln.«

Oma Bille hörte Jan gern zu, wenn er über die Region erzählte, und so verging die Zeit wie im Flug, bis sie am Hooksieler Außenhafen angelangt waren. Hier dümpelten ein paar Segeljachten, die auf den nächsten Schleusengang ins Hooksmeer warteten, und etliche größere Schiffe, die Bille nicht zuordnen konnte.

Direkt am Hafenbecken befand sich der Fischimbiss. Alle wollten den legendären Backfisch probieren, selbst Felix zierte sich nicht. Und als Bille die vor Fett triefende Köstlichkeit in der Hand hielt, wusste sie, dass Jan kein bisschen übertrieben hatte.

Zurück spazierten sie auf der Deichkrone entlang. Hin und wieder gab eines der grasenden Schafe ein kurzes »Mäh« von sich, eine Cessna flog über sie hinweg, und eine kleine Reitergruppe trabte unten an der Straße entlang, ehe sie zum Hooksmeer abbog. Frieden. Bille war froh, wenigstens an diesem Abend die düsteren Gedanken hinter sich lassen zu können.

6. Kapitel

Bille lehnte sich auf ihrem Stuhl zurück, das Frühstück war längst vorbereitet. Es schien sich wie ein Ritual einzubürgern, dass sie dafür die Verantwortung hatte. Bille tat das ausgesprochen gern, zumal sie ohnehin eine Frühaufsteherin war. Das war in ihrer Generation eben so. In ihrer Jugend wäre niemand auf die Idee gekommen, zu chillen oder auszuschlafen. Man stand beizeiten auf und begann das Tagwerk. Nun, im Augenblick tat sie ja auch nichts Weltbewegendes, das war eine völlig neue Erfahrung für sie. Gestern nach ihrer Rückkehr aus Hooksiel hatte Bille kurz in Erwägung gezogen, einen Kuchen zu machen, vielleicht eine Philadelphia-Torte, die musste man nicht backen, aber sie hatte die Idee tatsächlich wieder verworfen, weil sie das Nichtstun nach ihrem Ausflug unglaublich genoss. Und danach noch dieser fantastische Spaziergang!

Noch immer betrachtete sie sich in jedem Fenster, weil sie sich an der neuen Bille gar nicht sattsehen konnte. Du siehst zehn Jahre jünger aus!, dachte sie ein ums andere Mal begeistert. Und das nur wegen einer neuen Hose und einer anderen Frisur. Na ja, und wegen des neuen Shirts, und denen, die darauf warteten, endlich von ihr getragen zu werden. Bille fühlte sich wie neugeboren.

Dass sie nicht schon früher auf die Idee gekommen war, sich ein wenig zu verändern! Wie einfach war das alles gewesen, denkbar einfach. Bäume könnte sie heute ausreißen! Ach was, den riesigen Wohnwagen von Harry umwerfen. Oder Harley-Davidson fahren.

Bille fuhr hoch. Senkrecht.

»Was hast du eben gedacht, Bille? Harley fahren? Spinnst du?«, murmelte sie. Sie fuhr sich durch ihr kurzes Haar. Einmal nach rechts, dann nach links. Nach vorn. Nach hinten. Und wieder nach vorn.

Die Frisur fühlte sich trotz aller Freude noch immer eigenartig an. Das Haar pikte, es waren nicht mehr die weichen, zarten Locken, die sie millimetergenau auf der Kopfhaut eindrehte. Aber sie würde sich daran gewöhnen. Nur diese klebrige Pampe, die wollte sie nicht darin haben, auch wenn Claudia ihr die als Geschenk mitgegeben hatte. »Damit bekommt die Frisur erst den richtigen Pfiff, Frau Rubens.«

Nun, frech und apart reichte Bille fürs Erste, Pfiff musste nicht auch noch sein. »Überflüssig«, murmelte sie, und sogleich fielen ihr Felix' begeisterte Worte wieder ein.

»Oma, das ist Haargel, das trägt man heute«, hatte er sie aufgeklärt, als er sah, wie Bille ständig an ihren Strähnen herumfummelte. Seine Frisur stand stets in alle Richtungen ab, er hatte sein Haar also ebenfalls mit diesem Zeug festgekleistert. Felix würde sich freuen, wenn sie ihm später das Teufelszeug zusteckte.

Mit Gel pikt nämlich auch der Helm!, schoss es ihr nun überflüssigerweise durch den Kopf. Dabei wollte sie weder Harley fahren noch etwas mit Franz' ungehobelter Truppe zu tun haben. Die sollten bleiben, wo der Pfeffer wuchs.

Was Harry Sitter heute Abend wohl sagen würde? Er schien sie schließlich zu mögen, und wenn er sie sogar mit ihrem antiquierten Aussehen zum Essen ausführen wollte, um wie viel erfreuter würde er sein, nun eine flotte Frau an seiner Seite zu haben! Keine seidenbestrumpfte alte Schachtel. Was aber, wenn er genau darauf stand? Ein Strumpffetischist war, oder wie man das nannte? Was, wenn Harry den Typ »Bille alt« und nicht »Bille frech und apart« mochte? Ihr Hals wurde trocken. Zu dumm, dass sie Harry seit gestern noch nicht wieder begegnet war.

Wieder begann sie eins ihrer Selbstgespräche. »Es ist jetzt sowieso zu spät, und es ist völlig egal, was Harry Sitter dazu sagt. Du bist frei und kannst tun und lassen, was du willst. Sonst wärst du längst mit Fleischermeister Häwelmann verheiratet! Es ist, wie es ist, und selbst der alte Harley-Rocker …« Bille brach ab. Der Mann hatte nun gar nichts mit ihr zu tun. Der sollte doch singen, über wen auch immer er wollte, aber nicht mehr über sie. Dieser Kerl war ohnehin abgetaucht, früh am Morgen war ihr lediglich das Dröhnen lauter Motorräder an die Ohren gedrungen. Die Truppe war entweder abgereist oder hatte sich auf eine Spritztour begeben. Bille konnte das recht sein.

Der Bodybuilder blieb ebenfalls vorerst verschwunden. Bille ließ den Blick über den gedeckten Frühstückstisch wandern und wartete darauf, dass die anderen Familienmitglieder eintrudelten. Aus ihrem Proviantkoffer hatte sie heute das Johannisbeergelee gekramt. Es war mit einem kleinen Schuss Amaretto angereichert und zerging mit einem Brötchen, das dick mit Butter beschmiert war, auf der Zunge. Das war ein Gaumengenuss und würde vor allem Jan begeistern, der ein wahrer Fan ihrer Marmeladen war.

Bille hörte Stimmen, und gleich darauf kamen die Winterbergs vom Waschhaus zurück – alle bis auf Felix.

»Ach Bille, wie lieb, du hast wieder alles vorbereitet!«, rief Maja begeistert. »Das ist wunderbar.« Sie setzte sich sofort an den Tisch, während Jan die Kaffeekanne holte.

Laura und Annemie hüpften aufgeregt herum, was zumindest für Annemie ein eher ungewöhnlicher Zustand war. »Stell dir vor, Oma, wir waren eben schon am Strand, und da war so eine dicke

Qualle!« Laura malte mit beiden Händen einen riesengroßen Kreis. Demnach waren die Mädchen einem Monster begegnet. »So dick! Und weißt du was? Da kam so eine Tusse mit einer Schaufel und wollte die Qualle in der Mitte durchschlagen!«

»Gibt es denn eine so große Schaufel?«, nahm Jan seine Tochter hoch, was Laura aber nur mit einem verächtlichen Schnauben kommentierte.

»Die Frau wollte das arme Tier im Sand verbuddeln. Was für eine Tierquälerei!«

Annemie nickte und rieb sich die Augen. Das war nichts für ihr sensibles Gemüt.

»Themawechsel!«, schlug Maja mit einer Grimasse vor. Offenbar schüttelte sie sich innerlich bei der Vorstellung an die Qualle.

»Wir konnten sie nicht retten«, schloss Annemie mit düsterer Miene.

Vor einigen Minuten war auch Felix aus seinem Zelt gekrochen – vermutlich eine Folge von Jans Ansage, sein Sohn müsse künftig selbst für sein Essen sorgen und den gesamten anfallenden Abwasch allein bewältigen, wenn er es vor lauter Chillen nicht schaffte, an den Mahlzeiten teilzunehmen. Felix hatte den Mund wie ein an Land gespülter Fisch ein paarmal auf- und zugeklappt, hatte nach Argumenten gesucht, mit denen er das Ganze kippen konnte, aber gleichgültig, was er sagte: Jans Schulterzucken war wie eine Mauer gewesen, die sämtliche Worte zum Redner zurückkatapultierte.

So saß er nunmehr auf seinem Stuhl, beteiligte sich bislang nicht an der Unterhaltung, aß aber bereits das dritte Brötchen. »Regt euch mal nicht auf, Mädels«, stieß er jetzt schmatzend hervor. »Wenn eine Qualle so dicht am Ufer treibt, ist sie ohnehin längst tot!« Sein Messer versank im offenen Nougatcremeglas, und die nächste Brötchenhälfte verschwand mit einer fließenden Bewegung in seinem Mund.

Annemie und Laura fühlten sich ihrer Heldenhaftigkeit aufs Übelste beraubt und aßen von dem Augenblick an schweigend weiter.

»Heute gehe ich aber mal zum Seniorensport«, versuchte Bille die Situation zu retten. So richtig nahm das aber keiner wahr, alle hingen ihren Gedanken nach. Das Quallenthema hatte definitiv die Stimmung verdorben. Bille suchte krampfhaft nach einem neuen Gesprächsstoff, doch ihr wollte nichts einfallen. Also schloss sie sich dem allgemeinen Schweigen an und ließ ihren Blick zum Weg schweifen. Dabei verschluckte sie sich beinahe am Kaffee. Das konnte nicht sein, das *durfte* nicht sein! Also schaute sie noch einmal hin. Sie hatte sich nicht geirrt. Schon wieder der Bodybuilder! Und er erkannte sie. Trotz neuer Frisur. Trotz neuer Klamotten. Oder hatte sie sich die leicht winkende Handbewegung nur eingebildet?

»Ich glaube Oma Bille nicht, dass sie nachher zum Seniorensport geht. Den schwänzt sie doch zu Hause auch oft«, flüsterte Laura Annemie beim Abwasch zu. »Obwohl sie immer behauptet, sie braucht das und man muss im Alter was für sich tun und so.«

»Sie sagt, sie macht das wegen der Krampfadern!« Annemie schaute ihre Schwester an. »Obwohl sie gar keine hat.«

»Oma geht gern spazieren und fährt viel mit ihrem Rad. Aber Sport? Den hasst sie.«

»Woher weißt du das?« Annemie stellte den nassen Teller ab.

Laura lachte auf. »Weil ich mal gehört habe, wie sie zu Frau Meyer-Semmelmann gesagt hat, dass sie sich das Sportzeug nur gekauft hat, damit alle denken, sie gehe regelmäßig zum Damenturnen. ›Dabei finde ich das Herumgehopse albern, Frau Meyer-Semmelmann‹«, äffte Laura Oma Bille nach. »›Ich muss auf meine alten Tage meinen Körper nicht mehr in Form bringen. Bewegung ist wichtig, aber es reicht doch, wenn man sich wirklich *be-*

wegt, und nicht in eine stinkende Turnhalle geht und die Arme vor- und zurückschleudert, nur um ein gutes Gefühl zu haben.‹« Statt weiter abzutrocknen, führte Laura diese Bewegung mit dem Geschirrhandtuch vor.

»Das hat Oma Bille gesagt?« Annemie war mal wieder tief beeindruckt vom Wissen ihrer Schwester, packte sie dann aber am Arm, weil sie die belustigten Blicke der Umstehenden bemerkte.

»So ähnlich jedenfalls«, relativierte Laura ihre Worte und schnappte sich den nächsten Teller. »Ist doch auch egal, Annemie. Ich weiß nur, dass Oma Bille es hasst, zu schwitzen, und Sport überflüssig findet. Also, sie mag es nicht, wenn man sich nur wegen der Bewegung bewegt und nicht, weil es einem Zweck dient.«

»Klingt kompliziert«, wandte Annemie ein. »Dabei ist Oma Bille doch eher ... na, eben unkompliziert.«

»Das hat sie oft genug betont, glaub mir!« Laura zog die Nase kraus. »Mich hat es echt gewundert, dass sie gestern mit dem Fahrrad und nicht mit einem Taxi nach Hooksiel gefahren ist. Oma Bille schwitzt ja auch nicht gern. Da hat sie mehr Wäsche, das verbraucht Strom, und Strom kostet Geld, sagt sie immer.«

Annemie goss das Wasser aus dem Abwascheimer. »Das stimmt zwar, aber was du über das Fahrrad gesagt hast, ist falsch. Logischerweise ist sie mit dem Rad gefahren, weil diese Bewegung schließlich einem Zweck gedient hat: Sie wollte ja irgendwohin.«

»Stimmt auch wieder, kluge Schwester«, gab Laura zu, während sie die letzten Teller abtrocknete und im zweiten Eimer abstellte. »Ich ziehe meine Bemerkung zurück. Allerdings nur die, denn mit den anderen Sachen liege ich voll richtig.«

Annemie winkte ab. Wenn Laura diesen geschwollenen Ton anstimmte, war es ein Ding der Unmöglichkeit, mit ihr zu diskutieren. Also wechselte sie das Thema. »Aber Oma Bille sieht jetzt wirklich toll aus, findest du nicht? So jung und frisch. Sie strahlt wieder mehr.«

»Und ist dir schon mal aufgefallen, wie wenig Falten sie für ihr Alter hat? Und nicht diese Orangenhaut, aber dazu ist Oma auch zu dünn. So echte Omas haben ja normalerweise mehr Speck auf den Rippen. Wenn Frauen in die Wechseljahre kommen, hab ich mal gelesen«, fuhr Laura fort, »nehmen sie zu. Das liegt an den Hormonen. Ich glaube, dass Mama auch bald einen Bauch bekommt.«

»Worüber du dir Gedanken machst!« Annemie schüttelte den Kopf, griff nach dem Abwascheimer mit den trockenen Tellern und Tassen und legte sich das feuchte Geschirrhandtuch um den Hals.

Laura prüfte, ob sie das Abwaschbecken sauber hinterlassen hatten, sonst würde ihnen ihre Mutter gewaltigen Ärger machen. Wobei Laura das Herauspulen der Essensreste aus dem Ausguss wirklich ekelte – aber noch widerlicher war es, wenn man solche Relikte der Vorgänger vorfand. »Wir können los«, stellte sie schließlich fest. »Und dann lass uns rausfinden, warum Oma Bille uns das Märchen vom Seniorensport aufgetischt hat.«

»Ob sie sich in diesen Harry verliebt und sich deshalb so verändert hat?« Annemie setzte ihr GZSZ-Gesicht auf. So schaute sie immer, wenn sich zwei der Schauspieler dort küssten und endlich in die Arme schlossen.

Laura glitt ein verschmitztes Grinsen übers Gesicht. »Ja, stell dir mal vor, es wäre so!«

»Können sich alte Leute denn überhaupt noch verlieben?« Annemie war bei der Vorstellung abrupt stehen geblieben.

»Warum nicht?«, fragte Laura schulterzuckend.

»Aber stell dir mal vor, die wollen sich küssen?« Annemie klang völlig entsetzt. »Das ist schon bei Mama und Papa komisch. Ich meine nicht den Begrüßungskuss, ich rede von … du weißt schon.«

Laura grinste breit. »Natürlich weiß ich, was du meinst. Heutzutage verlieben sich auch alte Leute.«

»Früher nicht?«

»Da durfte man das nicht so.« Laura winkte ab. »Auf jeden Fall verknallen sich die Alten manchmal ganz schön heftig, sogar in Jüngere. Vor allem bei den Promis, das hab ich schon mal gelesen. Dieser Harry ist nicht viel jünger als Oma Bille, da wird es nicht so peinlich. Also, wenn du recht hast, ist er der Grund für Omas Veränderung.« Laura schnappte sich den zweiten Abwascheimer und wedelte mit der freien Hand. »Lass uns gehen! Ach übrigens, wann wollen die los? Harry und Oma Bille, meine ich.«

»Heute Abend, hab ich gehört. In die Alte Schneiderei, glaub ich. Da gibt es super Fischplatten, hat Paps mal behauptet.«

Annemie blickte zu Laura. »Du willst sie doch nicht beschatten, oder?«

Laura zuckte mit den Schultern, sagte weder ja noch nein und wechselte das Thema. Darüber musste sie erst noch in Ruhe nachdenken, nur würde eine solche Aktion vermutlich am Widerspruch der Eltern scheitern. »Was meinst du, was Oma Bille tut, wenn sie nicht zum Turnen geht? Das ist die entscheidende Frage!«

Die beiden näherten sich der Parzelle. Von Oma Bille war keine Spur zu sehen.

»Eigentlich klar: Sie hat schon vorher ein Date mit Harry und will es uns nicht sagen!«, schoss es aus Annemie heraus. Im nächsten Moment waren sie am Vorzelt angelangt und stellten beide Eimer auf den Tisch. Nun noch das Geschirr wegräumen, und der Tag stand ihnen frei zur Verfügung.

»Macht keinen Sinn, dass sie sich vorher treffen.« Laura schnappte sich sofort die übereinandergestapelten Tassen. Die hatte ihre Mutter im Vorzeltschrank untergebracht, und so sparte sie sich die Mühe, in den Wohnwagen zu klettern, wo Annemie die anderen Sachen verstauen musste.

»Grammatikalisch falsch«, mischte sich Felix ein, der auf einem Regiestuhl vor seinem Zelt kauerte. »Macht keinen Sinn ist nur aus dem Englischen abgeleitet: *Makes no sense*. Kann man aber so nicht übersetzen. Auf Deutsch muss es heißen: ›Das ergibt keinen Sinn‹ oder ›Das ist sinnlos‹.«

»Mann, kannst du mit deiner Besserwisserei einfach mal aufhören?«, stöhnte Laura. »Wir machen uns hier Gedanken über Oma Bille, und du ...« Laura fuchtelte mit der Hand herum, und prompt fiel ihr eine Tasse aus der Hand. Da ihre Mutter fürs Campen Melaningeschirr verwendete, ging sie glücklicherweise nicht kaputt.

Felix stand von seinem Thron auf. Betont langsam, betont gechillt. Es galt, deutlich zu machen, dass er alles im Griff hatte und sich nicht von seinen aufgescheuchten Schwestern verrückt machen ließ. »Ich habe euch eine ganze Weile zugehört, Mädels«, begann er mit einem herablassenden Lächeln. Er war froh, die Sonnenbrille aufgesetzt zu haben. Sonnenbrillen vermittelten stets das Gefühl von Coolness und Überlegenheit. Bei Zwillingsschwestern war das eine notwendige Überlebensstrategie. »Ihr seht doch Gespenster! Oma hat genauso Urlaub wie wir, und warum sollte sie sich jetzt keine Zeit zum Turnen nehmen? Im Urlaub ist alles anders als zu Hause.« Felix gefiel sein leicht sonorer Tonfall, den hatte er von einem Fernsehkommissar kopiert. Immer ruhig bleiben, immer Herr der Lage sein. Fehler weglächeln. Ach, Fehler, welche Fehler?

Laura fühlte sich sofort in die Ecke gedrängt. Das erkannte er an ihrem hin und her schnellenden Blick. Und an ihrer Art, in solchen Augenblicken viel zu rasch zu sprechen.

»Ich hab eben so eine Ahnung«, erklärte sie, sichtlich genervt über Felix' Eimischung. »Hab ein Gefühl, dass etwas nicht stimmt.«

»Laura hat recht, Felix. Beispielsweise habe ich gestern gesehen, wie Oma mit einem dieser Rocker gequatscht hat. Mit einem *Rocker!*«

»Woher kennen die sich?« Laura fuhr sich durchs Haar. »Genau so etwas meine ich. Ich dachte immer, wir kennen Oma Bille, aber ganz ehrlich – sie ist kaum hier, da verabredet sie sich mit Harry, obwohl sie in Oberhausen mit Herrn Häwelmann ausgeht. Und dann lässt sie sich auch noch die Haare abschneiden, wo sie doch schon immer und ewig diese Locken hat. Das muss schwerwiegende Gründe haben.«

»Tiefe Gründe«, bestätigte Annemie.

»Ihr habt sie doch nicht mehr alle.« Felix lachte auf, eine Regung, die nicht ganz mit seinem chilligen Lebensgefühl übereinstimmte. Sofort veränderte er seinen Ausdruck. Keine Blöße geben. Über allem stehen. Pokerface. »Meint ihr, sie hat sich umstylen lassen, weil sie hier inkognito sein will?« Coole Lache nachschieben, Sonnenbrille zurechtrücken, dann passte das.

»Warum nicht? Denk an den jungen Mann, der in Oberhausen vor unserer Tür stand! Vielleicht ist er uns hierher gefolgt, Oma Bille hat ihn gesehen und musste deshalb handeln.« Laura ruderte schon wieder mit ihren Armen.

»Du guckst zu viele Krimis. Das sag ich Mama, das sollst du nämlich nicht.« Felix senkte den Tonfall noch etwas. Das klang entschieden cooler.

»Halt die Klappe! Oma Bille hat definitiv ein Geheimnis, und das steht in engem Zusammenhang mit den Lammfelldecken. Schon unseren Eid vergessen?« Laura wurde schnippisch, wie immer, wenn Felix so lässig tat und die Wahrheit verdrängte.

»Und mit Rockern hatte Oma doch noch nie zu tun! Denk mal an Herrn Häwelmann«, unterstützte Annemie ihre Schwester. »Das ist ein anderer Mann als ein Lederwestentyp!«

»Was ist denn, wenn die Rocker Oma Bille bedrohen? Wenn das Gespräch mit diesem Typen gar nicht harmlos war?« Laura steigerte sich merklich in ihre kriminelle Theorie hinein.

»Mädels«, konterte Felix. »Vergesst den Rocker. Ihr Date mit Harry ist der Anlass dazu, sich zu verändern, sonst nichts. Habt ihr irgendeinen Beweis, dass Oma Bille Stress hat? Ich sehe sie nur völlig entspannt herumlaufen, oder sie sitzt mit einem Buch vor der Nase auf dem Stuhl, sie ist wie immer. Außer, dass sie hier nicht ununterbrochen den Kochlöffel schwenkt. Und dass sie jetzt mal was für sich getan und sich verändert hat, ist doch klasse. Spricht für totales Relaxen.«

»Ich glaube, Felix hat recht«, knickte Annemie ein. »Harry Sitter ist ein ganz anderer Mann als Herr Häwelmann. Der wirkt cool. Für sein Alter, meine ich. Da musste Oma was tun, sonst geht er einmal mit ihr aus und das war es dann. Das will sie sicher nicht.«

»Also kombinieren wir, dass sie eher auf Männer wie Harry steht und nicht auf Fleischermeister?« Felix sah seine Schwestern beifallheischend an. »Hab sogar gehört, wie sie den hat abblitzen lassen, genau wie den hageren Typen, bei dem angeblich Plüschhasen auf dem Sofa sitzen. Das hat sie mal dieser Tratschtante im Treppenhaus erzählt.«

»Sprichst du von Frau Meyer-Semmelmann?« Laura baute sich vor Felix auf.

Der zuckte mit den Schultern. Er hatte definitiv schon zu viel gesagt. Nicht, dass er sich in fruchtlose Diskussionen verwickeln ließ. Er war schließlich nicht in den Urlaub gefahren, um mit seinen zwölfjährigen Schwestern, von denen zumindest eine offensichtlich glaubte, bereits erwachsen zu sein, über Oma Bille zu debattieren. Er wollte seine Ruhe haben und im Übrigen zeigen, wie abgebrüht er mittlerweile war.

Laura betrachtete ihren Bruder. Sie war ein Fuchs und leider manchmal gar nicht so leicht hinters Licht zu führen, wie Felix es sich wünschte. »Gibt es sonst noch Informationen, die du uns vorenthalten hast, werter Bruder? Dann spuck's aus!«

»Nö, gibt es nicht. Und nun hört auf mit diesem Theater, wir sollten uns freuen, dass Oma Bille Spaß hat.« Felix zog es vor, sich auf seinen Regiestuhlthron zurückzuziehen. Diskussion beendet. Er schloss die Augen. Zu dumm nur, dass man das wegen des dunklen Sonnenbrillenglases nicht sah. Er überlegte, die Brille ins Haar zu schieben, die geschlossenen Augen würden seinen Schwestern deutlich machen, dass er aus der Debatte ausgestiegen war.

Laura würde ohnehin erst Ruhe geben, wenn sie wusste, was mit Oma Bille los war. Erst dann!

»Nun«, begann sie erneut, weil weder Annemie noch Felix etwas sagten, »ich glaube nach wie vor nicht, dass sie wirklich plant, zum Sport zu gehen.«

Justus glaubte seinen Augen nicht zu trauen, als er die alte Schachtel, die aber gar nicht mehr aussah wie eine alte Schachtel, über den Campingplatz schleichen sah. Er hatte sie vorhin auf der Parzelle dieser Familie nicht als Bille Rubens wahrgenommen, dachte, die Leute hätten Besuch und die Olle wäre unterwegs. Jetzt eilte sie über den Campingplatz und umklammerte einen Beutel, der aussah wie ein Turnbeutel aus der Grundschulzeit. Er war sogar bestickt mit irgendwelchen Mustern, denen man ansah, dass jemand das im Unterricht verbrochen haben musste. Kreuzstich, Längsstich, Stilstich, ach, er hatte vergessen, wie der ganze Mist hieß. Handarbeiten war was für Schwachköpfe und alte Frauen, aber doch nicht für Typen wie ihn!

Dieser Beutel war aber auch das einzig Antiquarische an der Frau. Sie hatte eine völlig andere Haltung als sonst. Nicht mehr leicht vornübergebeugt, wie alte Leute eben durch die Gegend liefen, sondern irgendwie ... aufrechter.

Justus hatte wirklich zweimal hinschauen müssen, ehe er die Oma erkannte. Diese Frau trug eine Jogginghose, einen überdimensionalen Sonnenhut und ein dunkel gemustertes Shirt. Ihre Füße zierten Flip-Flops! Nicht diese beigefarbigen Gesundheitssandalen, die bestimmt bequem waren, aber sonst aussahen, als dürfe man sie lediglich im Stockdunklen tragen.

Justus schüttelte den Kopf. Über Nacht hatte sich die Alte zu 100 Prozent verändert. Er hätte so etwas nicht für möglich gehalten. Und sie hatte es ziemlich eilig. Wohin wollte sie bloß? Alte Leute standen höchstens an den Kassen der Supermärkte unter Zeitdruck und drängelten sich permanent vor, so als würde man ihnen die Rente nicht pünktlich auszahlen, wenn sie irgendwo fünf Minuten zu lange in der Schlange stehen mussten. Aber ansonsten hatten sie doch alle Zeit der Welt. Zum Beispiel sonntags, wenn sie gemächlich in ihrem Mercedes über die Landstraßen schaukelten und jede Löwenzahnblüte am Straßenrand feierten. Justus hasse die »Sofahrs«, wie er sie nannte. Wenn die Alte jetzt also in dieser Geschwindigkeit über den Campingplatz lief, musste das tiefere Gründe haben, und die galt es herauszufinden. Sie wirkte ja nahezu gehetzt!

Justus glaubte nicht, dass sie ihn am Morgen gesehen hatte. Deswegen konnte ihre Eile auch nichts mit ihm zu tun haben. Obwohl ihm der Gedanke gefiel: Er, der große Justus, versetzte die alte Frau so sehr in Angst und Schrecken, dass sie kopflos über den Campingplatz rannte, bloß um ihm, dem Herrscher des Grauens, zu entfliehen.

Schön wäre es. Die Realität hatte ihm bisher eher gezeigt, dass er selbst vor sämtlichen Herrschern geflohen war, nicht selten bei Nacht und Nebel, weil er mal wieder eine Sache gründlich versemmelt hatte. Wäre er als Ganove so erfolgreich wie Al Capone, den er wirklich und wahrhaftig als sein persönliches Vorbild sah, dann müsste er nicht Omas irgendwelche Lammfelldecken andrehen. Nun, zumindest bekäme er dafür einen größeren Anteil der Kohle als das Almosen, was man ihm für diesen Dienst zudachte.

»Nun jammere nicht herum«, forderte er sich selbst auf, »wenn du Erfolg haben möchtest, musst du diese Handlangerarbeiten als einen weiteren Meilenstein betrachten. Jeder Weg nach oben ist mit Hindernissen gespickt!« Das hatte schon seine Großmutter immer gesagt. Auf dem Schaukelstuhl sitzend, ein Pfeifchen im Mund und dafür von allen schräg angesehen. Eine Pfeife rauchende Frau war nicht die Idealvorstellung einer Oma. Überhaupt war sie alles andere als ideal gewesen, aber der Gedanke an sie und seine kaputte Familie gehörte jetzt nicht hierher. Weil ihre Lunge die Dauerbequalmung eher hinderlich fand, war seiner Großmutter ein kürzeres Gastspiel auf Erden vergönnt gewesen als geplant. »Hab sie eben geteert, mein Junge«, hatte sie Justus zum Abschied gesagt. »Und wo Asphalt ist, kann sich nicht mal ein vereinzeltes Gänseblümchen hindurchkämpfen!«

Aber was trieb sein Opfer nun über den Platz? Hatte die Alte keine Lust, sich zusammen mit der Familie am Strand zu tummeln und gleich zum Urlaubsbeginn zu verbrennen? Schließlich glühte die Sonne gnadenlos über Norddeutschland. Gestern waren in Oberhausen, laut Aussagen seiner Kumpels, zwei schwere Gewitter niedergeprasselt und hatten die Luft dort ein wenig abgekühlt. Davon war man hier aber meilenweit entfernt.

Hitze hin oder her, es musste ihm nun gelingen, die Alte unter Druck zu setzen, ihr die Dringlichkeit der Zahlung deutlich zu machen. Eine klare Ansage war nötig, er hatte keine Lust, noch weitere Nächte in diesem unbequemen Zelt zu verbringen und sich von nebenan das Geschnarche der Rocker oder das Gemotze der Nachbarfamilie anzuhören. Letzte Nacht hatte Justus seine Luftmatratze sogar nachpumpen müssen. Ihm lagen nicht nur Hindernisse im Weg, er musste ganze Höhenzüge erklimmen!

Justus wollte der Oma eben weiter folgen, als er von einem Mann angesprochen wurde, der ihm auf Anhieb äußerst unsympathisch war. Der Typ wirkte, als sei er einer Katalogseite entsprungen. Einem Seniorenkatalog, versteht sich, so ganz frisch war er natürlich auch nicht mehr. Allein diese Frisur: exakter Scheitel in dichter Lockenpracht. Die Klamotten: durchgestylt vom Shirt bis zur Socke, hätte er denn eine an. Sogar der blinkende Goldzahn schien eigens passend zum Goldkettchen und zur Designerbrille gemacht zu sein. Was für ein Lackaffe!

»Was starren Sie der Frau so nach?«, herrschte der Mann ihn nun an. »Die ist ja wohl eine Nummer zu alt für Sie. Oder führen Sie etwas im Schilde?« Die zunächst weich klingende Stimme schraubte sich mit jeder Silbe weiter in die Höhe und erinnerte am Ende an einen Motor mit defektem Anlasser.

»Ich ... ich war nur erstaunt, wie flott die Dame aussieht«, stammelte Justus, »denn ich glaube, ich habe sie gestern noch in Strumpfhosen und Flanellrock über den Platz laufen sehen, aber bestimmt irre ich mich.«

An dieser Stelle zuckte der Typ merklich zurück und starrte selbst hinter der alten Schachtel her. Er runzelte die Stirn, schüttelte den Kopf, als könne er nicht glauben, was er dort sah. Das Überraschungsmoment wollte Justus gerade für sich nutzen und einen Abgang machen, als sich der Schönling wieder fing.

»Nun lenken Sie mal nicht ab, junger Mann«, schnauzte er Justus an. »Das können Sie Ihrer Großmutter erzählen.« Er schraubte sich merklich in die Höhe und hätte Justus nun zumindest auf die Stirn spucken können. Aber Justus beruhigte sich sofort selbst: Ein Mann wie dieser Gockel würde niemals seine Contenance verlieren. Wichtig war solchen Typen immer ihre Außenwirkung.

Er fixierte Justus nun mit stechendem Blick. »Auf dem Platz wurde ein Diebstahl begangen, junger Mann. Ein nicht unerheblicher Diebstahl! Und da sind mir so Typen wie du, die einer älteren Dame folgen, genauso suspekt wie diese alternde Rockergang, die ebenfalls nur rumlungert.« Er fixierte den jungen Mann. »Man ist sich hier ja seines Lebens nicht mehr sicher.«

Justus wandte sich ab. Die Alte hatte er ohnehin aus den Augen verloren, und vermutlich war es besser, wenn er sich im Moment nicht weiter auf die Suche nach ihr machte; dieser Wachhund konnte bestimmt ungemütlich werden. Es wäre zu dumm, wegen Belästigung vom Platz zu fliegen, bevor er den Auftrag erfüllt hatte.

Justus grinste das Seniorenkatalogmodel also an und tippte sich zum Abschied mit der Zeigefingerspitze gegen die Stirn.

Erst wollte er zurück zum Zelt gehen, doch dann überlegte er es sich anders und schlug den Weg zum Wasser ein. Es gab schließlich keine Abmachung, dass er während seiner Mission nicht auch ein bisschen Spaß haben durfte. Im Augenblick kam er sowieso nicht weiter.

7. Kapitel

Bille strich sich durchs kurze Haar und hoffte, dass der Bodybuilder sie nicht erkannt hatte, als sie sich eben erneut begegnet waren. Er hatte zumindest nicht so gewirkt, denn er kannte sie als alte Frau, nicht als Dame. Bille zuckte zusammen. Hatte sie wirklich Dame gedacht? Als solche hatte sie sich lange nicht mehr gesehen, auch wenn Herr Häwelmann das tatsächlich einmal zu ihr gesagt hatte. Aber das war schon lange her. Bestimmt zwei Jahre. Da hatte er ihr mit den Worten geschmeichelt: »Liebe Frau Rubens, es ist mir eine Ehre, mit einer Dame wie Ihnen zum Schrebergartenfest gehen zu dürfen.« Als Bille dann die anderen Frauen sah, wusste sie, warum er ihr das Kompliment gemacht hatte. Ein paar von ihnen waren auffällig geschminkt wie die Barbiepuppen der Zwillinge, hatten allerdings Gesichter jenseits des Verfallsdatums. Die anderen waren in schlimme Modesünden gekleidet. Es sollte wohl schick sein, aber ein Gruselkabinett war nichts dagegen.

Wo Fleischermeister Häwelmann sie nun nach ihrer Wandlung einordnen würde, konnte Bille nicht einschätzen.

»Ich bin eine Dame mit einem riesigen Berg Schulden!«, murmelte sie. Es passte einfach nicht zusammen. Bille ertappte sich dabei, wie sie eine junge Frau beobachtete, die gerade einen

Schlüssel genau wie die Winterbergs in der Klappe des Wohnwagens plazierte. Die Camper nutzten also dieselben Verstecke. Das war ja genauso, als wenn sie ihren Schlüssel unter der Schuhmatte vor ihrer Etagenwohnung versteckte und glaubte, dass es niemand merkte.

Bille beschleunigte den Schritt, als könne sie auf diese Weise ihren üblen Gedanken entkommen. Das mit dem Schlüssel der jungen Frau hatte sie jetzt wirklich ohne Hintergedanken wahrgenommen, das hatte keinerlei Bedeutung! Sie wurde zwar von einem tätowierten Bodybuilder bedroht, aber sie war anständig. Überaus anständig, und deshalb würde sie nun umkehren und auf dem schnellsten Weg zum Seniorensport gehen.

Bille warf einen Blick auf die Uhr. Der Seniorensport begann um elf, ein bisschen Zeit blieb ihr noch. Ich spaziere zum Meer, schaue in die Ferne, und dann gehe ich turnen, dachte sie.

Doch kurz bevor sie den Uferbereich erreicht hatte, dort, wo sich kleine Sandinseln mit Grasbüscheln erhoben, stockte Bille. Ihr Mund wurde trocken, das Schlucken fiel ihr schwer.

Der Bodybuilder! Nur wenige Meter von ihr entfernt!

Verdammt, sie saß wie eine Maus in der Falle. Er hatte sie offenbar bereits erkannt, wenngleich er Bille überrascht ansah, als traue er seinen Augen nicht. Ein breites Grinsen glitt über sein Gesicht, als er einen Schritt auf sie zu machte.

Bille presste den Turnbeutel an die Brust, machte auf dem Absatz kehrt und rannte zurück auf den Campingplatz, als sei der Teufel hinter ihr her – was ja im Prinzip auch genauso war.

»Ich habe keine Wahl«, keuchte sie schließlich leise, als sie außer Sichtweite war. »Ich muss mir selbst helfen, wenn ich nicht völlig untergehen will. Und ich darf die Winterbergs nicht mit hineinziehen. Was ist, wenn er nicht nur mich bedroht, sondern plötzlich den Mädchen was antut?« Bille zitterte, als sie sich eingestand, wie sehr sie sich fürchtete. Sie konnte dem Bodybuilder nur die eiserne Reserve anbieten. Diese 553,60 Euro waren aber weit weniger als der verlangte Betrag. Exakt 1446,40 Euro weniger, das hatte Bille bestimmt schon zehnmal ausgerechnet. Damit würde er sich nie zufriedengeben, niemals! Und genau diese Furcht ließ ein Gedankengebilde in ihrem Kopf entstehen, das nicht mehr zu steuern war. Sie sah die Wohnwagenklappe vor sich und sie wusste, dass sich dahinter der Schlüssel verbarg, den sie nur nehmen musste, um ihr Problem zu minimieren.

Bille schüttelte den Kopf. Sie wollte nicht zur Diebin werden, auf keinen Fall! So tief würde sie nicht sinken. Vielleicht ließ der junge Mann sie ja einfach in Ruhe? Oder war es besser, Harry Sitter um Hilfe zu bitten? Ach nein, ausgeschlossen. Viel zu peinlich. Es ging ja nicht nur darum, dass Bille kein Geld hatte. Viel mehr schämte sie sich dafür, dass sie so dumm gewesen war, auf das Geschäft hereinzufallen, und das nur aus Mitleid mit einem jungen Mann!

Bille sog die salzige Luft tief ein, nahm fröhliches Kinderlachen wahr, die sachte, warme Brise auf ihrer Haut. »Überall nur ein bisschen, das tut keinem weh«, hörte sie Lauras Stimme. Bille kniff die Augen fest zusammen, sah den Bodybuilder in Gedanken auf sich zukommen. Er hielt eine Brechstange in der Hand, die er rhythmisch in seiner Armbeuge auf und nieder tanzen ließ. Sein Gesicht war zu einer bedrohlichen Grimasse verzerrt, und er war unglaublich stark. So wie Herkules.

Bille brach der Schweiß aus. »Ich muss es wagen«, flüsterte sie und öffnete die Augen wieder. Es war sicher kein Zufall, dass sie bereits vor dem Objekt ihrer Begierde stand. Jener Caravan, bei dem die junge Frau vorhin den Schlüssel demonstrativ in der Klappe verstaut hatte. Es handelte sich um einen modernen, gut gepflegten Wohnwagen. Daneben stand ein ebenso neuer Mercedes metallic mit Ledersitzen.

Keine armen Leute, stellte Bille fest. Sie war jetzt ganz ruhig. Wenn man sich einmal dazu durchgerungen hatte, war es gar nicht so schwer. Hier bot sich ihre große Chance. Alle dachten, sie sei beim Sport, wo sie nach dem Raub auch erscheinen würde, so, als wäre nichts passiert.

Maja, Jan und die Kinder waren an den Strand gegangen, Bille hatte also bis zum Mittagessen freie Bahn. Ringsum war kein anderer Camper zu sehen, alle genossen irgendwo den herrlichen Sommertag.

Bille huschte unter die ausgefahrene Markise, öffnete mit beiden Händen den Verschluss der Klappe, so wie sie es bei Jan und Maja beobachtet hatte. Der Schlüssel fiel Bille regelrecht entgegen. Sie wunderte sich darüber, wie ruhig ihre Hände blieben, wie gleichmäßig ihr Atem floss, und das, wo sie doch zum ersten Mal in ihrem Leben etwas Schlimmes tat. Bevor Bille zur Wohnwagentür schlich, blickte sie sich noch einmal prüfend um und verschloss dann die Klappe, um keine auffälligen Spuren zu hinterlassen. Bis jetzt kam sie sich sehr professionell vor. Bille steckte den Schlüssel ins Schloss und stieg ins Innere des Caravans.

Dort war es unglaublich aufgeräumt, die Betten akkurat gemacht, als sei eine Hotelcrew durch den Wagen gescheucht worden. Keine Tasse stand herum, kein Kleidungsstück lag achtlos dahingeworfen auf dem Bett oder in der Sitzecke. Man erkannte auf den ersten Blick gar nicht, dass jemand in diesem Domizil lebte. Bei den Winterbergs herrschte stets eine gemütliche Unordnung, in der man sich auf Anhieb wohl fühlte. Das junge Ehepaar hatte offenbar keine Kinder, ihr Domizil machte eher den Eindruck, als stünde der Caravan jederzeit zur Besichtigung für potenzielle Käufer bereit. Bille war mit den Winterbergs mal in Düsseldorf beim Caravan Salon gewesen. Die Wohnwagen, in die sie hineingeklettert waren, hatten ähnlich ausgesehen wie dieser, nur dass hier anstelle des Plastikobstes echte Äpfel in der Schale lagen.

»Bille, hör auf zu analysieren, sieh zu, dass du etwas Bargeld findest, und dann nichts wie weg!« Sie öffnete die Schränke, weil sie annahm, dass sich darin eine Dose mit Geld oder Wertgegenständen befand, doch sie musste schnell feststellen, dass sie sich da geirrt hatte. Junge Leute bunkerten keine Geldbeträge in kleinen Dosen im Schrank. Junge Leute kauften mit EC- oder Kreditkarte ein und konnten sogar mit dem Computer oder Handy überallhin überweisen. Online Banking nannten sie das. Davon hatte Bille keinen Schimmer, aber sie war schließlich auch auf den Lammfelldeckenverkäufer reingefallen, sonst wäre sie jetzt nicht hier in diesem fremden Wohnwagen, und das vermutlich ganz umsonst, denn sie fand nichts.

Hose, schoss es ihr plötzlich durch den Kopf. Die Hose. Der junge Mann war in Shorts losgezogen, vielleicht hatte er sein Portemonnaie in einer Hosentasche gelassen. Bille arbeitete sich bis zum Schrank vor, der neben der Toilettentür in die Wand über einem schwarzen Heizkörper eingearbeitet worden war. Sie öffnete ihn, und sogleich stach ihr die sorgfältig auf Bügel gehängte Kleidung ins Auge. Nun wurde Bille doch nervös. Das alles machte nicht den Eindruck, als würden die Besitzer auch nur irgendetwas herumliegen lassen. Das Gesuche dauerte viel zu lange, womöglich kam das Pärchen bald zurück und erwischte sie. Bille stand der Schweiß in dichten Perlen auf der Stirn. Sie tastete hektisch die Taschen ab, und bei der vorletzten fühlte sie endlich eine Geldbörse. Mit zitternden Fingern fischte sie sie heraus. Viel war nicht drin, aber sie wollte ihre Opfer (hatte sie wirklich gerade Opfer gedacht?) ja ohnehin nicht zu sehr beuteln. Bille entnahm zwei 10-Euro-Scheine und steckte das Portemonnaie wieder zurück. Gerade als sie die Schranktür schloss und sich aus dem Staub machen wollte, näherten sich eilige Schritte. Helles Lachen drang von außen in den Wohnwagen, neben dem Fenster zeichnete sich der dunkle Schopf des jungen Mannes ab. »Siri, ich hol rasch die Sonnenmilch, nicht, dass wir auf hoher See verbrennen. Du weißt: Die Haut vergisst nichts. Wo hast du sie denn hingestellt?«

»Neben das Waschbecken im Bad«, trällerte die Frau.

Bille blieb fast das Herz stehen. Gleich würde der Mann bemerken, dass der Schlüssel nicht in der Klappe lag, ja, dass der Caravan gar nicht abgeschlossen war.

Wie ungeschickt, sich schon beim ersten Bruch erwischen zu lassen! An ihrer Professionalität musste Bille wahrlich noch arbeiten. Wohin konnte sie verschwinden, wenn sich gleich die Tür öffnete? Im Augenblick kramte der Mann in der Kühlbox herum. Bille hörte es zischen und dann ein Glucksen, als er trank.

»Bei dem Wetter glaubt man ständig, auszutrocknen. Ich könnte alle halbe Stunde eine ganze Flasche Wasser trinken. Die Sonnenmilch steht im Bad, sagst du?«

»Ja doch. Und der Schlüssel vom Wohnwagen liegt in der Klappe.«

»Hab meinen eigenen dabei.«

»Okay, lass den anderen aber dort liegen, ich will ihn nicht überall mit hinschleppen. Außerdem haben wir dann immer noch einen, falls der Kutter sinkt und dein Schlüssel über Bord geht«, kicherte die Frau. »Wobei, wenn das Schiff untergeht, brauchen wir gar keinen Schlüssel mehr.«

Diese Siri redete eindeutig zu viel. Aber das Schlüsselproblem war gelöst, den würden die beiden also nicht vermissen, doch das half Bille in ihrer misslichen Situation auch nicht weiter. Sie sah nach rechts, nach links. Es war ausgeschlossen, sich in einem Wohnwagen zu verstecken, sie passte ja nicht einmal unter den Tisch. Möglich wäre es einzig und allein im Bad gewesen, nur befand sich dort ja angeblich die gesuchte Sonnenmilch. Doch dann blieb Billes Blick an einer orangefarbenen Flasche hängen, die auf dem kleinen Nachtschrank zwischen den Betten stand. Siri hatte sich geirrt! Welch Glückes Geschick! Wenn sie die Flasche nahm und so plazierte, dass der junge Mann gar nicht anders konnte, als förmlich darüber zu stolpern, würde Bille im Bad Zuflucht finden und mit etwas Glück nicht erwischt werden.

Gesagt, getan. Billes Griff nach der Sonnenmilchflasche, das Öffnen der Badezimmertür und das Positionieren der Flasche genau vor der Caravantür war eine einzige fließende Bewegung. Sie hockte sich auf die Toilette und zog die Tür hinter sich zu. Das war keinen Augenblick zu früh, denn schon hörte sie, wie der Schlüssel ins Schloss gesteckt wurde.

»Siri, du hast vorhin gar nicht abgeschlossen!«

»Hab ich wohl, Jonas, ganz bestimmt. Ich habe den Schlüssel in die Klappe gelegt.«

Bille blieb das Herz stehen. Was, wenn sie das ihrem Mann nun beweisen wollte? Aber Siri verspürte offenbar keine Lust dazu.

»Ich setze mich in den Schatten, bis du fertig bist.«

»Du bist immer so nachlässig, wenn wir im Urlaub sind, Siri, das finde ich nicht gut.« Der Mann öffnete die Wohnwagentür. »Mensch, Süße, die Sonnenmilch steht direkt vor der Tür, fast so, als hätte ein Heinzelmännchen sie dort für uns plaziert. Auf dem Boden, Siri!« Er machte eine Pause, als müsse er die Ungeheuerlichkeit dieser Tatsache erst begreifen, bevor er weitersprechen konnte. Seine Stimme klang überaus vorwurfsvoll. Vermutlich schätzte er nicht, wenn Dinge auf dem Boden standen, und vermutlich kam das auch normalerweise nicht vor, so ordentlich, wie es hier war.

»Ich habe gar nichts auf den Fußboden gestellt, mein Lieber. Aber jetzt komm! Wir verpassen sonst noch den Kutter.«

»Siri, es gibt keine Heinzelmännchen, und ich stelle niemals etwas auf dem Boden ab, weil ich das für sehr unhygienisch halte. Folglich *musst* du es gewesen sein!«

Mein Gott, dachte Bille, der wird ja nahezu hysterisch deswegen. Hauptsache, er kommt nicht auf die Idee, sich sofort die Hände zu waschen, weil er Keime an der Flasche vermutet. Ihr Herz setzte zu einem gestreckten Galopp an. Die Chancen, heil aus der Sache herauszukommen, schwanden mit jeder Sekunde.

»Ich stelle auch nichts auf den Boden, bestimmt ist sie uns aus der Tasche gefallen«, versuchte Siri ihren Mann friedlich zu stimmen. Den Geräuschen nach steckte auch sie nun ihren Kopf in den Wohnwagen. »Na, dann steht sie da eben, es gibt Schlimmeres. Nun komm endlich, der Kutter wartet wirklich nicht auf uns!«

»Geld hast du eingesteckt?«, fragte Jonas und ritt glücklicherweise nicht mehr auf den mangelhaften hygienischen Zuständen herum. Ihm war es zuzutrauen, dass er stundenlang über potenzielle Keime dozierte. Ob der Typ Arzt war? Auf jeden Fall ein Korinthenkacker, das war mal sicher. Bille erschrak bei dem Gedanken. Wie drückte sie sich denn aus? Im Stillen leistete sie bei ihrem Karl Abbitte.

Mittlerweile glaubte sie, keine Luft mehr zu bekommen. Was, wenn dieser Jonas doch noch ins Bad trat? Was, wenn er sein Portemonnaie nahm und bemerkte, dass 20 Euro fehlten? Ein Mann wie er wusste auf den Cent genau, wie viel Geld er bei sich trug. Auch das war Bille in den wenigen Minuten klargeworden.

Sie umklammerte die Scheine, zerknüllte sie, hätte sie am liebsten ins Klo gespült, so sehr brannten sie zwischen ihren Fingern. Wobei »spülen« bei dem Chemieklo ja eher relativ war. Ob sich Geldscheine überhaupt auflösten? Sie waren vom Schweiß ihrer Finger schon ganz feucht geworden. In diesem winzigen Camperbad war es mehr als stickig.

»Ja, Jonas, ich habe Geld mit! Los jetzt!« Siri klang mittlerweile aggressiv. »Ich habe mich so sehr auf die Kutterfahrt gefreut. Und dann kommst du mit deinem Sonnenbrandtick!«

»Wobei die Gefahr auf hoher See schließlich auch gegeben ist …«

»Jonas! Ich … will … jetzt … mit dem Kutter fahren. Egal, wie verseucht die Sonnenmilch ist. Multiresistente Keime werden es schon nicht sein.« Sie seufzte, entschloss sich dann aber offenbar, einzulenken. Ihre Stimme wurde sanfter. »Du hast ja recht. Es wäre gefährlich, deshalb sind wir auch zurückgegangen. Aber jetzt wird es Zeit!«

»Schon gut, Liebes.« Jonas hüpfte aus dem Gefährt und schloss die Tür hinter sich ab. Die Schritte der beiden entfernten sich rasch.

Bille brauchte eine Weile, ehe ihr Herzschlag und ihr Atem sich beruhigten. Auch das Zittern der Hände musste erst nachlassen, so konnte sie nicht einmal die Klinke der Tür öffnen. Bille kniff die Augen fest zusammen, versuchte, den Atemfluss zu regulieren, und lauschte dabei, ob wirklich niemand zurückkam. Doch es blieb still. Bille wagte es nun, die Türverriegelung zu lösen und aus ihrem Gefängnis zu huschen. Nun musste sie nur noch unbemerkt aus dem Wohnwagen und dann von der Parzelle verschwinden. Billes Herz klopfte wieder zum Zerspringen. Tür auf, Schlüssel ins Schloss und abschließen, zurück in die Klappe werfen und weg! Hoffentlich hatte sie keiner gesehen.

Bille entfernte sich rasch, aber jeder Schritt fiel ihr schwer. Es kam ihr so vor, als hätte sie Blei an den Füßen. Das Geld brannte in ihren Händen, vor lauter Schreck trug sie ihre Beute mit ausgestrecktem Arm vor sich her, so als liefe sie Gefahr, sich zu verbrennen, wenn sie das Geld in ihrer Hosentasche verschwinden ließ.

»Nun steck es schon weg, du alte Eule, oder willst du erwischt werden?«, schimpfte Bille mit sich selbst. Mit zitternden Fingern steckte sie die zwei Scheine in die Tasche ihrer Jogginghose.

Die Gedanken sprangen in ihrem Kopf hin und her wie ein Tischtennisball.

Ping. Pong.

Ping. Pong.

Du hast Unrecht getan.

Ging ja nicht anders.

Trotzdem falsch.

Besser als schwer verletzt.

Nun, so schlimm ...

Besser als tot.

Ihr schlechtes Gewissen nahm überhand und verdrängte den Verteidiger, aber so rasch ließ der sich nicht vom Platz weisen. Er hielt dagegen.

Es sind nur 20 Euro, Bille. Du hast keineswegs ihr gesamtes Hab und Gut gestohlen.

Das war eine schreckliche Tat.

Hey, keine schreckliche Tat. Ein Bagatelldiebstahl. Nimm von jedem Reichen was, und du bist gerettet, diese kleinen Summen kann jeder verschmerzen, hast ja nicht die Kreditkarte mitgehen lassen.

Es ging Bille dennoch nicht besser. Sie hatte erst kürzlich gelesen, dass die Psyche eines Menschen empfindlich in Mitleidenschaft gezogen wurde, wenn er Opfer eines Einbruchs geworden war. Und fürchtete sie sich nicht selbst ständig vor diesen Verbrecherbanden?

Aber nur, weil die auch morden könnten. Du bist ja nicht gewalttätig!

Bille fasste in die Hosentasche und umkrallte beide Scheine. Sie fühlte sich noch viel schlechter, als wenn sie sich nur vor dem Bodybuilder fürchtete.

Dreh um! Noch ist es nicht zu spät!, war die letzte Aufforderung ihrer inneren Stimme.

Bille kam sich völlig paranoid vor, weil sie von diesen merkwürdigen Stimmen traktiert wurde. Die eine klang grell und vorwurfsvoll, die andere wie ein Pastor bei der Predigt.

Außer Atem erreichte sie das Häuschen, in dem der Seniorensport stattfand. Dort musste sie sich erst einmal an die Wand anlehnen. Sie schloss die Augen. Kurz danach rüttelte eine junge Frau, offenbar die Trainerin, an ihrer Schulter.

»Geht es Ihnen nicht gut? Müssen Sie etwas trinken?« Sie hielt ihr eine PET-Flasche mit stillem Wasser hin.

Bille schüttelte den Kopf. Mangelnde Flüssigkeit war gerade ein sekundäres Problem. Sie musste etwas ganz anderes, nämlich das Geld so rasch es ging wieder zurückbringen, sonst würde sie den Urlaub nicht überleben. Sie hatte großes Unrecht getan. Bille hörte mittlerweile Stimmen, und ihr Körper rebellierte, als stünde sie kurz vor einem Infarkt. So ging das nicht. Sie wollte nicht auf dem Campingplatz dahinscheiden und ihre große Schuld mit ins Grab nehmen.

Bille riss sich zusammen und lächelte die junge Frau an. »Ist schon besser, danke. Mir war nur ein wenig schwindelig. Ich gehe zurück zu meinem Wohnwagen und turne dann morgen mit.«

»Sind Sie sicher, dass Sie allein gehen können?«

Bille nickte freundlich.

Bald darauf stand sie schon wieder vor dem Caravan des Pärchens. Nur waren Siri und Jonas zu ihrem großen Entsetzen auch da, und sie konnte das Geld nicht einfach hinlegen wie geplant. Wobei Bille zugegebenermaßen eigentlich gar nichts richtig geplant hatte. Hatte sie ein zweites Mal einsteigen wollen?

Also Plan B!

Welcher Plan B, es gab ja nicht einmal Plan A …

»Doch, ich hätte den Schein unter den Griff der Wohnwagentür geklemmt und wäre danach rasch verschwunden«, flüsterte sie. »Und nun denke ich mir eben etwas anderes aus.« Sie musste diese 20 Euro wieder loswerden, und zwar an dieses Pärchen. Alles andere war irrelevant. Also näherte sie sich Siri und Jonas. Bei ihnen hing der Haussegen schief, das erkannte Bille sofort an ihren Gesichtern.

»Deinetwegen haben wir den Kutter verpasst! Wir mussten nicht mal mehr bis zum Hafen fahren, weil es einfach viel zu spät war. Bloß, weil du die ganze Zeit rumgeschimpft hast, wegen meiner angeblichen Unordnung!«, keifte Siri. »Du bist ein Kleingeist, Jonas. Immer weißt du alles besser, und dazu bist du auch noch ein Hypochonder. Siehst überall Keime und Bakterien. Der Tag heute ist mir echt versaut, das sag ich dir!« Sie holte tief Luft. »Und das alles wegen der Sonnenmilch! Das muss man sich mal auf der Zunge zergehen lassen.«

Die beiden unterhielten mit ihrem Krach die gesamte Nachbarschaft. Siri schien von aufbrausendem Gemüt zu sein, sie scheute sich nicht, einen Stuhl umzuwerfen. Anschließend stemmte sie die Hände in die Hüften. Jonas hingegen saß breitbeinig auf seinem Campingstuhl und tat so, als prallten die Worte an ihm ab.

Na, dem würde ich auch sämtliche Stühle um die Ohren hauen, dachte Bille, die sich schon vom Zusehen provoziert fühlte und spontan überlegte, ob sie das Geld doch behalten sollte. Als Strafe für sein Verhalten.

Dass ihm 20 Euro fehlten, hatte er offenbar noch nicht bemerkt, zumindest wurde das bislang nicht thematisiert. Sie stritten gerade um einen abgerissenen Knopf, den Siri nur unzureichend und nach Jonas' Ansicht »mit der heißen Nadel« angenäht hatte. Der Vorfall lag allerdings wohl schon vier Jahre zurück.

Bille stand unschlüssig vor der Parzelle. Jonas und Siri nahmen ihre Umgebung gar nicht wahr und arbeiteten sich nun an einer Geschichte ab, die mit Siris verstorbener Großmutter zu tun hatte. Jonas hatte sie scheinbar irgendwann mal vergessen abzuholen. Ob das der Grund für ihr Ableben gewesen war, erschloss sich Bille aus dem Streit aber nicht.

Sie wollte auf gar keinen Fall unverrichteter Dinge wieder abziehen, nur wie sollte sie tätig werden? Sie stand vor der Parzelle der beiden Streithähne und wirkte wie eine Schaulustige, die sich an der filmreifen Szene ergötzte (sie hätte eins zu eins bei *Kramer gegen Kramer* eingebaut werden können). Bille musste überaus vorsichtig sein, nicht dass sie den Zorn der beiden auf sich zog. Wenn sich Siris Wut gegen Bille richtete, hatte das womöglich ein schlimmeres Desaster zur Folge als die Forderung des Bodybuilders.

Unschlüssig spazierte Bille hin und her, aber das war viel zu auffällig. Sie musste handeln, und zwar ganz schnell. Mit der rechten Hand fuhr sie in die Hosentasche, wo die zerknitterten Geldscheine schlummerten. Ein kleiner Windstoß, der die mittägliche Glut für einen Moment erträglicher machte, brachte Bille schließlich auf eine Idee. Sie zog die Hand mit den Geldscheinen aus der Tasche, entfaltete sie, öffnete die Finger und ließ die 20 Euro auf den kurzgeschnittenen Rasen segeln.

»Ist das Ihr Geld?«, unterbrach sie gleich darauf die Streithähne und wunderte sich über ihre ruhige, freundliche Stimme.

Die beiden jungen Leute blickten erstaunt hoch. »Welches Geld, bitte?«

»Das da, auf dem Rasen. Da liegen zwei Scheine, so als wären sie einem von Ihnen aus der Tasche gefallen.«

»Wir tragen kein loses Geld in den Hosentaschen herum«, klärte Jonas sie sofort auf. »Dafür gibt es schließlich Geldbörsen.«

Bille hoffte trotzdem, dass er ihre Lüge schluckte.

Siri hob die zerknitterten Scheine auf. Sie fasste sie nur mit den Fingerspitzen an. »Wo soll es denn sonst herkommen? Hast du nicht eben noch steif und fest behauptet, dir fehlen 20 Euro? Wo hattest du das Geld denn vergraben? Es ist nass und zerknittert!«

Also hatte er doch den Verlust schon bemerkt, dachte Bille. Solche Leute fühlen, wenn etwas anders ist.

»Ich kann es nicht verloren haben, weil ich *immer* eine Geldbörse benutze!«

Bille schüttelte über Jonas' Selbstgerechtigkeit den Kopf; selbst wenn er dieses Mal recht hatte, war seine Arroganz unerträglich.

Siri stieß die Luft aus. »Dann willst du wahrscheinlich mir die Schuld daran geben, dass das Geld da rumlag. So bist du ja, Mr. Perfect!«

»Wahrscheinlich hast du das Geld aus meinem Portemonnaie genommen, es in deine Shorts gesteckt und dann vergessen, so wie du alles vergisst!« Jonas hatte sich von seinem Stuhl erhoben.

Bille wollte nur noch fort und einfach so tun, als hätte es die letzte Stunde gar nicht gegeben. Sie unterbrach das junge Paar, das sich bereits weitere Vorwürfe an den Kopf geworfen hatte. Irgendetwas mit zu Matsch gekochten Pellkartoffeln oder so. »Also, Ihr Geld ist ja nicht weggekommen, es lag auf dem Rasen. Da haben Sie es besser als andere«, sagte sie.

»Was soll denn das heißen?« Jonas ließ sich einen Augenblick von Siri ablenken und baute sich nun vor Bille auf. Er war größer, als sie erwartet hatte, und er hätte ihr auf den Kopf spucken können. Oder war sie vor Angst geschrumpft? Bille konnte seinem stechenden Blick nicht standhalten.

»Und, gute Frau? Was wollen Sie uns damit sagen?«

»Auf dem Platz wurde immerhin eingebrochen. Direkt neben unserer Parzelle.« Nun wagte Bille doch einen Blick in die stahlgrauen Augen des jungen Mannes. Sie bestanden wirklich nur aus dieser einen Farbe.

Kalt, schoss es Bille durch den Kopf. Der Mann war eiskalt wie sein Blick.

»Oma Bille ist nicht beim Seniorensport, das habe ich überprüft«, erklärte Laura, die ihre Geschwister zurück auf den Campingplatz geholt hatte.

»Ja und? Du bist ja auch nicht am Strand!« Felix ordnete seine schwarz gefärbte Gel-Tolle, die er am Morgen in einen perfekten Sitz gebracht hatte. Er war nicht einmal baden gegangen, damit sich kein Haar schief legte. Außerdem war er noch unschlüssig, ob ihm das trübe Nordseewasser mit dem schlickigen Untergrund wirklich behagte. »Du siehst Geister, hab ich doch heute Morgen schon gesagt. Wo kommen wir denn hin, wenn wir Oma Bille überwachen!« Er warf einen prüfenden Blick ins Wohnwagenfenster. Yeah, er sah supergechillt und lässig aus. So langsam wurde es was mit seinem Image, die Mädels in Oberhausen würden auf ihn fliegen. Er würde braun gebrannt und extrem cool nach Hause zurückehren, da kam kein anderer mit.

»Ich glaube, dass Oma unter Druck steht. Da stimmt was nicht. Ich schau in ihrem Wohnwagen nach, ob ich einen Hinweis darauf finde, was sie so verändert hat!« Laura stand auf.

Felix seufzte. Schwestern konnten so unglaublich uncool sein. Was machte Laura für einen Stress um nichts?

»Warte doch noch!«, versuchte auch Annemie sie aufzuhalten.

Laura schüttelte den Kopf und presste dabei die Lippen fest zusammen. »Ihr seid so träge! Um all das geht es hier doch gar nicht. Oma Bille hat sich nicht nur äußerlich verändert, sie hat ein ganz anderes Problem.« Laura positionierte sich breitbeinig vor ihren Geschwistern und legte mit einer theatralischen Pose die Faust aufs Herz. Dabei ließ sie den Kopf in den Nacken sinken und schloss die Augen.

»Wir sind hier nicht bei Winnetou«, grummelte Felix.

Annemie stieß ihre Schwester in die Seite. »Pass auf, wir beobachten die Situation einfach in Ruhe weiter, und sollte sich in den nächsten Tagen bestätigen, dass mit Oma Bille etwas nicht stimmt, werden wir sie ganz direkt darauf ansprechen.«

»Besser, als ihr nachzuspionieren«, bestätigte Felix.

Laura kam wieder in die Realität zurück und senkte den Kopf. »Mann, seid doch nicht immer so gnadenlos und schrecklich vernünftig! Das hält ja kein Mensch aus.«

»Du kannst nicht bei Oma Bille einbrechen!« Annemie war sichtlich entsetzt. »Das ist voll der Vertrauensbruch.«

»Ich breche ja nicht ein, ich gucke nur, ob alles in Ordnung ist, das ist ein Unterschied. Ich klaue nichts und fasse nichts an!« Laura senkte verschwörerisch ihre Stimme. »Ich sehe mich nur um, weil wir uns Sorgen machen. Oma Bille lacht nicht mehr. Nicht mehr echt, meine ich.«

»Moment«, unterbrach Annemie sie, »Oma Bille hat heute Morgen beim Frühstück ...«

»Das war kein Lachen, Schwesterchen. Oma Bille lacht sonst auch mit den Augen. Sie hält durch, sonst nichts!«

Laura winkte ihren Geschwistern kurz zu und schlenderte betont gleichgültig zu Oma Billes Wohnwagen hinüber. Felix seufzte laut. Besser, er chillte wieder, dann musste er sich über solch einen Kinderkram nicht aufregen.

8. Kapitel

Oma Bille hatte nicht einmal die Tür abgeschlossen, so dass Laura lediglich am Hebel ziehen musste, um sie zu öffnen. Der Wagen duftete zudem nach Oma Billes Seife. Ein Lavendelduft, den sie auch in Oberhausen benutzte. Sie lehnte Duschgel in Plastikflaschen ab und glaubte fest daran, dass ihre Seife bessere Dienste tat, was die Reinlichkeit anging. »Wichtig ist ja einzig und allein, dass nur ich sie benutze und sie nicht mit anderen teile. Das wäre dann in der Tat nicht hygienisch.«

Laura wusste nicht, ob das stimmte, aber es war praktisch, dass Oma so dachte, denn dadurch wusste man immer, womit man ihr eine Freude machen konnte.

Wie immer war es bei Oma Bille fein säuberlich aufgeräumt, wenngleich nicht alles in die Schrankfächer einsortiert war. Der große Koffer stand mit geöffnetem Schlund auf der Eckbank, ein Schal lugte wie eine Zunge heraus. Die braunen Strumpfhosen aber lagen ordentlich aufeinandergestapelt in dem Regal unterhalb der Schrankklappen.

Laura kletterte auf die Eckbank und öffnete die Klappen nacheinander. Auch hier herrschte die altbekannte Bille-Ordnung, und ihr lachten in einem Fach Blusen entgegen, Kniff auf Kniff gefaltet, im anderen sorgfältig gebügelte Geschirrhandtücher. Auf der Anrichte lagen zwei Bücher, ein Frauenroman und ein historischer Schmöker.

Der Proviantkorb war geleert und befand sich auf der Spüle. Alles, was in den Kühlschrank gehörte, war darin einsortiert. Die Konserven hatte Oma Bille im Schrank darüber verstaut. Dazu hatte sie das wenige Geschirr in eine Ecke des Fachs verbannt. Der Wohnwagen wirkte von der Ordnung her fast wie Oma Billes Wohnung, wo alles seinen Platz hatte und nichts verrückt werden durfte, obwohl die Ablagen der Anrichten vor Kleinkram überquollen. Aber auch dort stand alles in zentimetergenauem Abstand voneinander entfernt. Früher hatte Laura die winzigen Porzellanfiguren und Krüge sehr gemocht, konnte sie als kleines Mädchen doch immer etwas Neues entdecken. Jetzt fand sie es eher kitschig, nur liebte sie Oma Bille zu sehr, als dass sie darüber auch nur einen einzigen Ton verloren hätte.

Wo aber könnte sie hier etwas versteckt haben, was Laura einen Hinweis darauf gab, warum sie so verändert war?

»Eine Möglichkeit wäre, dass sie einen Brief bekommen hat«, überlegte Laura laut. »Einen richtigen Erpresserbrief.« Oder eine Rechnung, ergänzte sie in Gedanken. Und dann, wie durch einen Geistesblitz, fügten sich mögliche Zusammenhänge zu einem großen Ganzen, und Laura glaubte zu verstehen, was mit Oma Bille geschehen war. Hatte Mama nicht noch auf der Fahrt hierher fallenlassen, dass in Oberhausen miese Verbrecher unterwegs waren, die vor allem alte Leute übers Ohr hauten? So konnte es gewesen sein. Laura wollte schon aus dem Wohnwagen stürmen und ihren Verdacht Annemie und Felix mitteilen, doch dann überlegte sie, dass es besser wäre, den beiden Fakten zu liefern. Nur knallharte Beweise zählten, das war auch in den Krimis, die sie heimlich guckte, immer so. Also galt es nun, diese Beweise zu finden.

Wenn Oma Bille die Decken unter Druck gekauft hatte, gab es bestimmt eine Rechnung. Das war Punkt 1. Punkt 2 aber war das größere Dilemma: Oma Bille besaß kaum Geld. Eine hohe Summe zu zahlen war für sie ausgeschlossen. Nicht umsonst drehte sie jeden Cent um.

Konnte Oma Bille nun eine hohe Rechnung nicht bezahlen, würde der Verbrecher sich doch bestimmt nicht scheuen, sie unter Druck zu setzen! Einen solchen Fall hatte sie erst letzte Woche heimlich bei *Aktenzeichen XY ungelöst* verfolgt. Laura hatte sich insgeheim gewundert, wie schnell und bereitwillig Oma Bille mit ihnen zum Campen gefahren war. Sie hasste doch eigentlich Veränderungen, war davon immer richtig gestresst. Aber sie war widerstandslos mitgekommen. Und warum? Weil sie vermutlich auf der Flucht war! Es passte alles. Am liebsten hätte Laura sich für diese Erkenntnisse selbst auf die Schulter geklopft.

»Ich muss nach so etwas wie einer Rechnung suchen, die hätte Oma doch bestimmt nicht zu Hause gelassen«, murmelte sie, stemmte die Hände in die Hüften und sah sich prüfend um. Wo versteckten alte Leute wichtige Dinge? In Oberhausen besaß Oma Bille ganz viele Schachteln unterschiedlicher Größe, worin sie wahre Schätze an Bildern, Briefen und anderen Erinnerungen aufbewahrte. Manchmal holte sie eine hervor und erzählte den Zwillingen die dazugehörige Geschichte. Aber hier im Wohnwagen gab es keine Schachteln. Keine außergewöhnlichen Verstecke. Trotzdem war Laura sich sicher, dass Oma Bille irgendwo etwas liegen haben musste.

Laura beschloss, bei der Suche systematisch vorzugehen.

In der Besteckschublade. Nichts.

Unter der Matratze. Nichts.

Unter der Fußmatte. Nichts.

Den Schrank und die Klappen hatte sie schon durchforstet. Laura presste die Lippen aufeinander. Das gab es doch gar nicht.

»Und wenn sie das, was du suchst, in Oberhausen gelassen hat?«

Laura schnellte herum, weil Annemie eingetreten war. »Das glaub ich eben nicht, weißt du? Das passt nicht zu Oma Bille.«

Frustriert ließ sich Laura aufs Bett fallen und stützte sich mit der linken Hand auf dem Kopfkissen ab. Im nächsten Augenblick schoss sie wie elektrisiert hoch, packte das Kissen und riss den Reißverschluss des Bezuges auf.

»Kannst du mir mal erklären, was du da tust?«, fragte Annemie.

»Es hat geknistert!« Laura zog triumphierend ein Blatt heraus.

»Was ist das?«

»Ein zerknittertes Stück Papier, das Oma Bille sorgfältig im Kissenbezug deponiert hat«, resümierte Laura.

Annemie nahm es ihr ab und glättete es. »Sieht aus, als hätte der Besitzer es schon oft gelesen«, stellte sie fest.

»Nun lies schon vor, was draufsteht!«

Annemie las und las. Schüttelte den Kopf und reichte Laura dann das Papier. Die riss es ihrer Schwester förmlich aus der Hand.

»Bingo! Ich hatte recht!«, stieß sie schließlich hervor und erklärte Annemie, was sie sich zusammengereimt hatte. »Schau, es geht tatsächlich um diese Decken.«

»Hab ich selbst gesehen, aber ich wollte es nicht glauben.« Annemie atmete tief durch. »2000 Euro, eine irre Summe. Kein Wunder, dass Oma Bille so fertig ist. Wie soll sie denn das bezahlen?«

Laura zuckte mit den Schultern und stopfte das Papier zurück an den Fundort. »Sie darf auf gar keinen Fall wissen, dass wir es wissen. Das ist oberste Geheimstufe.«

»Und jetzt?« Annemie war ratlos.

»Null Ahnung. Aber bei Salome ist geklaut worden. Direkt bei uns nebenan. Hoffentlich dreht Oma Bille nicht gerade irgendwelche krummen Dinger!«

»Du meinst, weil sie nicht beim Sport war?«

»Genau das meine ich.«

Harry Sitter erschien pünktlich um achtzehn Uhr. Bille hatte sich für die Verabredung mit ihm doch wieder den Flanellrock mit Bluse angezogen. Sie trug die dunkelblaue, zu der sie ein feines eisrosafarbenes Tuch umlegen konnte. Der Kontrast sei wichtig, hatte die Verkäuferin gesagt, und das ging sicher auch zum Rock. Oma Bille wagte es nicht, sich Harry in ihrer vollständigen Verwandlung zu präsentieren. Schließlich hatte er sie eingeladen, als sie noch die alte Bille war. Die neue Frisur würde er bestimmt mögen, denn dafür hatte sie bisher uneingeschränktes Lob bekommen. Niemand vermisste ihren Silberpudel.

Als sie Harry nun in seinem dunkelblauen Anzug mit hellblauem Hemd und Einstecktuch vor sich stehen sah, klopfte ihr Herz eine Spur zu schnell. Bille überprüfte nunmehr zum fünften Mal ihr Äußeres. Für ihre Verhältnisse sah sie sehr elegant aus, was vor allem dem Tuch zur Bluse geschuldet war; der Tipp der Verkäuferin war etwas wert.

Harry blieb die Spucke weg, als er Bille sah. »Du warst beim Friseur?«, fragte er und pfiff anerkennend. »Sieht sehr gut aus! Aber was sollte eine Frau wie dich auch entstellen?«

Bille fuhr sich verlegen durch die kurzen Haare und wurde rot. Allein der Tonfall, in dem Harry mit ihr sprach, war einzigartig. Diese rauhe Stimme, dieses feine Lächeln um seine Augen ...

»Ja, ist angenehmer bei der Hitze«, flötete sie. Und dann errötete sie noch mehr, ihr waren die Blicke der Zwillinge nicht entgangen. Flirtende alte Menschen waren in deren Generation offenbar nicht angesagt.

»Hast du ein Taxi bestellt?«, fragte Bille, um sich auf ein unverbindlicheres Terrain zu begeben – und vor allem wollte sie möglichst rasch von hier verschwinden.

»Selbstverständlich, meine liebe Bille! Es wartet am Eingang des Campingplatzes.« Galant verbeugte Harry sich, und sie musste schmunzeln. Mal sehen, was der Abend so brachte und ob sie mit ihm über Themen plaudern konnte, die auch sie interessierten. Umwerfend war sein unglaublicher Charme. Er hatte Manieren. War sauber und ordentlich. Roch gut, fügte Bille hinzu, als sein Rasierwasserduft ihre Nase erreichte. Nicht zu süß, nicht zu herb. Und nicht nach Bärlauch oder Salbei. Schon gar nicht nach Blut oder Silberpudel. Es würde ein angenehmer Abend werden.

Harry bot Bille den Arm, sie schnappte sich ihre schwarze Häkelstola und hängte sich bei ihm ein. Herrje, fühlte sich das gut an. So wie damals, als sie noch mit ihrem Karl zum Tanzen gegangen war. In einem langen dunkelblauen Kleid war sie an seiner Seite auf dem Parkett durch den Ballsaal geschritten, nicht über die Fliesen des Schrebergartenvereins, wie mit Herrn Häwelmann. Oder in enger Jeans ums Lagerfeuer mit Wolfi und seiner Clique. Bevor es ihren Karl gab. So ein Lagerfeuertanz würde Bille mit Franz drohen. Männer mit einem Indianer-Tattoo tanzten bestimmt ständig um irgendwelche brennenden Holzhaufen.

Aber es war gleichgültig, um welches Lagerfeuer der Rocker mit wem auch immer seinen Regentanz machte: Sie würde mit Harry Sitter, einem gepflegten und gutaussehenden Mann, speisen gehen und bestimmt eine gepflegte und anregende Unterhaltung führen.

Mittlerweile hatten sie die Schranke des Campingplatzes erreicht, von einer gepflegten Unterhaltung waren sie aber noch sehr weit entfernt, denn Harry hatte, seitdem sie die Parzelle verlassen hatten, kein Wort gesagt. Das Taxi wartete bereits, und er nannte dem Fahrer die Adresse des Restaurants. Sie fuhren dieselbe Strecke, die Bille am Vortag mit dem Rad genommen hatte. Weil sie nicht in die verkehrsberuhigte Zone einfahren konnten, bog der Taxifahrer zuvor ab. Ehe er dann wieder rechts in eine Querstraße fuhr, wies er mit dem Kopf auf einen Gebäudekomplex, der sich linker Hand befand. »Das ist unsere Altenwohnanlage«, sagte er, als preise er Bille und Harry ihr neues Zuhause an.

Wobei Bille zugeben musste, dass alles überaus ansprechend wirkte. Nur hatte sie nicht vor, in naher Zukunft in eine Altenwohnanlage zu ziehen – obwohl sie das bestimmt vor ihrem Dilemma bewahrt hätte. Lammfelldeckenverkäufer hatten in solchen Anlagen sicher keinen reißenden Absatz.

An der grün-grauen Boje zum Alten Hafen ließ der Taxifahrer Bille und Harry aussteigen und steckte ihnen sein Kärtchen zu, damit er sie später wieder zurückfahren konnte.

Harry sah auf die Uhr. »Wollen wir ein bisschen spazieren gehen? Wir haben noch eine Viertelstunde Zeit, und die Hafenanlage mit den alten Kuttern ist äußerst pittoresk.«

Bille musste sich ein Lachen verkneifen. Ihr gutgekleideter Begleiter hatte tatsächlich pittoresk gesagt! Das las man sonst nur in Büchern. Hatte sie das große Los gezogen? Einen kultivierten Mann gefunden, mit dem sie sich über Bücher, Kunst und andere ansprechende Dinge unterhalten konnte? So wie damals mit ihrem Karl?

Sie folgte Harry zum Hafen, wo ein paar Fischkutter am Kai lagen. Einer hatte einen tiefroten Rumpf, ein anderer glänzte in Grün-Weiß. Sie waren viel kleiner, als Bille es sich vorgestellt hatte. Interessiert studierte sie die Sturmflutmarkierungen am Packhaus und konnte eine Gänsehaut nicht vermeiden. Es war wirklich gruselig, wie hoch die Nordsee bei Sturmflut auflaufen konnte.

Wie selbstverständlich nahm Harry Billes Hand, und sie verspürte keinerlei Widerwillen. Im Gegenteil, sie genoss diese Nähe. Harry kannte sich in Hooksiel aus, erzählte ihr eine Menge zum Schwarzen Bären, wo man ebenfalls wunderbar essen gehen konnte. »Dorthin führe ich dich auch noch aus«, raunte er, so wie er überhaupt den ganzen Abend nur raunte. »Oder wir fahren nach Horumersiel. Das ist auch ein ganz entzückender Ort.« Er legte den Arm um Bille, und gemeinsam flanierten sie am Hafen entlang. Das Wasser plätscherte leise gegen die Kaimauer, am Himmel zeigte sich der Flaumstrich eines Flugzeuges, das eine konstante weiße Linie an den Himmel malte, bis die sich irgendwann im Nichts verlor. Bille legte den Kopf in den Nacken und verspürte ein so friedliches Gefühl wie lange nicht mehr.

»Ist das schön hier«, schwärmte sie. »Allein der Geruch! Ein bisschen fischig vom Wasser her, aber darunter mischt sich ein süßlicher Duft.«

Harry nickte und drückte Bille. »Ja, die Bauern haben gemäht. Horch mal!«

Und richtig, in der Ferne konnte man das Stampfen der Mähdrescher hören. »Komm, ich zeig dir, was hier noch so zu finden ist«, raunte Harry weiter. Sie umrundeten das Hafenbecken, und er zeigte Bille ein paar wie zufällig abgestellte Ausstellungsstücke. Er konnte alle benennen.

»Es wird Zeit, zum Restaurant zu gehen, ich habe für Viertel vor sieben den Tisch reserviert!«, sagte Harry schließlich lächelnd, nachdem er einen Blick auf die Uhr geworfen hatte. »Ich mag keine Unpünktlichkeit, selbst wenn sie den Tisch bestimmt eine halbe Stunde für uns freihalten würden.«

Auf die Minute pünktlich betraten sie die Alte Schneiderei und setzten sich an den Tisch. Harry bestellte einen trockenen Weißwein, nachdem er sich zuvor galant nach Billes Weinvorlieben erkundigt hatte. Sie fühlte sich jung. Schön. Charmant. Was für eine wunderbare Idee, mit in diesen Urlaub gefahren zu sein! Vergessen war ihr morgendlicher Einbruchsversuch, vergessen die Gedanken an den Bodybuilder und diesen Rocker.

»Ich empfehle den Zander auf Spinat mit Rosmarinkartoffeln«, sagte Harry. »Er ist ein Gedicht. Oder die Fischpfanne Alte Schneiderei.«

Bille entschied sich für den Zander, Harry wählte die Garnelenpfanne. Vorab gab es einen kleinen Salat.

Doch beim ersten Biss ins Zanderfilet hörte Bille ein lautes Brummen. Dieses typische Grollen, wenn eine Harley des Weges kam. Unverkennbar, auch für Außenstehende. Bille legte die Gabel kurz ab, hob den Kopf und lauschte. Das war nicht nur *eine* Harley. Auch nicht zwei. Draußen donnerte eine ganze Gruppe vorbei.

»Können die nicht über Land fahren?«, raunte Harry. »Solch ein Lärm am Abend! Das stört mich. Ich bin einfach kein Freund von diesen Höllenmaschinen.«

Bille horchte geistesabwesend dem Geräusch nach, so dass sie Harrys Worte überhört hatte und nicht darauf reagierte.

»Was meinst du?«, hakte er nach.

Bille lächelte ihm zu und pikte mit der Gabel in die Rosmarinkartoffel. Harry hatte nicht übertrieben, das Gericht war vorzüglich, vor allem der Klecks Hollandaise rundete den Geschmack ab.

»Wozu?«, fragte sie freundlich und in der Hoffnung, dass Harry ihre Unaufmerksamkeit nicht bemerkt hatte. Das war wirklich unhöflich von ihr.

»Dass diese Biker sich aus den Ortschaften fernhalten sollten. Die Maschinen sind doch alle aufgemotzt und unnötig laut.« Harry spießte eine Garnele auf, die er genüsslich in die dazugehörige Soße tunkte. »Das sind lauter Testosteron-Junkies, die mit ihrer überschüssigen Kraft nicht wissen, wohin. Die sind doch dauerhaft in der Pubertät stecken geblieben. Allein diese Schlangenhautsitze als Polster und überall Tattoos auf der Haut! Malen kann man besser woanders.« Harrys Ton war bei diesen Worten ungewöhnlich scharf geworden. Bevor er die Garnele in den Mund steckte, sah er Bille jedoch freundlich an und änderte die Stimmlage. »Ich will damit sagen, sie können ja gern ihren Spaß haben, nur wäre es rücksichtsvoller, wenn sie ihre Angebertouren nicht durch solch entzückende Fischerorte wie Hooksiel machen würden.«

Bille nickte. Eigentlich hatte Harry ja recht. Krach machen, blöde Sprüche klopfen und am Gashebel ziehen. Das waren Rocker wie Franz und seine Jungs. Aber das war ihr nun egal: Sie hatte Harry!

Sie aßen in Ruhe zu Ende und plauderten dabei über Bücher, die sich im Moment auf den Bestsellerlisten befanden. Harry war offenbar sehr belesen, was Bille begeisterte. Um kurz nach neun machten sie sich auf den Weg zurück zum Campingplatz.

Justus war es schlecht. Er hatte etwas gegessen, was ihm absolut nicht bekommen war. Er hätte diese Dose Ravioli doch gestern nicht angebrochen im Zelt stehen lassen und den Rest heute Morgen zum Frühstück kalt essen sollen. Ein Kühlschrank hätte vermutlich verhindert, was nun geschehen war, wo aber zum Teufel sollte man in einem Wurfzelt auch noch einen Kühlschrank unterbringen? Die Nachbarn nutzten Kühlboxen, teilweise mit Strom, nur besaß er als Nichtcamper so ein Ding? Nein, natürlich nicht. Justus griff nach der bereitgelegten Tüte, er schaffte den Weg zum Toilettenhaus nicht.

Verdammt, warum hatte ihm sein Boss nicht ein paar Spesen genehmigt, so dass wenigstens ein täglicher Besuch in einer Pommesbude drin gewesen wäre! Stattdessen kaute er auf ekelhaften Ravioli herum. Er hasste diesen Dosenfraß, vermutlich gaben sich die Hersteller selbst beim Hunde- und Katzenfutter erheblich mehr Mühe mit der Zubereitung. Er war echt eine arme Sau.

Scheiß Auftrag! Er sollte mal wieder einen Bruch machen, dann konnte er die geklauten Sachen selbst verticken und war nicht von solchen Arschlöchern wie seinem feinen Chef abhängig. Genau, das war sein Ziel: Unabhängigkeit. Freiheit! Er würgte erneut. Das hier war eine waschechte Lebensmittelvergiftung, und eigentlich gehörte er zum Arzt, wenn nicht gleich in die Klinik!

Justus legte die Tüte beiseite. Sein Bauch war leer, da kam nach all den Stunden Übelkeit nichts mehr. Mittlerweile plagte ihn schrecklicher Durst. Zum Glück hatte er zwei Flaschen Wasser. Als er danach griff, wurde ihm klar, dass er die bereits geleert hatte. Er warf sie gegen die Zeltwand. Nun, dann würde er halt verdursten.

»Toter junger Mann in Hooksiel gefunden. Identität unklar. Besondere Kennzeichen: Drachenkopf-Tattoo am rechten Oberarm. Er lag völlig vertrocknet in einem grünen Wurfzelt am Rande einer Campinganlage. Seinen Mitcampern ist die Tragödie verborgen geblieben, sie waren mit kleinen Eimern und Schaufeln am Strand und genossen ihren Urlaub. Die Polizei wird Fragen stellen ...«

Ach, zum Teufel mit der Polizei. Es war besser, wenn sie auch nach seinem Dahinscheiden nicht auftauchte. Justus würgte erneut, sehnte sich nach einer Mama, seine eigene hätte er zwar lieber nicht hier gehabt, aber eine wie die aus der Werbung war echt nicht verkehrt. Verdammt, keiner kümmerte sich um einen armen Tropf wie ihn!

»Kann ich dir irgendwie helfen?« Ein Kerl schaute ins Zelt und wirkte entsetzt, als er Justus auf der Luftmatratze liegen sah. Der Kerl glich dem Weihnachtsmann. Justus glaubte, Wahnvorstellungen zu haben. Es war Sommer, da weilte der rotbemützte Typ doch am Nordpol oder in Finnland. Aber ganz sicher nicht in Hooksiel. Obwohl – es gab in Hooksiel dieses Weihnachtshaus, und wer sagte denn, dass ein Weihnachtsmann nicht auch mal Strandurlaub machte?

»Hey, junger Mann. Dir geht es echt scheiße!«

»Wasser«, keuchte Justus. »Ich hab solchen Durst, Mann!«

Der Typ verschwand und kam kurze Zeit später mit drei Literflaschen Wasser zurück. Er kramte in seiner Jeans und warf Justus zwei Tabletten hin. »Ist gegen Übelkeit. Es sei denn, du hast gesoffen, dann helfen die auch nichts.« Er kraulte seinen meterlangen Bart. »Bin Doc Gringo, wenn du was willst. Weißt ja, dass wir da drüben kampieren!« Er deutete mit dem Kopf auf die Bierzeltgarnituren, die sich langsam mit weiteren seltsamen Gestalten füllten. Die meisten trugen Sonnenbrillen, etliche hatten ihren Kopf mit einer Art Piratentuch umhüllt. Ihre Oberarme waren eine einzige Bilderlandschaft. Einer von ihnen trug ein albernes gelbes Käppi zu einer ebenso albernen schwarzen Jacke mit gelben Streifen. Er glich farblich dem Willy von Biene Maja. Ein anderer hatte eine Jeans und ein Holzfällerhemd an. Alles in allem eine verwegene Truppe, um die Justus in Oberhausen ganz bestimmt einen großen Bogen gemacht hätte. Aber sie hatten bemerkt, wie dreckig es ihm ging, und kümmerten sich zumindest um ihn.

Im Gegensatz zu der Familie nebenan, deren einziger Kommentar gewesen war: »Kinders, bleibt von dem Kerl wech. Nich, datta euch noch anstecken tut! Kotz mich nich im Nacken, mein Freund!« Die kamen aus seiner Heimat, zweifelsohne. Gerade da hätte er sich etwas mehr Solidarität gewünscht. Justus hatte einen Blick auf das Nummernschild erhascht: Bochum. Nicht Oberhausen. Die Bochumer Keimfrei-Mutter hatte ihn nach ihrer Ansage keines Blickes gewürdigt, der Vater ihm lediglich ein verächtliches Schnauben gegönnt. Die Rocker aber, die kamen zu ihm. Soeben schlenderte ein weiterer breitbeinig auf Justus' grünes Wurfzelt zu. In der einen Hand hielt er eine Flasche Cola, in der anderen ein Paket Salzstangen. Der Mann sah ein wenig manierlicher aus, auf seinem Arm prangte ein Indianerkopf, ansonsten zeigte er erstaunlich viel blanke Haut und Muskeln.

»Der ist krank, Doc Gringo, oder? Kein Kater.«

Der Angesprochene deutete auf die umgeworfene Dose Ravioli. »Schlechter Fraß. Da lob ich mir unsere Bratwurst mit Krautsalat. Wenn du wieder fit bist, kommst du mal rüber und isst etwas Anständiges«, schlug er vor.

Justus wurde allein bei der Vorstellung übel. Von einer Bratwurst war er noch etliche Magenkrämpfe weit entfernt.

Der andere Rocker – Justus glaubte, dass ihn mal jemand Franz gerufen hatte – reichte ihm die Cola und die Salzstangen. »Gibt ja welche, die behaupten, das sei unwirksam, aber ich finde, es wirkt besser als nix.«

Justus griff wie ein Ertrinkender danach. »Danke«, quetschte er hervor. Ein dritter Mann, es war der mit dem Käppi, kommentierte die Aktion mit den Worten: »Auf RTL hab ich mal gesehen, dass es wie Placebo wirkt.« Ein vierter nahm Justus das letzte Sonnenlicht, und nun wurde ihm doch etwas bange. Alle vier standen breitbeinig und mit vor der Brust verschränkten Armen vor seinem Zelt und beobachteten, was er mit den dargebotenen Gaben anstellte. Justus befand, dass es wohl besser war, zumindest an der Cola zu nippen und dabei die Pillen einzuwerfen, um die Gruppe gnädig zu stimmen. Doch bevor er dazu kam, sprach ihn Doc Gringo erneut an.

»Wenn du noch was brauchst, gib Laut. Wir sind heute Abend auf dem Platz. Notfalls kommt der Doc.« Er zeigt auf sich, aber Justus wusste nicht, was er davon halten sollte. Die vier drehten ganz unspektakulär ab und diskutierten lautstark über den Sinn oder Unsinn, bei Magen-Darm-Erkrankungen zu Cola mit Salzstangen zu greifen. Eindeutig besprachen sie nicht, was sie mit Justus tun würden, wenn er ihr Angebot nicht entsprechend würdigte. Nein, sie benahmen sich wie normale Leute!

Justus schlürfte die Cola, knabberte an ein paar Salzstangen, und es ging ihm tatsächlich nach einiger Zeit etwas besser. Also konnte er mal kurz seine Lage analysieren. Er war eigentlich schon verdammt weit gekommen ...

Immerhin hatte er die Alte mit ihrer neuen Frisur enttarnt, was eine Glanzleistung war, denn sie sah wirklich stark verändert aus. Hätte ihn dieser Schönling nicht aufgehalten, wäre seine Mission vielleicht schon lange zu Ende gewesen. Der Mann schmachtete die Alte ja förmlich an. Als er, Justus, vorhin zum Toilettenhaus gestürzt war, hatte er die beide zusammen gesehen, total aufgedonnert. Der Mann war ein typischer Baggertyp, der seine Finger sicher von keiner Frau lassen konnte. Entweder war er ein Heiratsschwindler, oder er musste sich bei allen Weibern der Welt beweisen. War er Ersteres, vertat er seine Zeit. Bei der Omi war nichts zu holen, denn die konnte offenbar nicht einmal die 2000 Flocken für die blöden Decken zusammenkratzen, sonst hätte sie gezahlt und wäre nicht Richtung Nordseeküste abgehauen.

Ach, das alles konnte ihm auch egal sein. Er musste zunächst diese Kotzerei hinter sich bringen. In seinem Bauch rumorte es erneut. Er würde der Truppe da drüben morgen Stoff für ihre Cola-Salzstangen-Statistik liefern. Und dann war es an der Zeit, diese dämliche Aktion hier abzubrechen. Es reichte, die Alte zu Hause wieder unter Druck zu setzen.

Justus sprang auf und rannte zum Waschhaus. Das lief alles überhaupt nicht so, wie er sich das vorgestellt hatte.

Mittlerweile schien es, als habe er das Schlimmste hinter sich, seine Gedärme schienen sich ein wenig beruhigt zu haben. Er schlich aus dem Häuschen und stieß draußen mit Doc Gringo zusammen, der ihn besorgt musterte. »Gut geht es dir noch nicht, oder?«

Justus fühlte seine Hand auf der Schulter. »Geht schon. Ich leg mich wieder hin. Die Tabletten wirken bestimmt bald.«

»Mach das! Wenn es morgen nicht besser ist, sag Bescheid!« Doc Gringo nickte ihm kurz zu und verschwand im Häuschen.

Franz hatte schlechte Laune, als sie von dem kranken Typen zurückkamen. Sie waren den ganzen Tag mit den Motorrädern unterwegs gewesen und bis Emden gefahren. Zwischendurch hatten sie am schiefsten Turm der Welt in Suurhusen haltgemacht. Da rühmten sich die Italiener mit ihrem Turm in Pisa, und im tiefsten Ostfriesland versteckte sich einer, der wirklich aussah, als falle er gleich um.

In Emden hatten sie sich Dat Otto-Huus angesehen, als Otto-Waalkes-Fans ein Muss. Von dort aus waren sie nach Pilsum gefahren und zum Otto-Leuchtturm gepilgert, der Schauplatz für den Otto-Film. Aber wie klein der Turm in Wirklichkeit war! Gegessen hatten sie im malerischen Hafenort Greetsiel.

Franz hatte dennoch nicht abschalten können, weil er ständig an Bille denken musste. Warum beschäftigte sie ihn so sehr? Er liebte die Freiheit, und Bille wollte ihn schließlich gar nicht!

Er warf noch einmal einen Blick zum Zelt des jungen Mannes, der wirkte, als tanze er dem Tod auf der Spatenspitze herum. Doc Gringo sah das recht entspannt, sagte, es sei lediglich ein übler Magen-Darm-Infekt. Franz wunderte das nicht, wenn er an das Chaos und den Dreck rings um das Zelt des Mannes dachte. Und mittendrin die Lebensmittel! Bald würde der Platzwart ihn zurechtweisen, denn so etwas war auch für die umliegenden Zelter eine Zumutung.

Die Nachbarin aus Bochum, die ständig mit einem Putztuch durch die Gegend lief, hatte sich schon lautstark beschwert. »Wat is dat denn für 'ne Sauerei? Dat sieht ja hier aus wie bei Hempels untern Sofa. Widderlich!«

Wahrscheinlich war es nur eine Frage der Zeit, bis sie petzen ging. Überhaupt wirkte der Platz der Saubermann-Familie mittlerweile wie eine Festung. Sie hatten sämtliche Bodyboards und Surfbretter an der Parzellengrenze entlang aufgestellt, so dass keiner mehr den Weg abkürzen und auch nur einen Fuß auf ihr Zeltterritorium setzen konnte. Da, wo es möglich war, hatten sie Wäscheleinen gespannt. »Et läuft keina übba unsa Grundstück!«

Immer wieder warf die Frau abschätzige Blicke zu den Harley-Fahrern, doch da wagte sie den Frontalangriff offenbar nicht, verzog nur säuerlich ihren rotgeschminkten Mund, fegte demonstrativ den Campingfußboden und murmelte dabei Dinge wie: »Et is mirn Rätsel, wie man dat hier sauba halten soll. Gibbet doch gar nich! Mit sonne Pest nebenan. Wenn der uns die Viecher rübberschiebt, dann gibbet Ärger. So wat von …«

Im Moment fixierte sie auch mal wieder die Müllhalde rings um das grüne Wurfzelt, aus dem nun lautes Schnarchen drang. Dem Jungen schien es besserzugehen. Franz schaute sich um. Seine Kumpels und er sahen vielleicht ein bisschen anders aus als die normalen deutschen Camper, aber bei ihnen war es zumindest sauber. Sie ließen nichts herumliegen, das widersprach ihrer Ehre. Außerdem würden sie vermutlich sofort vom Platz fliegen, Außenstehende suchten ja nur nach Gründen, ihnen in den Rücken zu fallen. Er schnaubte. Nein, auf ihrem Zeltplatz fand sich nicht einmal eine Zigarettenkippe, bei der Tante aus Bochum aber lugte eine dreckige Windel aus dem Müllsack, sie sollte sich mal nicht so haben! Bille hingegen … Sie kam auch aus dem Ruhrpott, aber sie war anders. Wirkte so klug, so feinsinnig!

»Franz, deine Wurst ist fertig!«, ertönte Mikes Stimme. Ach, was sollte es, er hatte seine Jungs und würde keiner Frau nachheulen, die definitiv nichts von ihm wollte. Das hatte er echt nicht nötig!

Er begab sich zu seinen Kumpels, die ihre Pappteller schon mit Bratwürsten, Ketchup und Fertigsalaten gefüllt hatten. Es roch wirklich lecker, Franz hatte, seitdem sie in Greetsiel eingekehrt waren, nichts mehr gegessen. Er biss in die Wurst, und im selben Moment überfiel ihn der Gedanke, was Bille wohl in Hooksiel mit diesem Schönling gegessen hatte. Der Typ war kein Bratwurststand-Besucher. Der war mit ihr garantiert in ein piekfeines Restaurant gegangen, um sich bei ihr einzuschleimen. Ja, der Typ würde alles geben, um bei Bille Eindruck zu schinden. Das hatte er, Franz Richter, nicht nötig. Überhaupt nicht!

Wie ein liebestoller Kater war er dennoch nach der Motorradtour noch an ihrer Parzelle vorbeispaziert, in der Hoffnung, Bille zu begegnen. Doch er hatte sie nicht vor dem Wohnwagen angetroffen. Alles war zugesperrt gewesen, die Handtücher akkurat auf die Leine gehängt und die Flip-Flops senkrecht vor der Tür abgestellt. Wie abgesprochen, war eines der Mädchen, die er nicht auseinanderhalten konnte, aufgetaucht und hatte quer über den Platz gerufen, dass Oma Bille und Harry schon ganz schön lange in Hooksiel zum Essen waren.

Franz hatte seine Electra Glide erneut geschnappt und war nach Hooksiel gedonnert. Ihm waren noch ein paar andere Motorradfahrer begegnet, und so hatten sie am Hafen mal so richtig aufgedreht. Danach war Franz auf der Ortsumgehung zurück zum Platz gefahren und hatte sich geschämt. Obwohl Bille an der Seite dieses Gockels vermutlich nicht einmal mitbekommen hatte, dass er einer der Krachmacher war. Mit ihm, Franz, wäre sie bestimmt niemals zum Essen ausgegangen. Mit ihm fuhr sie ja nicht einmal Harley. Er ließ sich auf die Bierzeltbank fallen. Die Bierkiste war bereits leer, sie hatten es versäumt, für Nachschub zu sorgen, und das Versorgungsfahrzeug kam erst morgen. Natürlich konnte er in die Camperklause gehen und sich dort volllaufen lassen, alles vergessen. Er zerfloss gerade vor Selbstmitleid.

Doch dann fiel ihm ein, dass er in seinem Topcase noch eine Flasche Flens versteckt hatte. Für harte Zeiten. Er beschied, dass genau die heute angebrochen waren und er seine eiserne Reserve knacken durfte. Es ploppte, als er den Deckel abdrückte. Mittlerweile dämmerte es, die Temperaturen wurden merklich angenehmer. Zeit zu entspannen.

Doc Gringo ließ sich neben ihn fallen. »Du siehst aus, als wäre was so richtig scheiße!«, sagte er. Trotz seiner Bildung zog er hin und wieder die Fäkalsprache vor, warum auch immer. In der rechten Hand hielt er ebenfalls ein Flens. Jeder hatte offenbar seine Vorräte für magere Zeiten. Die Flaschen klackten aneinander.

»Ja, alles Mist.«

»Die Alte mit dem Rock?«

Franz hatte schon zwei Bier zu viel getrunken. Er nickte. »Ist mit einem anderen auf Tour.«

»Hm.« Doc Gringo verstand ihn. Ohne viele Worte. So waren sie, die Jungs. Beide schlürften ihr Bier.

»Magst du sie echt?«

»Hm.«

»Ist aber alt. *Old school,* oder so.«

»Hm.«

»Bist du nur sauer, weil sie mit einem anderen weg ist?« Treffer, versenkt.

»Hm.«

»Kannst andere haben.«

»Hm.«

»Hm. Noch ein Bier?«

»Hm.«

Es klackte. Doc Gringo hatte ein paar mehr eiserne Vorräte. Sie tranken schweigend.

»Sie ist alt, Franz!«

»Hm.«

»Geht's jetzt besser?«

Franz trank den Rest der Flasche leer. »Hm.«

»Gutes Gespräch, Alter!« Doc Gringo schlug ihm auf die Schulter.

»Hm.« Franz stierte weiter vor sich hin. Wer sollte sein Problem auch verstehen? Er verstand es ja selbst nicht. Konnte es nicht erklären. Franz stellte die Flasche ins Gras. Rings um ihn herum machten die Jungs Party. Nicht mehr lange, und es galt Nachtruhe auf dem Platz. Aber diese letzten Minuten kosteten alle noch voll aus. Nur er nicht. Er machte sich Gedanken über einen Lackaffen mit Einstecktuch. Einen Typen, der bei der Hitze einen *Anzug* trug! Ging es noch? Bestimmt badete er in seinem »Herrenduft«, aber zumindest im Rasierwasser. Und Kohle hatte der Lümmel mit Sicherheit auch genug, so wie der sich gebärdete. Golduhr, Kettchen. Ach, zum Henker, warum interessierte es ihn überhaupt, was dieser Typ tat oder nicht? Bille passte sowieso nicht zu ihm, da hatte Mike doch recht. ErTeEls Worte während der Motorradtour waren ebenfalls eindeutig gewesen. »Wenn du in einem kleinen Einfamilienhaus hocken und dort zählen willst, wie viel Millimeter die Radieschenblätter gewachsen sind, Franz, dann lauf hinter der Oma her. Tu dir keinen Zwang an und stürz dich ins Unglück! Aber verkauf vorher deine Maschine. Ich will dich nicht bis zu meinem Haus schluchzen hören, weil du sie nur noch in der Garage polieren darfst. Die ist echt keine Motorradbraut. Die ist *alt!*«

Mittlerweile prangte der Mond am friesischen Himmel. Grillen zirpten, ein Flugzeug flog blinkend über ihn hinweg. Richtung London? Franz hatte keine Ahnung, welche Flugroute über Friesland ging. Er stand auf und begann zu der Musik von The Boss Hoss zu tanzen. »Joline, Joline, Joline ...« Er hob die Arme und wackelte mit den Hüften. Er war zwar ein alter Sack, aber nur dem Geburtsjahr nach, nicht mit seinem Geist, nicht mit seinem Körper. Die Jungs schlossen sich ihm an. Endlich war alles wieder beim Alten. Sie hatten Spaß, und was für einen! Franz lachte laut auf, als er leicht stolperte. Er fing sich und hob den Blick.

Was er da sah, erschien ihm wie eine Fata Morgana: Dieser Harry spazierte auf dem Nebenweg, und er hatte eine kurzhaarige Frau im Arm. Dieser Windhund. Er verarschte Bille, turtelte da schon wieder mit einer anderen!

Franz hielt mit dem Tanzen inne und hechtete Harry hinterher. Den würde er sich kaufen! Er packte ihn von hinten und drehte ihn ruckartig zu sich herum. Die Frau neben ihm war sehr erschrocken. Er wollte gar nicht wissen, wer das war, aber dann schaute er ... in Billes Augen.

9. Kapitel

Wer war denn das? Einer dieser Rocker, die uns in Angst und Schrecken versetzen wollen?«, fragte Harry, nachdem Franz sich schnellstens wieder davongemacht hatte. Kein Wort hatte er zu Bille gesagt, kein Wort zu Harry. Nur dieser fassungslose Blick.

»Das war Franz. Einer der Harley-Fahrer!« Bille versuchte, mit ihren Augen die stärker werdende Dunkelheit zu durchdringen. Sie konnte sich auf die Reaktion keinen Reim machen.

»Du kennst *solche* Typen?« Der Abscheu war Harry anzumerken.

Bille war es peinlich, dass sie so rasch geantwortet hatte und dadurch deutlich wurde, dass Franz ihr tatsächlich nicht unbekannt war – wie sie es im Augenblick lieber gehabt hätte. Sein lächerliches Angebot, sie auf seiner Electra Glide mitzunehmen, um ihr einen Moment später mit dem albernen Gesang deutlich zu machen, wie wenig ernst es ihm damit gewesen war. Sein Bieratem und diese ungehobelten Freunde. Bille verzog den Mund. Sie wäre sowieso nie auf der Harley mitgefahren. Sie doch nicht!

»Ich kenne ihn nicht näher. Dieser Mann hat mich nur mal angesprochen.« Bille lächelte Harry zu, der beruhigt den Arm um sie legte, was sie stillschweigend duldete.

»Nicht, dass du auf Abwege kommst«, raunte er ihr zu. »Was wollte er denn von dir?« Harrys Stimme hatte etwas Lauerndes.

»Ach nichts, eine belanglose Frage. Genau weiß ich es schon gar nicht mehr.«

Bille, warum bist nicht ehrlich?, dachte sie. Es war ihr wichtig, es sich mit Harry nicht zu verderben. Zum ersten Mal seit Karls Tod fühlte sie sich beschützt!

Harry drückte sie wieder an sich und streifte mit seinen Lippen ihr Haar. »Das pikt jetzt so schön«, raunte er. Harry erinnerte Bille an einen schnurrenden Kater. Sie mochte das, auch ohne Katzenfan zu sein.

»Hör zu, Bille. Ich werde dich von nun an vor allen Männern dieser Welt, die dir etwas Böses wollen, beschützen. Sei es vor Rockern oder sonst wem. Die sollen nur kommen! Ich bin von nun an für dich da. Immer!«

Ach, klang das gut. Das hatte schon lange niemand mehr zu ihr gesagt. Dankbar sah Bille Harry an und drückte seinen Arm. »Wollen wir noch zum Strand gehen?«

Harry antwortete nicht, sondern führte sie zum Weg am Deich, von wo aus sie die Nordsee erreichen konnten. Er war ein Mann der Taten, redete nicht lange um den heißen Brei herum, wusste, was sie sich wünschte. Bille war auf dem besten Weg, sich Hals über Kopf zu verlieben – und das in ihrem Alter!

Heute verspürte sie nicht den Wunsch, ihre Schuhe und Strümpfe auszuziehen, das wäre ihr in Harrys Beisein unangenehm gewesen. Obwohl das Laufen dadurch erheblich leichter gewesen wäre, denn der Sand suchte sich blitzschnell seinen Weg in die Schuhe. Dennoch wollte Bille neben Harry stilvoll bleiben. Sie glaubte nicht, dass er es schätzte, wenn sie mit nackten Beinen herumlief. Für Franz hingegen war es völlig normal gewesen. Der Mann war, was Stil anging, eine Nullnummer.

Bille griff nach Harrys Hand, die in Form und Größe der von Karl glich. Mit ihm war sie immerhin viele Jahrzehnte sehr glücklich gewesen. Es war tatsächlich mühsam, in Schuhen durch den Sand zu stapfen, aber Harry beklagte sich schließlich auch nicht, sondern stapfte unermüdlich voran.

Jetzt wusste Bille, was sie an ihm mochte: Er erinnerte sie an einen vornehmen englischen Adligen. Ein Mann, der nie die Beherrschung verlor, der genau wie der Leiter dieses Streichorchesters auf der Titanic den Kopf oben halten und freundlich »Habe die Ehre« sagen würde, bevor er dahinschied. Egal unter welchen Umständen. Nach einem solchen Mann suchte doch jede Frau! Trotzdem wollte Bille vorsichtig sein.

Schließlich erreichten sie den Wattsaum. »Es ist auflaufendes Wasser«, raunte Harry. Bille liebte diesen dunklen Ton, das versprach Wärme, das versprach Geborgenheit. Herrje, ihre Gedanken raunten ja auch schon und klangen vom Tonfall her wie diese Sprecher auf dem Kirmesplatz: »Zugreifen, meine Damen und Herren! Jedes Los ein Gewinn! Greifen Sie zu!«

Bille legte ihren Kopf an Harrys Schulter. Die See schob sich Zentimeter für Zentimeter übers Watt, das seinen unvergleichlichen Duft verströmte. Hin und wieder gluckste es leise. Die Lichter von Horumersiel glänzten am Horizont, erneut glitt ein beleuchteter Frachter über die Nordsee und verschwand im Nirgendwo.

Bille bückte sich und griff in den Sand. Ließ die Körner durch ihre Finger rieseln und schloss die Augen. Angesichts der friedlichen Stimmung konnte sie aber nicht verhindern, dass ihr plötzlich Tränen über die Wangen rannen. Sie schlüpften einfach unter ihren Lidern hindurch und verteilten sich über ihr Gesicht.

»Findest du es so schön mit mir?« Harry wischte mit der Außenkante des Zeigefingers über ihre Wange, ließ sie mit der anderen Hand aber nicht los. Bille hätte nie geglaubt, dass ihr so etwas noch einmal passieren würde.

»Und?«, hakte Harry nach, weil sie nicht antwortete.

Sie nickte. Sie verschwieg ihm besser, warum sie in Wahrheit weinte. Es war ein zu schöner Abend, den sie nicht gefährden wollte. Sie bemerkte, dass ihr Rock hochgerutscht war, und zog ihn züchtig übers Knie.

»Oma Bille ist mit diesem Harry an den Strand gegangen«, sagte Laura. »Ob sie sich in ihn verliebt hat?«

»So schnell geht das in der Generation nicht mehr«, meinte Annemie. »Da macht man sich erst den Hof.«

»Was ist das denn für ein Spruch? Den Hof machen!« Laura schüttelte den Kopf.

»Sagt man bei den alten Leuten so. Die daten eben nicht oder parshippen oder sonst was. Die Männer machen den Frauen den Hof!«, verteidigte Annemie sich. »Also, da wird lange geredet, Wein getrunken und wieder geredet. Küsschen rechts auf die Wange und links. Ein bisschen Händchenhalten und …«

»Das war's dann, nicht wahr?« Laura wollte das Szenario nicht zu Ende denken. Alte Leute mussten sich mit dem Gesagten begnügen! Eine knutschende Oma war für sie unvorstellbar. »Du guckst zu viele Gruftie-Filme«, wehrte sie weitere Erklärungen ihrer Schwester ab.

»Du willst Oma Bille doch nicht ernsthaft als Gruftie bezeichnen? Als alte Frau, die nichts checkt?«

»Mann, du bist immer so kompliziert«, echauffierte Laura sich. »Wie können wir Zwillinge sein, wenn wir so verschieden sind?«

»Na, zumindest scheint sie kein zweites Mal auf Diebestour gegangen zu sein«, mischte Felix sich ein und unterbrach damit den sich anbahnenden Streit, der seine Ruhe unnötig unterbrochen hätte. »Es ist nichts mehr bekannt geworden wegen weiterer Einbrüche und so. Wenn sie das bei Salome überhaupt war. Ich glaub ja nicht dran.« Er blickte seine Schwestern mit gerunzelter Stirn an. »Lasst uns hier die Biege machen, falls Oma Bille oder Mama und Papa doch schneller zurückkommen als erwartet. Es ist nach wie vor besser, wir binden unseren Eltern ein paar Dinge nicht auf die Nase.« Für Felix war dies eine immens lange Ansprache, die Laura mit einem anerkennenden Kopfnicken zur Kenntnis nahm. »Du bist also wieder im Boot?«, fragte sie ihn. »Aber wenn, dann ganz. Halbherzige Aktionen machen wir nicht!«

Felix runzelte die Stirn und nickte dann. Die drei verschwanden in Richtung Spielplatz, wo um diese Zeit nichts mehr los war. Laura und Annemie stürzten sich auf die beiden Schaukeln, während Felix es sich auf der Rutsche bequem machte.

»Leute, wollen wir jetzt Kindergarten spielen oder besprechen, wie wir weiter vorgehen sollen?« Er gab wieder ganz den erwachsenen Mann.

Annemie stoppte die Schaukel sofort. »Was können wir denn tun? Habt ihr 2000 Euro? Ich nicht.«

»Ich denke, das ist erst Schritt zwei«, meinte Felix. Seine Stimmlage war gefühlt im Bass. »Lauras große Befürchtung ist ja zunächst, dass Oma Bille etwas mit dem Diebstahl bei Salome und ihrem Johannes zu tun hat. Wir sollten nicht zu viele Baustellen auf einmal haben. Eins nach dem anderen!«

Annemie holte wieder Schwung. »Stimmt. Aber wie finden wir das heraus? Und ganz ehrlich – ich glaube auch nicht, dass sie den Bruch bei unseren Nachbarn gemacht hat. Wir waren doch gerade erst angekommen! Wann soll sie denn dort eingestiegen sein?« Sie holte tief Luft. »Und überhaupt: Oma Bille ist nie und nimmer eine Diebin!«

»Aber sie ist gleich verschwunden, noch während wir aufgebaut haben. Wir waren die ganze Zeit mit dem Aufbau des Vorzelts und so beschäftigt. Da könnte sie in der Zwischenzeit –«

»Du siehst echt Gespenster, Laura!«, unterbrach Annemie ihre Schwester.

Die schaukelte mittlerweile so hoch, dass die Ketten nachgaben. Es wirkte, als hörte sie ihren beiden Geschwistern gar nicht zu. Aber plötzlich sprang sie ab und landete ein paar Meter von der Schaukel entfernt im Sand. Sie wischte sich die Körner von den nackten Beinen.

»Ich verschwinde mal, bin gleich zurück.«

»Laura muss immer zum Klo, wenn es absolut nicht passt«, tadelte Annemie, hielt aber ihre Schaukel an, hüpfte ebenfalls hinunter und folgte ihr.

»Ich warte auf euch!«, rief Felix ihnen nach und schüttelte den Kopf. Er verstand seine beiden Schwestern nicht. Sie konnten sich zanken wie die Kesselflicker und eine Sekunde später völlig einträchtig der nächsten Beschäftigung nachgehen. Und das, obwohl er so oft geglaubt hatte, sie würden jeden Moment aufeinander losgehen und sich gegenseitig die Augen auskratzen. Das war allerdings noch nie geschehen. Eine Schwester war schon eine Bürde, das wusste er von seinen Kumpels, zwei Schwestern bedeuteten eine Katastrophe. Und wenn es sich dabei auch noch um Zwillinge handelte, glich das einem Weltuntergang! So gesehen hatte er das schwerste Los von allen.

Gerade, als er vor Selbstmitleid vergehen wollte und in den Sand starrte, hörte er Stimmen vom Weg her, und es waren nicht die seiner Schwestern.

»Siri, du hattest den Wohnwagen nicht abgeschlossen, die Tür war offen! Und diese Sonnenmilch! Keiner von uns würde sie mitten in den Gang vor die Tür stellen, wir sind ordentliche Menschen und keine Chaoten!«

»Jonas, nun komm mal runter. Es ist doch egal. Es ist passiert, und deswegen haben wir den Kutterausflug verpasst. Ich möchte nicht mehr darüber reden, der Tag war danach einfach nur noch schlimm und langweilig. Ich hatte mich so auf die Fahrt gefreut!«

»Du verstehst nicht, was ich dir sagen will! Es ist jemand im

Wagen gewesen, derjenige hat uns draußen gehört und sich im Bad versteckt, nachdem er zuvor die Sonnenmilchflasche schnell dorthin gestellt hat.«

»Jonas, das klingt ziemlich abgedreht, findest du nicht? Und es ergibt keinen Sinn«, widersprach die Frau, und Felix registrierte wohlwollend, dass sie nicht »Es macht keinen Sinn« gesagt hatte. Solche Formulierungen waren für sein Hirn eine wahre Folter. Er war in der Schule nicht gerade eine Leuchte, aber Deutsch konnte er, und so hatte er es sich angewöhnt, seine gesamte Energie darauf zu konzentrieren, Sätze zu analysieren, sie grammatikalisch zurechtzurücken und, wenn nötig, zu korrigieren.

»Stell dir vor, wenn wirklich jemand bei uns eingestiegen ist! Und wir zerfleischen uns jetzt mit Vorwürfen, obwohl keiner von uns irgendetwas getan hat.«

»Korrigiere, Jonas: *Du* zerfleischst *mich* mit Vorwürfen, weil du mir schon den ganzen Tag unterstellst, was ich alles nicht oder erst recht getan habe. Ich kann es nicht mehr hören!«

Felix spitzte die Ohren. Das klang ja nach einem sehr erfrischenden Streit mit umgekehrten Rollen. Zu Hause war es immer eher Mama, die Papa sagte, was er verkehrt gemacht hatte.

Die beiden jungen Leute waren unter der Laterne neben dem Spielplatz stehen geblieben. »Siri, genau das versuche ich ja gerade gutzumachen. Du hast gar keine Schuld! *Es war jemand in unserem Caravan!*«

Felix hörte ein Schmatzen. Jetzt war Versöhnung angesagt, Siri knickte offenbar ein. Doch schon kurze Zeit später ließen sie voneinander ab, und der Mann schob seine Frau auf Armlänge von sich weg. Felix konnte ihre Gesichter im Lichtschein gut erkennen. Sie aber entdeckten ihn auf dem dunklen Spielplatz nicht, und er verhielt sich ganz ruhig, denn wenn es stimmte, was dieser Jonas sagte, versprach die Geschichte eine überaus interessante Wendung zu nehmen, die Felix sich nicht entgehen lassen wollte.

»Willst du etwa sagen, dass du glaubst, diese Oma, die uns das Geld zurückgebracht hat, könnte bei uns eingestiegen sein?«, fragte die Frau.

Der Mann nickte.

»Es war wirklich eigenartig, wie sie mit den zerknitterten Geldscheinen vor uns stand«, gab Siri zu. »Und das, wo dir genau diese Summe fehlte.«

Verdammt, das klingt schrecklich nach Oma Bille, dachte Felix, und der Gedanke gefiel ihm ganz und gar nicht. Im Gegenteil, ihm liefen kalte Schauer über den Rücken. Nur war das Verhalten exakt so, wie er es ihr zutrauen würde. Erst stehlen, danach ein schlechtes Gewissen bekommen und die Beute wieder zurückbringen! Sollte Oma Bille tatsächlich wegen der Rechnung derart auf Abwege gekommen sein und sich dann verzweifelt bemühen, alles wieder in Ordnung zu bringen?

Laura schien wirklich den richtigen Riecher gehabt zu haben. Felix sah dem Pärchen hinterher, das Arm in Arm weiterlief und im Dunkeln verschwand.

Laura und Annemie kamen kurze Zeit später zurück.

»Na, lebst du ohne uns noch?«, frotzelte Laura, sprang sofort auf die Schaukel und holte Schwung.

»Ja, und ich glaube, ich bin in Bezug auf unsere Nachforschungen ein gutes Stück weitergekommen«, sagte Felix. Er freute sich über den überraschten Blick seiner Schwester, die sonst immer alles besser wusste als die anderen. Aber nun war sie doch für einen Moment sprachlos.

»Spuck's aus!«, forderte sie ihn schließlich auf. Sie schaukelte sacht hin und her, während Annemie blass und wie angewurzelt vor ihrem Bruder verharrte.

Felix genoss seinen Auftritt, denn nun war es schwirig, cool zu bleiben. »Es stimmt nicht. Dass es keinen Vorfall mehr gab, meine ich.«

»Was für einen Vorfall? Noch einen Diebstahl, oder was meinst du?« Laura wollte zwar gleichgültig wirken, aber ihre Stimme klang ein bisschen zu grell.

»Pst, nicht so laut. Es muss ja nicht gleich der ganze Platz mitbekommen, oder?«

Fragend schauten ihn seine Schwestern an. »Wovon redest du denn?«

»Ich saß hier brav auf der Rutsche, als ihr auf dem Klo wart. Auf der Toilette«, verbesserte er sich.

»Na und?« Laura holte Schwung.

Nun wurde auch Annemie ungeduldig. »Nun sag schon, und spann uns nicht derart auf die Folter!«

»Also: Da waren eine junge Frau und ein junger Mann. Sie standen dort.« Felix wies in Richtung der Laterne. »Die haben eine äußerst eigenartige Unterhaltung geführt.«

»Worüber?« Laura sprang von der Schaukel ab und trat auf ihren Bruder zu. »Nun lass dir nicht jedes Wort aus der Nase ziehen! Es ist schon verdammt spät, gleich pfeifen Mama und Papa zum Schlafen, es ist eh ein Wunder, dass wir noch hier sein dürfen.«

»Die sind im Urlaubsmodus«, kicherte Annemie.

Felix berichtete, was er belauscht hatte, und schloss mit den Worten: »Leute, Oma Bille hat ein dickes Problem. Laura hatte recht. In jeder Beziehung!«

»Puh, das ist ein starkes Stück. Dann steckt sie bis zum Hals im Dreck. Sonst würde Oma Bille so etwas nie, wirklich niemals tun!« Laura pustete lautstark die Luft aus.

»Ob sie doch bei Salome eingestiegen ist, wie wir schon vermutet haben? Das wäre wirklich krass!« Annemie stand noch immer stocksteif vor ihrem Bruder. »Oma Bille ist die Ehrlichkeit in Person, und jetzt soll sie plötzlich eine Diebin sein? Das ist unmöglich!«

»Nun, sie ist es ja nicht ganz«, beruhigte Felix sie. »Immerhin hat sie ja, falls sie tatsächlich in deren Wohnwagen war, das Geld zurückgebracht. Ich weiß allerdings nicht, wie man das im Polizeijargon nennen würde. Vielleicht remittierender Klau?«

»Ist doch völlig egal, wie man das nennt, oder? Du mit deinem oberwichtigen Geschwafel! Sie hat sich komisch benommen, als sie bei dem Pärchen war, hat das Diebesgut zurückgebracht, das spricht alles gegen einen Einbruch bei Salome, denn dort ist der Schmuck nicht wieder aufgetaucht. Also rede nicht immer so geschwollen, nur um uns zu zeigen, wie schlau du bist!«

»Bin halt schlau«, sagte er grinsend. »Darüber könnt ihr nicht hinwegsehen.«

»Jetzt hört auf, ihr beiden, das bringt uns nicht weiter!«, beklagte Annemie sich.

Laura lief derweil mit großen Schritten vor der Rutsche auf und ab. »Aber dass Oma Bille das geklaute Geld zurückgebracht hat, passt zu ihr wie die Faust aufs Auge, von daher könnte an Felix' Theorie tatsächlich etwas dran sein.«

Die drei schwiegen für eine Weile, jeder hing seinen Gedanken nach.

»Wir haben keine Wahl und müssen Oma helfen, die 2000 Euro irgendwie aufzutreiben«, sagte Annemie schließlich. »Jemand muss doch was tun, und wenn nicht wir, wer dann?«

»Es wird Oma Bille aber peinlich sein, dass uns ihre Schieflage bekannt ist«, warnte Felix. »Vor allem, wenn sie weiß, dass wir wissen, *was* sie getan hat!«

»Zu viele ›wissens‹«, kommentierte Laura, froh, ihren Bruder auch mal wegen seines Satzbaus kritisieren zu können.

Felix räusperte sich. Bloß nicht provozieren lassen. Er senkte die Stimmlage. »Wir müssen vorsichtig vorgehen, einen echten Plan haben, sonst bringen wir Oma Bille in Verlegenheit, und das wollen wir schließlich nicht.«

»Ach Manno, sie tut mir so leid.« Annemie standen Tränen in den Augen. »Sie muss sich furchtbar gefühlt haben. Steigt in einen

Wohnwagen ein, weil so ein Idiot sie unter Druck setzt, versteckt sich dort, um nicht erwischt zu werden, und dann schämt sie sich so sehr, dass sie das Geld sogar zurückbringt und der ganze Stress umsonst war.«

»Heulen nützt nichts«, sagte Laura. »Aber im Prinzip hast du recht. Nun, ich sage: Geheimoperation. Sonst werden wir scheitern.«

»Annemie, Laura! Felix!«

»Mama ruft«, zischte Laura. »Passt auf. Jeder überlegt in der Nacht, was man tun könnte, und dann treffen wir uns morgen wieder hier und erstellen einen Plan.«

Die drei klatschten sich gegenseitig ab.

»Wir lassen Oma Bille nicht im Stich!« Felix' Stimme war nun tiefster Bass.

10. Kapitel

Bille plante, einen Strandtag einzulegen. Sie hatte in der Nacht schlecht geschlafen. Vor Freude, vor Aufregung und vor Scham. Diese Mischung hatte ihr nicht besonders gutgetan. Harry wusste nichts von ihrem Dilemma, ihren Sorgen und Nöten. Für ein Geständnis war es noch zu früh. Entweder wäre er entsetzt, oder er würde ihr am Ende womöglich anbieten, ihre Schulden zu begleichen. Er war ein Kavalier der alten Schule und schien nicht unvermögend zu sein. Sie wollte von ihm aber kein Geld annehmen, denn sie war immer unabhängig gewesen, und dabei würde es bleiben. Sonst hätte sie schließlich auch Herrn Häwelmann um Hilfe bitten können (Herr Sieberfink war selbst arm wie ein Schlotkehrer), nur wollte Bille das nicht. Wenn sie Geschenke annahm, bedeutete dies, dass sie eine Verpflichtung einging. Herr Häwelmann hätte es missverstehen und es als Zustimmung zu einer Hochzeit interpretieren können. Geldgeschenke waren also ausgeschlossen.

Bille ging zu ihrem Wohnwagen, um die Sachen für den Strand zu packen, bevor sie gemeinsam frühstückten. Den Tisch hatte sie wie immer gedeckt und bereits Brötchen geholt. Für die beiden Mädchen den Kakao angerührt.

Als sie zum Frühstückstisch zurückkam, stand eine kleine Flasche Sekt neben ihrem Teller. Maja hatte sie dorthin gestellt. Doch die Mahlzeit verlief eigenartig. Es fehlte die ungezwungene Stimmung, obwohl Bille und Maja sich den Sekt schon zu Beginn genehmigten.

»Worauf stoßen wir an?«, fragte Maja.

»Trink nicht zu viel, wir wollen doch eine Wattwanderung machen«, sagte Jan, aber Maja winkte ab. »Das Schlückchen, da passiert doch nichts!«

Maja und Jan hatten sich zu einer geführten Wanderung durchs Watt angemeldet. Aber die drei Kinder wirkten, als lauerten sie auf etwas. Sie taxierten Bille, sahen sich immer wieder an und schienen sich mit unsichtbaren Zeichen zu verständigen.

Als ihre Eltern schließlich aufgebrochen waren, hielt Bille es nicht mehr aus. »Sagt mal, Kinder, was ist eigentlich mit euch los? Ihr tut furchtbar geheimnisvoll. Ich komme mir ja regelrecht beobachtet vor! Hab ich was verbrochen?« Bille lachte laut auf und hoffte, dass nicht auffiel, wie schief es klang.

Laura schaute zu Annemie, die wiederum blickte ihren Bruder an. Offensichtlich hatte Bille ins Schwarze getroffen, und das war ihnen unangenehm. Die drei heckten etwas aus, und sie, Bille, hatte damit zu tun. »Nun, raus mit der Sprache, was bedrückt euch?«

»Wir glauben, Oma ... nun, wir glauben, dass du in Schwierigkeiten steckst«, stieß Laura hervor, als sie Billes Blick nicht länger standhalten konnte. »Also, wegen dieser Decken, die bei dir in der Küche lagen und ...«

Bille zuckte zusammen. »Ach, die Decken!« Sie winkte ab. Ihr brach zwar der Schweiß aus, aber es war wohl besser, lässig zu reagieren. Sie wollte nicht, dass die Kinder sich Sorgen machten. Und vor allem wollte sie nicht, dass sie auch nur annähernd ahnten, was sie angestellt hatte.

»Ja, seitdem du die gekauft hast, bist du anders. Und außerdem hat da dieser Typ vor unserem Haus in Oberhausen herumgelungert«, ergänzte Felix die Befürchtungen seiner Schwester. Nur Annemie schwieg.

»Ach, wie kommt ihr denn auf solche Ideen?« Bille lachte erneut. »Ich habe die Decken gekauft, weil ich sie brauche. Im Winter ist es oft kalt in der Wohnung, da kann ich mich gut in etwas Warmes kuscheln.«

»Ja, aber du hast *zwei* Decken gekauft, und die sind richtig teuer gewesen.« Laura taxierte Bille, und der Blick war ihr unangenehm.

Sie winkte ab. »Ach, das stimmt doch gar nicht, Kinder. Hab ein bisschen gespart und sie mir davon gegönnt. Nun macht euch bitte keine Gedanken. Wir haben schließlich Urlaub!«

»Und der junge Mann?«, hakte Laura nach. Sie wirkte längst nicht mehr so unsicher wie zuvor.

Bille zuckte mit den Schultern. »Ich weiß nicht, was das mit ihm zu tun haben soll. So, Kinder, und nun wechseln wir das Thema!«

»Ja, dann kannst du die 2000 Euro bezahlen, Oma?«, rutschte es Annemie heraus, und kaum hatte sie diese Frage gestellt, legte sie erschrocken die Hand vor den Mund.

Bille wurde blass. »Woher wisst ihr …?« Ihr Blick wanderte zu dem altersschwachen Wohnwagen, dessen Tür wie immer offen stand. »Habt ihr mir nachgeschnüffelt?«

Alle drei schüttelten vehement den Kopf, wurden aber feuerrot. »Wir waren in Sorge, Oma. Und da haben wir zufällig …« Laura druckste herum. »Also, wir haben was gesucht. Einen Hinweis, und dann ist uns diese Rechnung in die Hände gefallen.«

»Zufällig aus meinem Kopfkissenbezug?« Bille runzelte die Stirn.

Wieder nickten alle drei gleichzeitig. Dazu machten sie äußerst betretene Gesichter.

»Ja, wirklich! Laura wollte sich auf deinem Bett ausruhen, und da hat es geknistert und …« Annemie brach ab, ihre Erklärung klang zu fadenscheinig.

Bille überlegte, ob sie den dreien böse sein sollte, aber sie vermochte es nicht. Auch wenn es nicht in Ordnung war, dass die Kinder ihr hinterherschnüffelten, rührte es sie dennoch, immerhin hatten sie es aus Sorge getan. Nun war es wichtig, alles herunterzuspielen. Das Ganze war allein ihr Problem, und sie wollte die Kinder damit nicht belasten, denn sie konnten ohnehin nichts an der Sache ändern. Außerdem war es ihr nicht recht, wenn sie es in der Weltgeschichte herumposaunen würden. Nicht, dass Harry doch noch davon erfuhr! Oder Maja und Jan. Nicht auszudenken, wie sie dann dastehen würde.

»So, nun weiß ich also, dass ihr drei richtige kleine Spione seid. Aber ich sagte es eben schon, genießt besser eure Ferien, das mache ich ja auch. Wie ihr wisst, habe ich mich mit unserem Platznachbarn angefreundet, heute Abend fahren wir nach Horumersiel und werden dort wieder essen gehen, ich genieße seine Gesellschaft sehr. Macht euch um mich bitte keine Sorgen!«

Die drei sahen sich an, nickten einander zu. Laura ergriff als Erste das Wort, wie immer. »Wenn *du* das sagst, Oma Bille. Dann vergessen wir das Ganze!«

Bille blieb aber leider nicht verborgen, dass Laura hinter ihrem Rücken die Finger überkreuzte.

Bille hatte mit diesem Schnösel also einen wundervollen Abend verlebt und sich für ihn auch noch die Haare abschneiden lassen! Franz hieb die Zähne ins Brötchen, aber er kaute nicht mit Genuss. Er schmeckte nicht die Butter, die ErTeEl am Morgen extra von einem Stand auf dem Markt organisiert hatte und die von den glücklichen Kühen Frieslands stammen sollte, die den ganzen Sommer über auf der Weide grasten. Franz war es ziemlich egal, was sie im Bauch hatten, Milch war Milch, und Butter war Butter. ErTeEl hatte auch Honig von einem Imker aus der Region beigesteuert, den er gestern auf der Motorradtour kennengelernt hatte.

So langsam kam Franz sich vor wie in einer Ökotruppe. ErTeEl hatte sich auf dem Handy eine Soap reingezogen, vermutlich wurde da das ökologisch einwandfreie Leben propagiert.

Er wunderte sich nur, dass keiner der Jungs moserte. Früher hatte es keinen gestört, wenn die Butter von Aldi, die Pizza aus der Netto-Tiefkühltruhe und die Marmelade aus dem Laden mit Versicherungsschäden kam. Es hatte niemand danach gefragt, Hauptsache war, jeder wurde satt. Und plötzlich standen von einem Tag auf den anderen ausschließlich regionale und ökologische Produkte – wie das schon klang – auf den Bierzelttischen. Wir, die Ökobiker, oder was sollte das werden? Fehlte nur noch, dass sie ab morgen selbst in die Nordsee abtauchten, um auf Fischfang zu gehen, damit man die ökologisch bedenkliche Überfischung auf dem Bierzelttisch der Rocker ausschloss. Mann, das alles waren Themen für Greenpeace-Aktivisten, für Ökos, die sich in jedem zweiten Satz um das Wohlergehen der anderen sorgten, indem sie ständig nachhakten, ob dieses oder jenes auch okay für den anderen sei. Aber doch nicht für sie hier!

Mit ein wenig Glück würde das nur bis zum Ende der Soap-Serie dauern, dann war der kulinarische Ausflug ins Reich der Körnerfresser vorbei. ErTeEl war so, aber der Rest hatte doch Grips im Schädel! Es war wirklich komisch, dass keiner aus der Gruppe gegen den Ökowahnsinn rebellierte, es fiel nicht einmal ein dummer Spruch! Locker sein, Witze reißen, das war einer der Gründe, warum ihre Touren seit jeher ein unvergessliches Erlebnis waren. Fettes Grillfleisch und dicke Bratwürste, dazu ordentlich Ketchup. Wenn Zeit war, Kraut-und Kartoffelsalat aus der Plastikdose. Gern eine Flasche Osborne, Bier und Musik von AC/DC oder The BossHoss. Aber doch nicht dieser gequirlte Softiemix! Das hielt ja kein normaler Mann aus!

Warteten die Jungs darauf, dass er, Franz, dem Spuk ein Ende bereitete, so wie er es auch in der Vergangenheit getan hatte, wenn etwas aus dem Ruder lief? War das alles nur eine Provokation, um ihn endlich aus der Reserve zu locken, weil er sich rund um die Uhr nur Gedanken darüber machte, wie er eine Oma auf seinen Harley-Sitz bekam? Wollten sie ihm die Absurdität dieses Unterfangens deutlich machen?

Franz winkte innerlich ab. Ach was, dazu war vor allem ErTeEl viel zu einfach gestrickt. So weit dachte der gar nicht. Sollten sie doch auf ihrem Ökotrip reiten – solange er, Franz, seine saftige Bratwurst vertilgen konnte, war alles okay.

Es wurde Zeit, dass sie weiterreisten. Zu lange auf einem Campingplatz zu verweilen war ein Fehler. Die friesische Luft schien niemandem ernsthaft gutzutun. Dieses ewige »Moin« Tag und Nacht wirkte offenbar wie ein Zauberwort, das sie lähmte und ihre DNA umstrickte. Sie waren Rocker, ganze Kerle und keine Weicheier. Also, weg von dem Öko- und Bille-Schlamassel.

Heute Mittag würde er im Imbiss feine Schweinshaxen bestellen. Anschließend wollte Franz den nächsten Discounter stürmen und in rauhen Mengen Bratwurst in Plastikverpackung nebst Krautsalat einkaufen. Und er freute sich schon jetzt auf ein Maxi-Burger-Menü mit einem halben Liter Cola und Pommes.

Franz grunzte. Es war wirklich an der Zeit, die Sache wieder in die Hand zu nehmen. Was hatte ihn eigentlich geritten, die Oma überhaupt anzusprechen? Sie war dort drüben vorbeigelaufen … Franz sah sie noch genau vor sich. Schmal, mit diesem schrecklichen Rock, der Rüschenbluse und der altmodischen Dauerwelle. Sie war auf dem Weg stehen geblieben, hatte die Maschinen angesehen, und dann … dann waren sich ihre Blicke begegnet. Sie hatte blaue Augen, die so sehr strahlten, dass er alles andere ringsherum vergessen hatte. Und inzwischen sah sie auch noch völlig verändert aus. Positiv verändert. Einfach toll. Hallo? War er zum Romantiker mutiert? Verzaubert von den Augen einer über 70-Jährigen? Er stand ErTeEl, was die Blödheit anging, wahrhaftig in nichts nach. Aber damit war nun Schluss!

Er stand auf, klopfte an den Becher, bis ihn alle ansahen. »Jungs, ich glaube, wir sollten ...« In dem Augenblick sah Franz, dass Bille an der Zeltwiese vorbeilief. In der Hand trug sie eine Basttasche, auf ihrem Kopf thronte ein überdimensionaler Sonnenhut, und sie hatte eines nicht an: einen Flanellrock. Stattdessen steckten ihre schlanken Beine in einer knielangen Hose, und ihren Körper umschmeichelte ein sonnengelbes Shirt.

»Was ist, Franz? Was sollten wir?« ErTeEl hob erstaunt den Kopf, er schwelgte gerade im Genuss des regionalen Honigs, der ihm das Hirn verklebt hatte.

»Ach nichts. Wir sprechen später darüber.« Franz stopfte die Brötchenhälfte in den Mund, goss den Kaffee hinterher und spurtete los.

»Glaubt ihr Oma Bille, dass das alles harmlos ist?«, fragte Laura, nachdem Bille sich an den Strand verkrümelt hatte.

»Na ja, richtig unglücklich wirkt sie mit ihren neuen Klamotten und der schicken Frisur nicht«, gab Annemie zu bedenken. »Es kann doch sein, dass diese Leute von einer anderen Oma gesprochen haben.«

»Trotzdem«, beharrte Laura. »Sie war so aufgesetzt fröhlich. Oma Bille hat was zu verbergen, und ich bin fest davon überzeugt, dass sie es war, die in den Wohnwagen der jungen Leute eingestiegen ist. Es passt alles zusammen.«

Annemie schwieg. Es war deutlich, dass sie auf keinen Fall daran glauben wollte, dass Oma Bille fremde Menschen bestahl. Oder es zumindest versuchte. »Und nun?«, fragte sie.

Felix sprang so hastig auf, dass der Tisch bedenklich wackelte.

Lauras Mund klappte auf und zu. Hektische Bewegungen passten absolut nicht zum derzeitigen Seelenzustand ihres Bruders. Er hatte offenbar kurz den Chillmodus vergessen und benahm sich in diesem Augenblick völlig *normal*. »Das gibt es doch gar nicht!

Das ist dieser Typ!« Sogar seine Stimme erklang in der normalen Stimmlage.

Annemie sah ihren Bruder entgeistert an. »Was für ein Typ?«

»Na, guck hin, weißt du, wen Felix meint?« Laura stieß sie heftig in die Seite. »Das ist dieser Typ aus Oberhausen! Das ist tatsächlich großer Mist. Oma Bille hat mehr als ein Riesenproblem.«

»Allerdings«, pflichtete Felix ihr bei (Sprachmodus wieder Bass, Bewegungsmodus Zeitlupe). »Wir haben von dieser Minute an nur eine Wahl, denn wenn dieser Schläger hier schon auftaucht, was bleibt uns dann?«

Annemie sah ihren Bruder fragend an.

»Ist doch klar«, sagte Laura. »Wir müssen die 2000 Euro auftreiben. Irgendwie.«

»2000 Euro auftreiben?«, wiederholte Annemie. »Wie möchtest du das denn anstellen? Eine Bank überfallen?«

Laura spitzte die Lippen. »Ich denke mir was aus, verlasst euch drauf. Wir lassen Oma Bille nicht hängen!«

»Und wir finden raus, was das für ein Verbrecher ist, der sie da reingeritten hat«, ergänzte Felix. »Kann mir kaum vorstellen, dass dieser junge Typ das allein ausgeheckt hat. Dem fühlen wir gehörig auf den Zahn!«

»Angeber. Willst du dir eine blutige Nase holen, oder was? Nein, großer Bruder, da ist jetzt Taktik angesagt.«

»Den pustet doch die nächste Nordseebrise um, so fertig, wie der aussieht«, sagte Felix kopfschüttelnd. »Der wirkte in Oberhausen irgendwie mächtiger.«

»Unterschätz solche Leute nicht«, gab Annemie ängstlich zu bedenken. »Ich weiß echt nicht, wie das hier weitergehen soll.«

Laura hingegen freute sich, dass der Urlaub alles andere als langweilig verlief. Zwar tat ihr Oma Bille leid, aber genau das war der Grund, endlich etwas zu unternehmen. Sie hatte bereits eine blendende Idee. »Als Erstes werden wir einen Abwaschdienst organisieren.«

»Und damit willst du 2000 Euro einnehmen?« Annemie klang skeptisch.

Felix übte sich gerade in einem Ninja-Ausfallschritt, weil er in Gedanken gegen den Bodybuilder kämpfte. Es wirkte leicht verunglückt.

»Damit bekommen wir natürlich keine 2000 Euro zusammen, aber es ist ein Anfang«, verteidigte Laura ihre Idee. »Wenn man erst einmal einen Schritt in die richtige Richtung unternimmt, kommt das andere wie von selbst.«

Bille saß mit angewinkelten Knien am Strand unter ihrem Sonnenschirm und schaute über die Nordsee, deren Wellen träge an den Strand rollten. Es herrschte an diesem Morgen Flaute, und das passte zu Billes Gemütszustand. Sie glaubte, vor einer unüberwindlichen Mauer zu stehen. Sie war auf ihre alten Tage tatsächlich komplett gescheitert, ja beinahe sogar kriminell geworden. In Gedanken sah sie Karl mit erhobenem Zeigefinger auf einer der wenigen Wolken am friesischen Himmel über sich hinwegsegeln.

»Ach, Karl«, flüsterte sie. »Jetzt hab ich gestern mal ein bisschen Glück verspürt und kann es prompt wegen der vielen Schulden nicht genießen. Ich werde verklagt oder gar zusammengeschlagen, wenn ich nicht zahle, weißt du?«

Karl antwortete nicht, seine Wolke war längst weitergezogen. Oben schien ein stärkeres Lüftchen zu wehen als unten auf der Erde. Bille lehnte sich zurück, stopfte das zusammengerollte Handtuch unter den Kopf und schloss die Augen. Ein feiner Windhauch streichelte ihr übers Gesicht, zwei Möwen stritten rechts neben ihr. Hin und wieder knirschte der Sand, wenn jemand an ihrer Decke vorbeilief. Ein paar Kinder rannten kreischend hinter ihrem Ball her. Sie versuchte, diese schönen Bilder vor ihrem inneren Auge zu bewahren, doch es gelang ihr nicht. Ständig sah sie den Bodybuilder vor ihrem Haus stehen oder an der Parzelle entlangschleichen. Dann drängte sich das andere Bild in den Fokus: Bille eingesperrt im winzigen Klo mit dem Geld in der Hand. Was hatte sie nur getan?

Erneut knirschte es neben Bille, jetzt entfernten sich die Schritte allerdings nicht. Jemand ließ sich sogar neben ihr in den Sand fallen. Bille öffnete die Augen, wandte den Kopf nur leicht. Wer setzte sich unverschämterweise einfach neben sie? Harry war es bestimmt nicht, Harry bewegte sich anders. Eleganter, ruhiger. Es war doch nicht etwa …

Bille setzte sich ruckartig auf. Ja, er war es. Sie öffnete den Mund, wollte ihm den Marsch blasen, aber da Franz nichts sagte, schwieg sie vorerst.

Der Rocker hatte die Sonnenbrille auf der Nase und schaute aufs Meer, als fände er dort eine Antwort auf alle Fragen, die er im Augenblick nicht stellen wollte.

Weil Bille die Sonne ebenfalls blendete, kramte sie kurzentschlossen ihre eigene Sonnenbrille aus der Basttasche, das war eine unverfängliche Aktion, die ihr einen Zeitgewinn einbrachte. Und sie musste Franz nicht direkt in die Augen sehen.

»Ich fahre nicht mit dir auf der Höllenmaschine«, sagte Bille schließlich, als das Schweigen peinlich wurde. »Ich mag das Schlangenlederdesign nicht.« Was war denn das für eine schreckliche Argumentation? Sie hielt besser den Mund.

»Das ist doch nicht der wahre Grund! Erzähl, was du gegen Harleys hast.«

»Höllenmaschinen, die den Tod bringen.«

»Ich lebe noch, und meine Jungs auch. Irgendwann müssen wir alle sterben, doch wie sagte Snoopy: *Aber an allen anderen Tagen werden wir das nicht tun.*«

»Hab da schlechte Erfahrungen gemacht. Ich hatte mal einen guten Freund …« Bille brach ab, es war unnötig, Franz Wolfis Geschichte zu erzählen. Zweimal hatte Bille ihn auf einer Tour begleitet, glücklicherweise nicht auf seiner letzten, da hatte sie Chorprobe gehabt, und so war sie vom Herrgott gerettet worden. Wolfi, der Harley-Fahrer. »Eine Harley zu besitzen macht frei.« Große Worte vor seiner letzten Fahrt. »Harley fahren ist ein Lebensgefühl!« Er war mit den Fingerkuppen sanft über den schwarzen Lack geglitten, auf dem ein Feuerblitz prangte. Bille war es damals vorgekommen, als gliche die Beziehung zum Motorrad der zu einer besonders schönen Frau, und vermutlich war es so. Wolfi war kurz darauf gemeinsam mit der Höllenmaschine in die ewigen Jagdgründe abgetaucht. Von beiden war nicht viel übrig geblieben.

»Und dieser Freund ist mit seiner Harley in den Tod gefahren?« Franz griff nach Billes Hand. Seine Finger waren warm, ein bisschen schwielig.

»Ja, es war schlimm.« Bille verstummte für einen Moment. »Ich mache seitdem einen großen Bogen um Motorräder jeglicher Art. Als ich eure Maschinen gesehen habe, kamen die Erinnerungen hoch, und dann habt ihr nichts Besseres zu tun gehabt, als dieses Lied …« Bille brach erneut ab.

Franz drückte ihre Hand fester. »Es tut mir leid, Bille. Ehrlich!«

»Das sollte es dir auch. Es war unverschämt!«

Franz nickte zerknirscht, und sie schwiegen eine Weile.

»Du warst beim Friseur?«, versuchte er schließlich das Gespräch erneut in Gang zu bringen.

»Ja.«

»Sieht gut aus. Die Hose und das Gelb stehen dir auch gut.«

Bille war unsicher, wie sie mit dem Kompliment umgehen sollte. Wie meinte Franz das? Er hatte schon wieder diesen Schalk im Blick. War die Entschuldigung eben tatsächlich ernst gewesen?

Bille entzog ihm die Hand. Was tat sie hier eigentlich? Saß händchenhaltend mit einem Rocker am Strand, erzählte ihm von Wolfi und davon, dass sein Schmähgesang sie verletzt hatte.

Aber sie hatte genug Probleme, es war unnötig, an einem Streit mit einem Menschen festhalten, der sie im Grunde nichts anging. Maja würde sagen: »Das ist unnötig verschleuderte Energie.« Die besaß Bille so oder so nicht, also war es besser, sie verzieh ihm und dieser ungehobelten Truppe. »Danke für das Kompliment und für die Entschuldigung. Lassen wir es gut sein, in Ordnung?«

»Du klingst so verbittert.«

»Ich bin nicht verbittert, immerhin hatte ich gestern Abend ein wunderbares Essen mit einem sehr kultivierten Herrn.« Bille war selbst überrascht über ihre scharfe Zunge. Ihre kleine Rache für die Unverschämtheiten der Rocker. Sie lächelte, wollte den Worten damit an Schärfe nehmen, was aber absolut misslang.

»Ich weiß, ich habe euch schließlich gesehen.« Franz rückte ab, die Wärme war aus seiner Stimme gewichen.

Bille schwieg, es ging diesen Flegel gar nichts an, mit wem sie essen ging. Kein Kommentar.

»Nichts für ungut, Bille.« Franz stand auf und klopfte den Sand von der Jeans. »Ich habe mich entschuldigt. Es war nicht besonders nett von uns, aber nun ist es aus der Welt. Wir fahren bald weiter. Dann läufst du nicht mehr Gefahr, dass wir uns begegnen.«

Bille lag es auf der Zunge zu sagen, dass dies eine wunderbare Aussicht sei, aber sie bekam keinen Ton heraus. Weil sie es einen Moment lang gar nicht so wunderbar fand. Dann schaute sie Franz doch an. »Ich wünsche euch alles Gute. Ich bin wirklich nicht verbittert, es läuft bei mir nur gerade etwas aus dem Ruder. Das ist aber nicht dein Problem, ich bekomme es schon hin.«

Franz setzte sich sofort wieder. »Größere Schwierigkeiten?« Seine Stimme klang besorgt.

Bille legte sich zurück aufs Handtuch. »Ich möchte eigentlich nicht darüber sprechen.«

Franz kam nicht dazu, nachzufragen, weil sich Stimmen näherten. Annemie, Laura und Felix stürmten auf sie zu. Sie sahen den Rocker skeptisch an.

»Guten Tag«, quetschte Laura schließlich heraus und schaute von Oma Bille zu Franz und wieder zurück.

Bille fuhr augenblicklich hoch. Was für einen Eindruck mussten die Kinder von ihr haben? Gestern Abend war sie mit Harry ausgegangen, zu Hause wartete Herr Häwelmann, und heute lümmelte ein tätowierter Rocker neben ihr am Strand. »Das ist Herr Franz«, stellte sie ihn vor. Bille erinnerte sich nicht an seinen Nachnamen, hatte er ihn ihr überhaupt genannt?

»Herr Richter«, korrigierte Franz. »Ich heiße Franz Richter.«

Die Kinder interessierte das nicht. Felix starrte nur begeistert auf den Kopf, den sich Franz auf den Oberarm hatte tätowieren lassen. »Was bedeutet das?«

»Das ist Geronimo!« Franz krempelte den kurzen Ärmel noch ein Stück hoch, so dass Felix das Konterfei des Indianers in vollständiger Größe betrachten konnte. »Geronimo war ein Häuptling eines Apachenstammes. Er gehörte zu den Bedonkohe, das war ein Unterstamm.«

Bille verdrehte die Augen. Das fehlte noch, dass der Rocker mit seiner Riesenharley in Wirklichkeit ein kleiner Indianer war und nachts von seinem Wigwam träumte!

Felix sah das anders, er fuhr sogar über die Konturen des Tattoos. »Wie cool! So eins lasse ich mir später auch stechen.« Er räusperte sich, war er doch in seiner Begeisterung mit der Stimmlage eine Oktave zu hoch gerutscht. Der nächste Satz klang gleich gechillter. »Was hat er denn so gemacht als Indianer?«

»Nun, als kleiner Junge hat er oft gegähnt.« Franz lachte. »Deshalb hieß er damals auch ›Der Gähnende‹.« Er riss seinen Mund auf und erinnerte dabei an einen Walfisch auf Planktonfang.

Felix sah weder die blöde Geste von Franz noch Billes genervten Gesichtsausdruck. Er war wie gebannt von diesem bläulichen Gekritzel auf dem muskulösen Rockerarm.

»Ich finde, der Gähnende sieht aus wie draufgestempelt«, erklärte Laura. »Ich verstehe nicht, wie man sich freiwillig so was stechen lassen kann. Ich würde es wirklich stempeln, und wenn ich keine Lust mehr drauf habe, wasche ich es ab oder stemple was Neues. Wäre viel billiger und einfacher.« Laura war stolz auf ihren Beitrag, aber er brachte ihr von Felix nur ein Augenrollen ein.

»Schwestern haben von Kunst am Körper so was von keinen Plan«, brummte er.

Franz winkte ab. »Nicht jeder muss alles mögen. Aber man muss jeden so sein lassen, wie er mag.«

Was erzählt er da?, schoss es Bille durch den Kopf. Er soll die Kinder in Ruhe lassen!

»Ich mag eben die Philosophien der Indianer. Geronimos Geist begleitet mich durchs Leben.«

»Nun«, brummte Felix, »wenn du ihn dir auf den Arm tätowiert hast, wird er noch was anderes gemacht haben, als zu gähnen, oder?« Er hing förmlich an Franz' Lippen, und das war Bille unangenehm. Nicht, dass sie sich Ärger mit Maja und Jan einfing, weil sie mit einem Tattoo-Fan verkehrte und die Kinder zu nahe an den Typen heranließ. Maja hatte gezielte Vorstellungen von Erziehung, und Bille war nicht sicher, ob der Umgang mit tätowierten Rockern in ihr Konzept passte.

»Ja, das stimmt.« Felix hatte bei Franz einen Nerv getroffen, das war sein Thema!

Franz, der Märchenerzähler, dachte Bille. Nun legt er los und wird so rasch nicht enden. Annemie und Laura war es schon zu langweilig geworden, sie suchten am Wattsaum nach Muscheln und Quallen.

»Geronimo war später Häuptling der Chiricahua«, hörte Bille, die sich wieder hingelegt hatte. »Zwar war er das nicht allein, weil es ja viele Untergruppen gab, aber was er sagte, hatte immenses Gewicht. Er war ein Kämpfer für seine Leute. Dass sein Land besetzt worden war, galt für ihn als großes Unrecht.«

Bille spürte sogar mit geschlossenen Augen Felix' Bewunderung für den vermeintlichen Meister. »Dann bist du also in deiner Gruppe auch ein Kämpfer gegen das Unrecht?«

Franz nickte. »Ja, so könnte man es sagen. Ich kann Willkür, Ungerechtigkeit und all das auch nicht leiden.«

Bille sog scharf die Luft ein. Was erzählte der Tattoo-Mann da für einen Mist? Dass er sich als Rocker für andere einsetzte? Er trieb sich mit Kriminellen herum! Was hatte sie kürzlich beim Friseur in der *Frau für alle Fälle* gelesen? Auf das Konto solcher Gestalten gingen Raub, Mord und Diebstahl! Von all den Frauengeschichten mal ganz zu schweigen.

Vorurteile, Bille, heftige Vorurteile!, dachte sie. Sofort schämte sie sich deswegen.

»Felix, kommst du? Wir wollen baden!«, rief Laura vom Wasser her. Sie stand bereits knietief in der braun-grünen Nordsee. Wegen des schlickigen Untergrunds wirkte die See immer trüb und grün oder sonst wie farbig. Nur blau wie in den Bilderbüchern war sie hier nie.

Das Meer in Spanien oder Italien hatte auf Bildern immer eine azurblaue Farbe. Die Nordsee aber hatte ihre eigenen Regeln, die bei Ebbe und Flut begannen, sich über das knisternde Wattenmeer zogen und bei der eigenartigen Farbe des Wassers aufhörten.

Felix war Lauras Aufforderung gefolgt und hüpfte mittlerweile am Wattsaum auf und ab, konnte sich aber nicht durchringen, wirklich in die Fluten zu springen, während Annemie und Laura sich schon fröhlich nass spritzten.

»Ich geh noch mal zurück!«, rief er (Chillmodus vergessen). »Unterhalte mich gerade so angeregt.«

Es rumste, als er sich neben Franz im Sand fallen ließ und ihm gleich darauf Löcher in den Bauch fragte. Das Indianerthema war abgehakt. Nun ging es um Harleys im Allgemeinen und um die Höllenmaschine, die Franz sein Eigen nannte. »Meine Electra Glide ist mein Baby«, erklärte er eben.

»Hast du auch immer Windeln dabei? Oder ist das Baby bereits trocken?«, hörte Bille sich sagen. Was tat sie da? Einen Rocker mit einem Häuptling im Herzen gegen sich aufzubringen war wohl nicht das Klügste. Und überhaupt: Warum war sie so unhöflich? Das hatte noch keinem weitergeholfen. Durch solche Äußerungen stellte sie sich mit Franz auf eine Stufe. Seine lag aber nicht am oberen Ende der Treppe, sondern ganz weit unten. Ganz weit!

»Oma!«, entfuhr es Felix. »Das ist nicht dein Ernst, oder?«

Bille kramte in ihrem Bastkorb. Irgendwo war ihre Frauenzeitung vergraben. Für ein Buch fehlte ihr die Muße. Sie war froh, als sie die Zeitschrift in der Hand hielt und ihre Nase zwischen den Seiten verschwinden lassen konnte. Sie hatte sich noch nie besonders für das Schicksal des englischen Königshauses interessiert, aber heute lenkte es wunderbar ab.

11. Kapitel

Justus ging es noch immer schlecht. Er war so schwach auf den Beinen, dass an einen Angriff oder eine eindrucksvolle Bedrohung der Oma nicht zu denken war. Sie brauchte ihn nur mit dem kleinen Finger anzutippen, und er würde rücklings umkippen. Aber ihm lief die Zeit davon. Er musste handeln, sein Auftraggeber wurde ungeduldig und drohte bereits damit, selbst hier aufzutauchen. Dann konnte Justus einpacken, und alles war umsonst gewesen. Er würde nicht mal die Benzinkosten für die Reise in die Einöde bezahlt bekommen. Ohne Erfolg keine Knete, das war von Beginn an klar gewesen. Da Justus auf dem Gebiet in der Vergangenheit stets äußerst erfolgreich gewesen war, hatte er nicht einen Moment an ein Scheitern geglaubt, sondern war davon ausgegangen, dass es ein Leichtes wäre, die Oma weichzukochen. Ältere Damen konnte man gut übers Ohr hauen, die brachen sofort ein, wenn man ihnen erst mit der Mitleidsmasche kam und dann im zweiten Anlauf so richtig drohte, damit der Rubel rollte. Justus hatte einen Blick einstudiert, der ihnen die Knie weich werden ließ. Morgen für Morgen hatte er ihn nach dem Zähneputzen vor dem Spiegel geübt. Die Brauen gleichzeitig hoch- und leicht zusammenziehen. Den Kopf zur Seite neigen, aber nicht zu sehr, dabei den Mund so öffnen, dass ein Teil der Zähne zu erkennen war.

Ein dumpfes Grunzen unterstrich den Willen, sich durchzusetzen. Gut, ein bisschen wirkte es wie eine Mischung aus Star Wars und Terminator, aber es war effektiv und funktionierte immer. Nur bei dieser Oma nicht! Obwohl es zuerst aussah, als hätte er ein leichtes Spiel. Sie hatte ihn bereitwillig reingelassen, ihm seine überaus traurige und zu Herzen gehende Geschichte geglaubt und willenlos unterschrieben. Sein Rehblick in Kombination mit der sentimentalen Story, und zack: Die Decken an die Oma gebracht.

Doch dann machte sie plötzlich, was sie wollte! Erst haute sie ab, dann ging sie ihm ständig geschickt aus dem Weg und tauchte als um Jahre verjüngte Frau wieder auf. Zu allem Überfluss war er nun krank. Letzteres konnte man leider nicht ihr zuschreiben. Die Keime hatte sie ihm wohl kaum in die Ravioli-Dose gekippt. Dank der Hilfe der Rockergruppe ging es mit ihm zumindest aufwärts, wenngleich man noch nicht behaupten konnte, dass es wirklich überstanden war.

Nach seiner Genesung musste er der Oma rasch wieder einen Navigationstipp geben, damit sie wusste, wo es langging. Er war vorhin zwar an ihrem Stellplatz vorbeigehuscht, nur musste er am Einsatzort einsehen, dass seine Kräfte bei weitem noch nicht für ein Statement reichten. Er hoffte, dass sie sich mit seinen entsprechenden Instruktionen endlich so verhielt, wie es sich für eine anständige ängstliche Oma gehörte!

Was hatte er nur verkehrt gemacht? Er, der absolute Stadtmensch, der gestern Rot-Weiß-Oberhausen bei einem Freundschaftsspiel hätte anfeuern sollen, saß nun in einem Zelt in der Pampa. Nein, nicht in der Pampa, schlimmer: in Friesland! Dem Land der Teetrinker und Moin-Sager. Dem Land des fehlenden Genitivs! Zumindest hatte Justus gelesen, dass es den zweiten Fall in der plattdeutschen Sprache nicht gab. Doch damit nicht genug. Er hatte auch noch Dünnpfiff und Erbrechen und befand sich höchstens in der Phase der Rekonvaleszenz!

Justus kämpfte sich zurück ins Zelt, weil ihm die Knie schon wieder weich wurden. Vielleicht hatte dieser Doc Gringo noch einen heißen Genesungstipp für ihn auf Lager. Er wollte nur ErTeEl aus dem Weg gehen, der hatte sein Hirn offenbar mit Zellstoff gefüllt, so als hätte er seine Obduktion schon hinter sich. Justus hatte in einer Fernsehsendung mal gesehen, dass sie das so machten, wenn sie jemanden zerfleddert hatten.

Aber dieser Doc Gringo, Mike und auch der Alte, die waren schwer in Ordnung. Selbst als die neue Zeltnachbarin aus Oberhammelwarden an der Weser (wie konnte sich jemand diesen Ortsnamen ausdenken?) die nationale Seuchenstelle informieren wollte (sie hatte sich stundenlang mit Doktor Google unterhalten und war zu dem Schluss gekommen, dass Justus entweder an Ebola oder Typhus und mindestens an Aids erkrankt war), hatten sich die Motorradtypen auf seine Seite geschlagen und die Diagnose in »Beginnende Pestepidemie« umgetauft. Sie hatten dadurch erreicht, dass die Eltern aus Oberhammelwarden wegen der zu erwartenden Seuche ihre Kinder in den fleckenfreien Kindersitzen verstaut und den Platz nach kürzester Zeit kampflos verlassen hatten. Denn sie wollten alles, aber bestimmt nicht mit der Pest nach Hause kommen.

Die keimfreie Familie aus Bochum hingegen weigerte sich generell, eine Diagnose zu stellen, und verbarrikadierte sich gegen ihre neuen Nachbarn, die aus Holland angereist waren. Die Situation hatte sich immens verschärft, den Schutz ihrer Camping-Außengrenzen sahen sie nunmehr als nationale Aufgabe.

Das Gebrüll der keimfreien Bochumer reichte Justus. Was hatte die Frau ihren Alten vorhin angepflaumt! »Hömma, wenne dat morgen nich auffe Reihe kriss, dat hier keina auf unsa Grundstück tritt, kommt die Chefin persönlich, und et gibt Kasalla.«

Justus konnte das Gelaber nicht mehr hören, nur war es ihm nicht vergönnt, zu fliehen. Er zog den Reißverschluss des Zeltes zu. Das nutzte natürlich gar nichts. Frau Bochum trällerte ihre Litanei im saubersten Sopran, dieses Mal betraf es den jüngsten Spross. »Wenne nich hinnemachs, fährse gleich wieda zurück na Bochum. Oda gleich zum Mond, hörsse?«

»Was war denn das mit Oma Bille? Seit wann kennt die Rocker?« Laura war fassungslos, als sie das Wasser verlassen hatte und sich nun, vor sich hin tropfend, vor Felix' Handtuch aufbaute.

Oma Bille hatte ihre Sachen schon gepackt und war zurück zum Campingplatz gegangen.

»Der Rocker ist Franz, ein voll chilliger Indianertyp. Er fährt Harley-Davidson!« Felix' Augen glänzten verzückt. »Und nicht irgendeine, sondern eine Electra Glide. Sein Kumpel hat eine Fat Boy, da sind die Felgen aus einem Guss oder so.«

»Erstens: Indianer chillen nicht. Die kannten das Wort gar nicht und ...«

»Dann ist er eben cool«, verteidigte sich Felix.

»Cool gibt es da auch nicht.« Laura grinste.

Ihr Bruder winkte ab, die Konversation mit seinen Schwestern brachte überhaupt nichts.

»Was ist eigentlich an dieser Electra Glide so klasse, außer dass sie groß und laut ist?«, fragte Annemie, die sich gerade das Haar mit dem Handtuch frottierte, dabei den Kopf leicht schief gelegt hatte und ihren Bruder provokativ von oben herab fixierte.

»Davon verstehst du nichts. Typisch Mädchen.«

»Das hat damit nichts zu tun, du kannst es eben nicht erklären. Aber weißt du was? Es ist in Wahrheit auch völlig nebensächlich.«

Felix sah Laura fragend an.

»Ganz ehrlich, ich glaube, dein Gedächtnis fährt bereits auf der Harley spazieren. So langsam müssen wir uns mal wieder fokussieren, Bruderherzilein.« Laura zerrte ihm das Handtuch unterm Hintern weg, was Felix mit einem wütenden Grunzen kommentierte.

»Genau«, bekräftigte Annemie. »Gestern haben wir noch die große Hilfsaktion für Oma Bille geplant, wollten einen Abwaschdienst organisieren und so, und nun hängen wir hier am Strand rum und diskutieren über Harleys, tätowierte Indianerköpfe und lauter so einen unsinnigen Kram.«

»Kommt, wir packen ein, und auf geht's!« Laura fasste Felix am Arm und zog ihn hoch. »Wir machen jetzt einen Aushang, und außerdem sollten wir bei den anderen Campern rings um unsere Parzelle schon mal fragen, ob wir was tun können.«

Felix fügte sich wortlos, auch wenn Laura ihm ansah, dass er in Gedanken bereits auf der Electra Glide saß. Bestimmt hatte der Rocker ihm eine Spritztour versprochen. Laura glaubte nicht, dass ihre Mutter sich dafür erwärmen ließ.

Oma Bille war nicht an ihrem Wohnwagen, als die Kinder zurückkamen. Laura suchte Papier und Stifte zusammen.

»Wir müssen was dichten, das mögen vor allem die alten Leute«, schlug sie vor und kaute auf dem Kugelschreiberende herum.

»Dichten?« Felix verdrehte die Augen. »Wir schreiben, was wir anbieten, und gut ist es!«

Annemie grübelte, dann leuchteten ihre Augen auf. »Ich hab's!«

»Und?« Laura setzte mit fragendem Blick den Stift an.

»Bald sind Ihre Teller sauber, mit dem neuen Abwaschzauber!«, strahlte Annemie.

»Was soll das sein? Abwaschzauber?« Felix war stimmtechnisch wieder im Bass.

»Na, wir sind das! Muss man dir denn *alles* erklären?« Laura seufzte. Dann lenkte sie ein. »Du kannst den Zusatz darunterschreiben. Die Fakten eben.«

Weil Felix seine Augen geschlossen hielt und er eine Antwort unterhalb seines Niveaus empfand, nahm Laura den Kugelschreiber aus dem Mund und malte in fein säuberlichen Buchstaben das erste Plakat.

> Bald sind Ihre Teller sauber,
> mit dem neuen Abwaschzauber!
>
> Unbürokratisch, rein und schnell!
> Die Abwaschhelfer vom Strand!

»Wieso denn unbürokratisch?« Annemie fügte die Parzellennummer in roter Schrift dazu.

»Wir stellen keine Rechnungen, sondern lassen uns nach erfolgter Arbeit sofort in bar bezahlen, das ist ein sehr unbürokratischer Akt«, erklärte Laura, selbst beindruckt von ihrer Genialität. »Außerdem müssen die Kunden sich nicht lange anmelden, sie können einfach kurzfristig Bescheid geben. Wir holen alles ab und bringen es zurück.«

»Das müsst ihr ergänzen«, mischte Felix sich dann doch ein. »Schreibt noch: Inklusive kostenfreiem Abholservice.«

Laura kritzelte es hinzu, und sie erstellten für alle Waschhäuser auf dem Platz einen solchen Aushang und einen weiteren fürs Schwarze Brett.

Die drei schwärmten aus und brachten ihre Werbekampagne an den Waschhäusern an.

»So, nun warten wir auf Kundschaft«, freute sich Laura, als sie sich wieder am Wohnwagen trafen.

»Wir haben nur eins nicht bedacht, Mädels!«

Fragend sahen die Zwillinge ihren Bruder an.

»Jetzt muss immer einer von uns hier am Platz ausharren. Wie sollen die Leute uns sonst finden?« Felix kratzte sich am Kinn. »*Ich* kann das aber nicht, ich werde mit Franz Harley fahren.«

Hatte ich also recht, er hat es ihm versprochen, dachte Laura. Sie schüttelte entschieden den Kopf. »Hör mal gut zu, Bruderherz. Ab sofort gilt nur noch: Oma Bille braucht das Geld. Dafür müssen wir Opfer bringen. Deines ist eben der Verzicht auf die Spritztour. Das darfst du sowieso nicht.«

»Was darf Felix nicht?« Maja war unbemerkt auf den Platz getreten.

»Mit den Rockern Harley fahren!«, petzte Laura.

»Die werden einen so kleinen Jungen kaum dabeihaben wollen«, sagte Maja lachend.

»Ich bin kein kleiner Junge!«, echauffierte sich Felix sofort, aber seine Mutter war längst im Vorzelt verschwunden. »Alte Petze«, raunte Felix Laura zu, die in Richtung Weg schaute und freundlich lächelte, weil dort eine junge Frau aussah, als suche sie etwas. »Können wir Ihnen helfen?«

»Seid ihr die Kinder, die den Abwaschdienst anbieten?«

Super, der erste Auftrag war in der Tasche.

Laura war enttäuscht. Sie kippte das finanzielle Ergebnis des Abwaschtages in den Sand vom Spielplatz. Die letzte große Abwaschwelle war vorbei, aber außer der jungen Frau, deren Kinder krank waren, hatte keiner Lust gehabt, das Geschirr gegen Bezahlung reinigen zu lassen. »3 Euro und 10 Cent. Das bringt uns nicht weiter.«

Felix nickte. »Ist noch weit von 2000 Euro entfernt, zugegeben. Aber ein Anfang!«

»Jetzt rechne bloß die Differenz nicht aus, dann …« Laura wühlte in ihrer Tasche. »Ich für meinen Teil stifte mein Urlaubsgeld, das macht jetzt 23,10 Euro. Auf das tägliche Eis kann ich für Oma Bille verzichten.«

»Ich auch!« Annemie steuerte ihre 20 Euro ebenfalls bei, und Felix kam in Zugzwang.

»So, nun haben wir immerhin 63,10 Euro zusammen. Aber wir müssen uns was Lukrativeres einfallen lassen. Das Projekt ›Abwaschhilfe‹ kann man als gescheitert betrachten, würde ich sagen.«

»Und was sollen wir deiner Ansicht nach tun?«, fragte Annemie düster. »Doch einen Banküberfall?«

Laura grinste. »Die Rocker könnten uns bestimmt mit Masken aushelfen.«

»Das sind Harley-Fahrer, die haben so was nicht«, klärte Felix seine Schwestern auf. »Die tragen Sonnenbrillen.«

»Die tarnen uns aber nicht genug. Was sollen wir denn tun? Spuck's aus, Brüderlein!«

»Wir müssen das Geld auf legalem Weg besorgen«, erklärte Felix. »Und zwar so, dass Oma Bille es nicht merkt.« Er hatte schon wieder einen so altklugen Tonfall, dass es Laura ganz fuchsig machte.

»Das ist ja mal eine absolut neue Erkenntnis, Felix Winterberg. Du hast wahrscheinlich schon wieder *die* zündende Idee auf Lager. Klugscheißer!« Laura war so enttäuscht! Das einzige Ergebnis der Idee mit dem Geschirrabwasch war die Bemerkung ihrer Eltern, dass sie angesichts ihrer großen Begeisterung für die Küchenarbeit auch hier gern mehr abwaschen könnten. Zu dumm, dass sie ihnen nichts vom karitativen Zweck der Aktion erzählen durften. Es war besser, Oma Billes Geheimnis zu wahren.

»Hab ich, die zündende Idee«, bestätigte Felix. »Weil ich immer super Ideen habe.«

»Nun lass Felix erzählen, Laura. Es hilft ja nichts, unsere andere wundervolle Idee müssen wir verwerfen, es ist Zeitverschwendung. Nächste Woche reisen wir wieder ab, und bis dahin muss das Geld da sein, ob es uns gefällt oder nicht.«

»Rennbahn«, sagte Felix, und es lag ein gewisser Stolz in seiner Stimme. »Wir gehen auf die Rennbahn und setzen auf ein Pferd.«

»Du hast sie doch nicht mehr alle!« Laura ging hoch wie eine Rakete. »A: Kennst du dich mit Pferden aus? B: Woher willst du das Geld nehmen? C: Weißt du überhaupt, wie man wettet?«

»D«, ergänzte Annemie, »wir sind noch minderjährig und gar nicht befugt, zu wetten. Das ist Glücksspiel.«

Felix hörte sich die Argumente seiner kleinen Schwestern an. Das Grinsen im Gesicht machte deutlich, dass er sowohl A, B und

C als auch D durchaus schon bedacht hatte. »Nun, natürlich gibt es für diese Dinge Lösungen, sonst hätte ich euch den Vorschlag gar nicht gemacht!«

»So, du hast also alles durchdacht, Brüderchen?« Laura war stinksauer. *Sie* war bei Oma Bille eingestiegen und hatte die Rechnung gefunden. *Sie* hatte angeregt, dass man Oma helfen musste, und *sie* hatte die Idee mit dem Abwaschen gehabt. Und nun kam ihr großer Motzbruder, der doch den ganzen Urlaub eigentlich die Klappe halten und chillen wollte, einfach so daher und glaubte, eine grandiose Lösung des Problems gefunden zu haben? Das ging gar nicht. Da konnte sie nur dagegen sein!

»So, erklär es uns! Bestimmt hast du null Antworten!«

Felix sah seine Schwester grinsend an. »Natürlich habe ich Antworten. Ein Mann stellt nie eine Idee in den Raum, wenn er keine Lösungsvorschläge mitliefern kann. Das unterscheidet uns eben!«

»Du Macho!«, keifte Laura. »Und rede mal wieder in einer normalen Tonlage, dein Gebrummel beeindruckt mich gar nicht. Außerdem kann man es kaum verstehen.«

»Auf der Rennbahn gegenüber am Hooksmeer«, brummelte er weiter, ungeachtet des schwesterlichen Tadels, »beginnen übermorgen die Renntage. Es hängen überall Plakate, die darauf hinweisen.«

»Und weiter?«

»Weiter ist ganz leicht. Da wir weder Kohle noch die Erlaubnis zum Wetten haben, fragen wir Franz!«

»Den Rocker?«, kam es zeitgleich aus Lauras und Annemies Mund. »Das ist nicht dein Ernst!«

»Woher weißt du, ob der sich mit Pferden auskennt? Der schraubt an Harleys!« Annemie war alles andere als überzeugt.

»Also, Franz ist cool und kennt sich mit Indianern aus, die reiten doch auch.«

»Aber keine Rennen, wo man Geld gewinnt! Die waren ohne Sattel in der Prärie unterwegs.«

»Nun vertrau mir, Laura. Ich mach das schon«, grinste Felix. »Gleich morgen geh ich zu ihm.«

Bille war nervös und freute sich auf den Abend mit Harry in Horumersiel. Maja hatte sie zwar eben beiseitegenommen und gefragt, was sie denn über den Mann wisse. Ein wenig hatte Bille das amüsiert. Fragte nicht sonst eine Mutter ihre Tochter besorgt nach deren Umgang? Hier war es wohl umgekehrt.

»Nichts«, musste Bille zugeben. »Aber ich gehe ja nur mit ihm aus. Mehr nicht.« Sollte sich im Laufe der Zeit herausstellen, dass etwas zwischen ihnen wuchs, würde Harry bestimmt etwas über sich preisgeben. Dass ihr Herz in seiner Nähe stärker klopfte als normal, musste sie nun wirklich nicht erzählen. Das war Bille ja selbst peinlich. In ihrem Alter noch Schmetterlinge im Bauch zu haben, war schon eine eigenartige Situation!

»Ich ziehe mich jetzt um«, sagte sie lächelnd, ehe Maja weitere Fragen stellen konnte, die Bille nicht beantworten wollte.

Im Wohnwagen war es sehr stickig, sie riss zuallererst das Fenster auf und war froh, auf diese Weise etwas Luft zu bekommen. Dann stellte sich die Frage, was sie anziehen wollte. Ihr war das Äußere seit Karls Tod nie mehr wichtig gewesen, und nun fand sie nichts maßgeblicher als ihre Kleidung heute Abend.

Bille kramte nach einer Bluse, die hellblaue mit dem eckigen Kragen machte am Ende das Rennen. Dazu passte ihr dunkler knielanger Rock, damit fühlte sie sich immer noch sicherer als in den neuen Hosen. Am Abend war es schließlich nicht ganz so heiß, dass sie auch die Strumpfhosen tragen konnte.

Bille war ziemlich überrascht gewesen, dass Harry sie gleich wieder eingeladen hatte. Es war so anders als mit Herrn Häwelmann und Herrn Sieberfink. Bei ihnen war stets das Gefühl vorherrschend gewesen, dass sie Bille irgendwie brauchten. Nicht nur, weil sie den Plüschhasen- und Wurstgeschichten lauschen sollte, sondern weil die beiden Herren ungern allein waren. Bille kam sich bei ihnen austauschbar vor. Obwohl das ungerecht war, sie kannte keine andere Frau, der Herr Häwelmann Wurst schenkte.

Mit Harry war es anders. Er bemühte sich auf eine überaus charmante Art und Weise um sie, vermittelte Bille das Gefühl, in den Stunden der Zweisamkeit seine Königin zu sein. Das schmeichelte ihr! Bille schlüpfte in die Sachen, legte ein bisschen Lidschatten und Rouge auf und gefiel sich tatsächlich selbst. In Momenten wie diesen konnte sie ihren Kummer direkt einmal vergessen.

Franz sah Bille, wie sie sich schick zurechtgemacht auf dem Campingstuhl niederließ und ihre Nase in einen Roman tauchte. So wie sie aussah, würde sie wieder mit diesem Blender den Abend verbringen. Er hatte sich wohl komplett in ihr getäuscht, für so oberflächlich hätte er sie wirklich nicht gehalten. Es musste Bille doch klar sein, dass Harry Sitter sie nur benutzte, irgendetwas im Schilde führte: Ein Mann wie er interessierte sich nicht ernsthaft für eine Frau wie Bille. Es sei denn, er spekulierte auf ihr Geld, von dem Franz aber nicht wusste, ob sie es überhaupt hatte. Er wusste eigentlich gar nichts von Bille, außer dass ihn ihre Augen faszinierten, dass sie ihm wie ein Geschenk erschien. Und dass sie auf Typen wie Harry Sitter abfuhr.

In dem Augenblick entdeckte Bille ihn. »Ist was?«

Franz schüttelte den Kopf. »Nein, ich gehe nur ein bisschen spazieren.«

Bille schaute wieder in ihr Buch. Franz hätte zu gern gewusst, was sie da las, war er doch selbst ein großer Bücherfan. Er stand auf historische und Indianer-Romane, aber er konnte auch lustigen Geschichten viel abgewinnen. Bestimmt hätten sie feine Gesprächsthemen – wenn Bille ihn ließe.

Jetzt öffnete sich die Tür des Mammutwohnwagens, und Harry Sitter schaute heraus. Er sah Bille lesend vor ihrem Caravan sitzen, ließ den Blick aber schweifen und grüßte Salome und ihren Mann. Die hatten eben den Grill angeworfen und waren von einer Rauchwolke vernebelt, winkten aber fröhlich herüber. Den Verlust des Schmucks schienen sie gut verkraftet zu haben.

Harry schloss den Wohnwagen gewissenhaft ab und spazierte, die rechte Hand lässig in die Hosentasche gesteckt, zu Bille. Sie klappte das Buch ohne Lesezeichen zu und sprang von ihrem Stuhl auf. Harry Sitter küsste formvollendet ihre Hand.

Das war zu viel für Franz. Es reichte. Er machte sich zum Affen, die Frau war fest in den Klauen des Schönlings. Warum gab er sich überhaupt noch Mühe? Er machte auf dem Absatz kehrt und rannte zum Strand. Die frische Luft und die Weite des Meeres würden ihn vor dem aufkommenden Wahnsinn bewahren.

Bille machte gerade den Fehler ihres Lebens. Harry passte nicht zu ihr, das hatte Franz eindeutig im Gefühl. Aber wie sollte er ihr das klarmachen, wenn er nicht als eifersüchtiger Vollidiot dastehen wollte? Dabei hatten sie durchaus Gemeinsamkeiten, sah man mal vom Harley-Fahren ab. Oder den Äußerlichkeiten. Sie lasen beide gern, und sie klappte ein Buch genau wie er ohne Lesezeichen zu. Sie würde, auch wie er, die Seite, bei der sie aufgehört hatte zu lesen, sofort wiederfinden. Das funktionierte, wenn man Bücher liebte. Nur – wie sollte er Bille das alles sagen? Sie ließ es nicht zu! Einfach zu ihr zu gehen und locker rauszuhauen: »Hey, wir klappen beide das Buch zu, ohne uns zu merken, wo wir gerade sind. Deshalb passen wir zusammen!«, war wohl eine ziemlich dumme Anmache.

Franz beschleunigte den Schritt, um möglichst rasch von Bille wegzukommen. Er benahm sich wirklich wie ein Teenie. Eine

Frau aufzureißen war normalerweise eine seiner leichtesten Übungen.

Und du regst dich über Harry Sitter auf! Wer im Glashaus sitzt, mein lieber Franz, der sollte nicht mit Steinen werfen, schimpfte er im Stillen. »Ach, sei doch ruhig!«, antwortete er sofort und ignorierte die verwunderten Blicke eines Mädchens, das ihm entgegenkam.

Bille stand nun mal nicht auf verwegene Harley-Typen, er war chancenlos. Sie wollte ihn nicht und ließ sich von Harry die Hand küssen.

Franz war mittlerweile am Wattsaum angelangt, der Himmel hatte eine rötliche Färbung angenommen. Morgen würde wieder ein schöner Tag werden.

Franz setzte sich in den Sand und schaute den Familien zu, die sich den angenehmen Abend am Wasser nicht entgehen lassen wollten. Ein blonder Junge bemühte sich, im lauen Abendwind einen Drachen in die Luft zu bekommen, ein Mädchen spielte selbstvergessen mit einem Ball, ein anderes sammelte konzentriert Muscheln, die es begutachtete und anschließend in einen roten Eimer legte. Ganz vorsichtig, als fürchte es, die Muscheln zu zerstören, wenn es sie zu heftig fallen ließ. Es war ein idyllischer Abend und mit jenem vergleichbar, als er mit Bille an dieser Stelle gesessen hatte. Sie ohne Strümpfe, unkonventionell, nicht so korrekt wie eben mit Harry. Nur leider saß Bille nicht bei ihm. Weder mit noch ohne Strümpfe.

»Darf ich mich zu dir setzen?«

Franz schreckte zusammen. Neben ihm ließ sich eine Mittvierzigerin nieder. Blonde hüftlange Mähne, die Sonnenbrille ins Haar geschoben. Ihre Shorts gaben mehr frei, als dass sie etwas bedeckten, und unter dem Shirt trug sie keinen BH. Sie konnte es sich leisten. Ihr Anblick raubte Franz fast den Atem.

»Ich habe dich schon den ganzen Tag beobachtet. Das heißt, als ihr auf dem Platz wart.« Das Lächeln gab eine Reihe ordentlich aneinandergereihter weißer Zähne preis.

Franz musterte sie ein zweites Mal, nicht, dass er einem Trugbild aufsaß. »Du campst auch?«, fragte er, um irgendwas zu sagen.

Die Blondine rückte ein Stück näher. »Klar.«

Plötzlich schien Franz die Luft noch ein bisschen heißer als eben, alles war von einer Süße geschwängert, die nur Sommertagen wie diesen zu eigen war.

»Ich stehe total auf Harley-Fahrer mit Tattoos. Vor allem, wenn sie Geronimo auf dem Oberarm haben.« Die Finger der Frau strichen über Franz' Arm, bis sie sich zu seinem Indianerkopf-Tattoo hochgearbeitet hatten.

Träumte er oder baggerte ihn gerade eine Model-Frau an? Er stellte sich kurz vor, sie säße hinter ihm auf der Electra Glide und umklammerte ihn.

»Ich bin übriges Tina«, säuselte sie. Ihre Hand war auf Geronimo liegen geblieben.

Franz stellten sich die Haare auf. Doch das war keine Gänsehaut, die man beim Gruseln bekam. Es erinnerte eher an einen Kater, der zu schnurren begann. Er konnte, er durfte, ja er *sollte* das hier genießen, das war Ablenkung pur, auf dem Silbertablett serviert. So, wie er es von den Frauen gewohnt war. So, wie er die letzten Jahre gelebt hatte.

Bille ging gerade mit dem Schnösel essen, ließ sich die Hand küssen. Und er sollte sich eine solche Gelegenheit entgehen lassen? Franz lächelte Tina ebenfalls an und wehrte sich nicht, als sie ihren Kopf an seine Schulter lehnte.

Harry war immer pünktlich, auch ein Zug, den Bille sehr schätzte. Pünktlichkeit hatte etwas mit Wertschätzung zu tun. Wer den anderen warten ließ, nahm ihn nicht ernst. So war Bille erzogen worden, und das konnte sie nicht ablegen.

»Liebste Bille, du siehst fantastisch aus!«, begrüßte Harry sie. Seine Lippen verweilten länger als nötig auf ihrer Hand. »Du riechst gut. Frisch und natürlich.« Er hielt Bille den Arm hin, und sie spazierten in Richtung Ausgang, wo das Taxi wartete, das Harry bestellt hatte.

»Warst du schon mal in Horumersiel?«, raunte er.

Sie schüttelte den Kopf. »Nein, ich habe allerdings gehört, dass es ein äußerst gemütlicher kleiner Hafenort sein soll.«

»So ist es, meine Liebe. Der Strand in Hooksiel ist zwar schöner, aber ich mag Horumersiel als Ort so gern, dass ich mir überlege, dort eine Immobilie zu kaufen. Und einen fantastischen Sandstrand hat man in Schillig, das ist gleich um die Ecke.«

Bille war beeindruckt. Harry verfügte offenbar über ein so großes Vermögen, dass er ganz nebenbei ein Haus an der Küste erwerben konnte. »Woran hast du denn gedacht?« Das Taxi fuhr eben rechts in den Ort und hielt auf ein paar Hochhäuser zu. Bille runzelte die Stirn.

»Keine Sorge, Bille, gleich wird es wunderbar urig.« Harry hatte Billes skeptischen Blick bemerkt. Er strich ihr über den Arm. »Woran ich gedacht habe? An nichts Großes. Eher an eine Ferienwohnung oder ein schickes Appartement. Ein Domizil, das ich das ganze Jahr über bewohnen kann und bei dem ich keine Arbeit mit der Gartenpflege oder Ähnlichem habe.«

»Dann wirst du deine alte Wohnung also verkaufen?«

»Genau, meine liebe Bille. Ich werde meinen Wohnwagen und die Eigentumswohnung in Krefeld abgeben.«

Bille schaute aus dem Fenster des Taxis. Mittlerweile waren sie im Ortskern von Horumersiel mit der belebten Einkaufsstraße angekommen. Was für ein entzückender Ort! Sie konnte sich denken, dass es sich hier gut leben ließ. Sogar im Winter – oder da erst recht, wenn weniger los war. »Du willst gar nicht mehr campen?«

Das Taxi hielt, Harry Sitter zahlte, und kurz darauf standen sie auf einem Rondell. Auf Billes Frage war er nicht eingegangen, aber das störte sie nicht. Sie sah als Erstes die kleine Buchhandlung. Bücherinsel, was für ein netter Name! Schade, dass der Laden bereits geschlossen hatte, aber Bille nahm sich fest vor, noch einmal wiederzukommen und dort ausgiebig zu stöbern. Ein Buch im Monat war in ihrem Budget vorgesehen, denn wenn Bille nicht lesen konnte, war sie nicht glücklich. Und immerhin brauchte sie nun keine Dauerwelle mehr zu bezahlen. Weitere Bücher lieh sie in Oberhausen in der Bibliothek aus, dort half man ihr stets auf eine überaus freundliche Art und Weise, so dass sie um Lesestoff nie verlegen war.

»Bille?«

Sie schrak zusammen, weil Harry leicht auf ihre Schulter klopfte. »Kommst du? Was beeindruckt dich so, dass du ganz vergisst, mit wem du hier bist?« Seine Stimme klang plötzlich ein wenig gereizt, oder täuschte Bille sich da?

»Entschuldigung, ich habe nur die Buchhandlung gesehen und …«

Harry lachte wieder, der strenge Blick war verschwunden. »Dass du eine Leseratte bist, ist mir nicht entgangen. Kaum glaubst du dich allein, tauchst du deine Nase in ein Buch.« Er sog die Luft ein. »Ich liebe Bücher auch. Der Geruch, der den Seiten entströmt! Ich kann den eBooks nichts abgewinnen, weil ich das Rascheln der Buchseiten so mag.«

Bille glaubte ihren Ohren kaum zu trauen. Eine weitere Übereinstimmung! Ein Mann, der gern las! Und zwar Bücher mit Seiten, nicht elektronisch. Fleischermeister Häwelmann schmökerte nur in der Apothekenzeitschrift und in der Kundenzeitung der Fleischerinnung, damit er stets nah am Geschehen war. »Denn auch in der Umschau geht es oft um Ernährung, liebe Frau Rubens, und Sie wissen, dass meine Wurst keine Zusatzstoffe enthält.« Bille wischte die Erinnerung an den Fleischermeister rasch beiseite.

»Schön, dass du den Büchern ebenso zugetan bist wie ich. Das ist so ...« Sie räusperte sich. Es war besser, das Thema zu wechseln. »Also hat sich das Campen für dich erledigt?«

»Ich möchte es zukünftig wirklich nicht mehr tun.« Harry blieb stehen und sah Bille fest in die Augen. »Ich will sesshaft werden. Ich habe einen Grund gefunden, warum das eine gute Idee ist. Meine zukünftigen Urlaube möchte ich in der Karibik verbringen. Aber nicht allein!«

Billes Herz stolperte. War das eine Liebeserklärung? Meinte er womöglich sie damit? Karibik, schoss es ihr kurz durch den Kopf. Das war verdammt weit weg, vor allem von Oberhausen und den Winterbergs.

Bille kam nicht dazu, länger darüber nachzudenken, der kurze Zauber war verflogen, denn Harry lief schon weiter. Manchmal wurde Bille nicht schlau aus ihm. »Es ist so wunderschön hier! Hat Horumersiel denn auch einen Hafen?«, fragte Bille, weil Harrys Worte noch zwischen ihnen schwangen, aber nicht greifbar waren. Der Ort gefiel ihr wirklich. Die Mischung aus Fischerdorf und touristischem Leben, das Bunte und die Unbeschwertheit vermittelten vollendetes Urlaubsflair.

»Aber klar, der Hafen liegt in dieser Richtung.« Harry sah auf die Uhr. »Wenn du magst, können wir dorthin spazieren, es ist noch etwas Zeit.« Er lachte rauh. »Es scheint zur Gewohnheit zu werden, dass wir vor dem Essen sämtliche Häfen inspizieren. Nun« – er schnalzte mit der Zunge – »diese Orte im Wangerland haben aber wirklich etwas Romantisches.«

Sie umrundeten einen großen Parkplatz und liefen geradewegs auf das Kurmittelhaus zu. Von dort war es nur noch ein Katzensprung zu den Booten, die im Abendlicht auf der spiegelglatten Wasseroberfläche dümpelten. Wobei Bille den alten Hafen in Hooksiel doch romantischer fand als den in Horumersiel, auch wenn man dort nicht, wie hier, auf die Nordsee blicken konnte.

»Es ist wunderbar an der Nordsee. Das hätte ich nie für möglich gehalten!« Bille lächelte. Wieso hatte sie eigentlich in die Berge gewollt? Da kreischten keine Möwen, da gab es den weiten Blick nicht. Die friesische Landschaft öffnete Kopf, Herz und Seele. Bille hätte zu gern gewusst, ob sie das auch bei schlechtem Wetter so sehen würde.

»Ja, das ist es«, sagte Harry. Er umfasste Billes Hüfte, und sie spazierten zurück. »Du fühlst dich gut an.« Was löste dieser Mann nur in ihr aus? Sie schämte sich ein bisschen, denn sie kannte Harry Sitter schließlich erst vier Tage, und schon gelang es ihm, sie mit seinem unvergleichlichen Blick, der einzigartigen Stimme und diesen gezielten Annäherungen aus der Fassung zu bringen. Mit ihren 73 Jahren sollte sie das besser unter Kontrolle haben!

Bille löste sich aus Harrys Griff. Er sah sie verwundert an, und sie schüttelte leicht den Kopf. »Geht ein bisschen zu schnell. Ich bin das nicht mehr gewohnt.« Und ich mag die Karibik nicht! Da will er ja zukünftig hin!

Harry verbeugte sich galant. »Das ist doch kein Problem, Bille. Ich habe alle Zeit der Welt. Ich weiß, wann es sich lohnt, auf eine Frau zu warten.«

Trotz der großen Worte hielt Bille es für besser, einen klaren Kopf zu bewahren. Das hatte sie schon bei Herrn Häwelmann vor so manch dummer Situation gerettet, wobei der nie eine solche Verlockung dargestellt hatte wie Harry Sitter. Aber wohin es führte, wenn man den Gefühlen nachgab, und sei es nur aus Mitleid, das hatte sie schließlich auf eine sehr eindringliche Art und Weise bei ihrem Lammfelldeckenkauf gelernt. Also war es besser, weiterhin vorsichtig zu sein.

Harry Sitter verhagelte ihre Zurückhaltung ohnehin nicht die Laune. Er bot ihr erneut den Arm und spazierte mit ihr zum Restaurant Leuchtfeuer, wo er einen Tisch am Fenster reserviert hatte.

Bille liebte es, hinauszuschauen und den anderen Urlaubern beim Urlaubmachen zuzusehen. Es erfüllte sie mit Leichtigkeit, wenn die jungen Familien fröhlich mit ihren Kindern durch die Straßen liefen. Wenn Väter ihre Kinder durch die Luft wirbelten oder ein kleiner Junge Zeit fand, einer Ameise bei ihrer Wanderung zuzusehen. Sie beglückte das Lächeln eines Pärchens, das alle paar Meter stehen blieb und sich gegenseitig einen Kuss auf die Wange hauchte.

Bille spürte Harrys Fingerspitzen an ihren. »Du siehst glücklich aus. Was erfreut dich so? Darf ich hoffen, dass ich es bin, der dir ein Lächeln auf die Lippen zaubert?«

Bille mochte ihm nicht sagen, dass es mit seiner Person nichts zu tun hatte, denn sie wollte Harry nicht verletzen. Grundsätzlich hatte er sie ja tatsächlich in diesen Glücksmodus gebracht. Er tat so viel für sie, und sein Interesse schien echt und wahrhaftig zu sein. Da konnte sie ihm schlecht sagen, dass sie sich über die jungen Eltern freute, die ihr Kind zwischen sich fliegen ließen.

»Du bist sehr aufmerksam«, wich Bille seiner Frage diplomatisch aus. Weil er sie mit seinen dunkelbraunen Augen aber festnagelte, fügte sie hinzu: »Und ich bin gern mit dir hier.«

Ein breites Strahlen glitt über Harrys Gesicht, und Bille war versucht, ihre Zurückhaltung aufzugeben. Aber was dachte sie da? Wollte sie Harry Sitter wirklich küssen? Sie lehnte sich in ihrem Stuhl zurück und war froh, als die Bedienung ihr die Weißweinschorle und Harry das Bier brachte. Der Bann war gebrochen.

»Du willst dir also hier eine Wohnung kaufen?«, wechselte Bille das Thema, nachdem sie sich für die Scholle Finkenwerder Art entschieden hatte. Ihr machte es nichts aus, schon wieder Fisch zu essen, hier an der Nordsee und fangfrisch schmeckte er einfach vorzüglich.

»Ja, ich mag Friesland, ich mag die Küste, Ebbe und Flut, und ich finde die ruhige Art und Weise der Menschen hier unglaublich entspannend. Ist dir schon aufgefallen, dass sich kaum jemand aufregt? Ich meine, so richtig. Wann wird man mal angehupt? Wenn du jemanden nach etwas fragst, erhältst du eine freundliche Antwort. Das ist in den Großstädten anders, da rennen alle an dir vorbei, als gäbe es nur sie allein.«

Da hatte Harry nur bedingt recht. Zwar hatte sich Bille in Duisburg mal verlaufen und etwa fünf verschiedene Leute nach dem Weg gefragt, und ein paar hatten tatsächlich so getan, als sei sie gar nicht da, doch ein freundlicher Marktbeschicker hatte ihr schließlich weitergeholfen. Natürlich war es an der Küste schön, aber sie mochte ihre Heimatstadt Oberhausen. Dort kannte sie jede Ecke, sie liebte vor allem den Kaisergarten mit dem Tierpark. Die Leute in der Schrebergartenkolonie am Bahndamm waren sehr gesellig, die Mitarbeiter in der Bibliothek hilfsbereit. Sie dachte an die nette Apothekerin, die ihr immer eine Packung Tempos oder andere Kleinigkeiten in den Beutel legte. Oder an die Stoffverkäuferin auf dem Markt. Ganz abgesehen von den Winterbergs und Frau Meyer-Semmelmann, die ohne zu murren ihre Blumen goss und den Briefkasten leerte. Die Friesen und Wangerländer, oder wie immer sie hießen, waren bestimmt angenehm im Umgang, aber es gab überall solche und solche Menschen. Bille mochte keine Vorurteile und Verallgemeinerungen. Nur bei den Rockern, da hast du dir dein vorgefertigtes Bild gemacht, schoss es ihr durch den Kopf, aber sie drängte den Gedanken beiseite. Franz gehörte nicht hierher.

»Auf jeden Fall ist es schön hier«, versuchte Bille abzulenken. Es gab nicht nur Tee, sie brauchte doch keinen Wintermantel, und die Friesen erschienen ihr in jeder Hinsicht kultiviert. Das sah man ja an den beiden wunderbaren Restaurants, in die Harry sie ausgeführt hatte, und auch an ihrem neuen Haarschnitt und der schicken Kleidung. Sie hätte doch heute Abend etwas davon anziehen sollen, bestimmt hätte es Harry gefallen. Ach, immer diese Hätteritis!

»Würdest du nicht gern hier wohnen wollen?« Harry beugte sich vor und ergriff ihre Hand.

Bille schrak zusammen. War das etwa ein ernstgemeintes Angebot, dass sie zusammenleben sollten? Das ging ihr wirklich zu schnell, aber sie hatte Harry ja nicht anders kennengelernt. Er machte gleich Nägel mit Köpfen, sonst hätte er sie vor dem ersten Treffen schließlich auch gefragt, ob sie überhaupt mitkommen wollte. Zum ersten Mal regte sich in Bille Widerstand gegen Harrys bevormundende Art. Aber er sah sie weiterhin so freundlich an, dass ihr das Wort im Hals stecken blieb.

»Ich glaube, ich möchte weder meine Wohnung noch den engen Kontakt zu den Winterbergs aufgeben«, sagte sie. »Schau, sie haben mir sogar diesen Urlaub ermöglicht. Sie sind meine Familie. Außer ihnen habe ich keinen Menschen auf der Welt und –«

Harry unterbrach Bille, indem er ihr den Finger auf den Mund legte. »Ach, Bille, das verstehe ich alles gut. Aber du musst dir etwas Eigenes schaffen und kannst dich nicht so auf fremde Menschen fixieren.« Harrys Raunen bekam einen flehenden Unterton. »Kannst du dir denn keinen Mann in deinem Leben vorstellen? Einen, der Tag und Nacht oder zumindest am Tag für dich da ist, den du gern umsorgst?«

Bille biss sich auf die Lippen. Das Gespräch nahm eine unbehagliche Wendung. Nein, sie wollte nicht aus Oberhausen weg, so schön es in Friesland auch war. Einen Mann umsorgen wollte sie auch nicht. Und sich schon jetzt für Harry zu entscheiden, obwohl sie ihn kaum kannte, war wirklich zu viel verlangt.

Harry aber ließ nicht locker. »Gibt es einen Mann, der in deiner Stadt auf dich wartet?«, hakte er nach. Seine Finger zitterten, als er einen Schluck Bier nahm.

Bevor Bille antworten konnte, servierte ihr die Bedienung den Fisch und Harry das Steak. »Guten Appetit«, wünschte Bille und hoffte, das Thema sei vom Tisch. Sie wollte mit Harry nicht über Männer debattieren. Sie wollte ihm nicht erklären, dass es zwei

Herren in Oberhausen gab, die aber nichts mit ihrer Entscheidung zu tun hatten.

Bille kostete den Fisch und war begeistert. Auch dieser Koch verstand sein Handwerk. Es war ohnehin unverfänglicher, sich über Essen zu unterhalten als über die Zukunft.

Harry schnitt das Steak an, so dass sich das rote Fleischwasser verteilte. »Ich lasse es nicht einmal medium braten«, verriet er Bille. »Ich mag es gern fast roh.«

Bille wandte sich ab. Harry speiste rohes Fleisch! Sie hoffte, nicht den ganzen Abend darüber reden zu müssen, das wäre dann ja wie ein Gespräch mit Fleischermeister Häwelmann. Glücklicherweise verteilte Harry schweigend die Kräuterbutter über dem Fleisch und ließ Bille in Ruhe ihre Scholle verspeisen.

Erst beim Nachtisch – Eis mit heißen Kirschen – und dem abschließenden Ramazotti sprach Harry den Wohnungskauf abermals an. Er hob das Glas. »Ein Toast auf uns beide, Bille. Ich glaube, wir werden noch viel Spaß miteinander haben. Was hältst du davon, wenn wir morgen mit der Harlekurier in Wilhelmshaven eine Schiffstour machen?«

Beide tranken einen Schluck, und Bille schmeckte die saure Zitrone.

»Du hast kein Auto«, gab Bille zu bedenken. »Wie sollen wir dorthin kommen?«

»Mit dem Bus. Das schaffen wir schon.«

Bille nahm noch einen Schluck. Sie fühlte sich von Harry mit einem Mal bedrängt. Er wirkte trotz der zur Schau gestellten Offenheit geheimnisumwoben, so als verberge er etwas. Bille konnte nicht einmal sagen, woher diese plötzliche Erkenntnis kam. War es die Eile, mit der Harry über ihr Leben bestimmen wollte? Bille bekam Bauchschmerzen. »Weißt du, was ich mich die ganze Zeit über frage?«, platzte es aus ihr heraus. Wenigstens *ein* Geheimnis wollte Bille lüften.

»Was denn, meine Liebe?« Harry sprach noch immer mit sonorem Tonfall und war völlig unbeeindruckt von Billes Zurückweisung und Ablenkungsmanöver.

»Du hast einen riesigen Caravan, und du bist bislang mit ihm von Ort zu Ort gereist. Warum hast du kein Auto? Du musst ihn doch irgendwie bewegen?«

Harry lachte auf. »Worüber du dir Gedanken machst! Der Wohnwagen ist ziemlich schwer. Dafür braucht man einen ordentlichen Zugwagen. Das ist sehr kostspielig, und wie du weißt, ist es in Städten eher von Nachteil, wenn man ein großes Auto besitzt. Allein wegen der engen Parkhäuser und Parkplätze. Außerdem ist der Personennahverkehr so gut ausgebaut, dass ich kein Auto vermisse.« Wieder ergriff Harry Billes Hand und streichelte ihre Hautoberfläche sanft.

Bille konnte die Gänsehaut nicht verhindern, und sie wusste nicht, ob es eine angenehme oder eine unangenehme war.

»Und wie bewegst du dann den Wohnwagen?« Harry würde ihn wohl kaum per Hand von Campingplatz zu Campingplatz schleifen.

»Du bist sehr neugierig, das gefällt mir.« Er lächelte. »Ich bleibe in meinen Urlauben immer an ein und demselben Ort, damit ich Land und Leute intensiv erkunden kann. Deshalb lasse ich den Wohnwagen von einem Unternehmen bringen. Im Winter stellen sie ihn für mich unter, und ich lebe in meiner Penthouse-Wohnung in Krefeld. Aber die möchte ich wirklich gern eintauschen und mir hier etwas kaufen. Schau mal.« Harry zerrte einen Hochglanzprospekt aus der Tasche, mit Appartements, die sich wirklich sehen lassen konnten. »Mit Meerblick, Bille. Stell dir mal vor, du wachst am Morgen auf und als Erstes siehst du die Nordsee.«

»Wenn sie da ist«, entgegnete Bille. »Ich würde oft aufs Watt schauen.«

Harry schluckte. »Dann aufs Watt. Es geht um die Weite, die Freiheit! Ich möchte mit dir diesen Blick genießen!« Er sah Bille lange in die Augen. »Jeden Tag!«

Sie schüttelte unmerklich den Kopf, atmete tief ein und hielt Harrys Blick stand. Weil sie sich die passenden Worte noch zurechtlegen musste, erhob sie das Ramazotti-Glas. »Ich weiß dein Angebot zu schätzen, Harry. Wirklich. Aber dieses Tempo! Das geht mir alles viel zu schnell. Wir kennen uns doch kaum.«

Harry seufzte. »Ich war mir einer Sache noch nie so sicher. Noch nie. Ich werde auf dich warten, Bille Rubens. Auf jeden Fall.« Er faltete den Prospekt wieder zusammen, presste dabei jedoch die Lippen zusammen. In Bille kroch erneut dieses schreckliche schlechte Gewissen hoch. Dieses Gefühl, alles zu verspielen, wenn sie nicht augenblicklich zugriff. Sie hatte ihn verletzt, nur konnte sie nicht ihr ganzes Leben ändern, bloß weil es Harry so wollte! Wäre sie immer gleich auf alle Angebote eingegangen, wäre sie längst Wurstverkäuferin an Herrn Häwelmanns Seite. Es gab Dinge, die sollte man nicht übers Knie brechen – und erst recht nicht, wenn einem die beteiligte Person erst weiche Knie verursachte und jeglichen Verstand raubte und dann aber ein ungutes Gefühl hervorrief, das sie nicht einzuordnen wusste.

»Ich kann es nicht. Noch nicht«, sagte sie schließlich. »Bitte sei nicht böse, aber es gibt eben Dinge, die brauchen ein wenig Vorlauf, vor allem, wenn sie erst so kurz bestehen.«

»Lass dir Zeit«, lenkte Harry ein. »Aber glaub mir, ich gebe nicht auf!«

Warum klang das schon wieder wie eine Drohung? Bille fühlte sich nicht mehr wohl und verzichtete auf ein letztes Glas Wein, das sie normalerweise gern noch getrunken hätte. Beide saßen für eine Weile schweigend am Tisch. Harrys Angebot hatte ihr deutlich gemacht, in welch verschiedenen Welten sie lebten, auch wenn sie sich gut verstanden. Aber Harry kaufte mal eben eine

Immobilie und stieß die andere ab, während sie Monat für Monat jeden Cent zusammenhalten musste, um die Miete für ihre kleine Wohnung in Buschhausen bezahlen zu können. Sie träumte von einem Kurztrip in ein Hotel, und Harry reiste mir nichts, dir nichts in die Karibik. Sie war so naiv und ließ sich an der Haustür Dinge andrehen, die sie nicht bezahlen konnte. Harry hingegen hätte sich mit seinem selbstbewussten Auftreten nie in solche eine Situation gebracht. Das passte nicht. Sie wollte sich von keinem Mann abhängig machen. Unabhängigkeit war ihr wichtig.

»Was bedrückt dich denn?« Harry stand auf und setzte sich neben sie. Sein Rasierwasserduft kroch in Billes Nase. Männlich herb, passend zur raunenden Stimme. »Irgendetwas ist doch los mit dir – und das hat nichts mit unserem Gespräch gerade zu tun.«

Bille presste die Lippen zusammen, ihr Kinn zitterte. Ja, es war eine ganze Menge los! Sie schluckte den dicken Kloß im Hals herunter und wusste nicht, ob es klug war, Harry von ihrem Dilemma zu erzählen. Er war so perfekt und würde mit einer Kleinkriminellen sicher nichts zu tun haben wollen.

Einer Fast-Kleinkriminellen, du warst ja zu feige, es in aller Konsequenz durchzuziehen!

Wieder diese keifende Stimme. Bille wollte, dass sie verschwand, aber es schien, als hätte sie sich in ihrem Ohr festgesetzt, um sie ständig zu traktieren. »Hau ab!«, flüsterte sie.

Harry sah Bille entsetzt an. »Was hast du gesagt?«

Bille schrak zusammen, sie hatte gar nicht bemerkt, dass ihr die Worte laut über die Lippen gekommen waren. »Dich meinte ich nicht. Hab nur gerade an jemanden gedacht.«

»Willst du darüber reden?« Harry war so verständnisvoll! Sollte sie ihm doch vertrauen?

»Komm, Bille, ich beiße nicht! Ich merke doch, dass dich etwas bedrückt.« Harry streichelte erneut Billes Hand. Sie war kurz versucht, sie ihm zu entziehen, ließ es aber dann doch geschehen. Ach, wie gern würde sie sich mal alles von der Seele reden!

»Ich behalte es für mich, und wenn ich dich eben bedrängt haben sollte, tut es mir leid, Bille. Komm, sag, was los ist!«

Alles in ihr kämpfte dagegen an, sich zu offenbaren, aber plötzlich purzelten die Worte wie von selbst aus ihr heraus.

Sie erzählte die ganze Geschichte, die damit endete, dass der Mann sie bis Hooksiel verfolgt hatte. Nur ihren Einbruch, den behielt Bille doch lieber für sich. »Weißt du, und nun turnt er hier herum. Ich habe Angst vor ihm, denn er hat mich ja schon zu Hause bedroht. Warum nur habe ich diese blöden Dinger gekauft, die ich doch gar nicht benötige?«

Harry wirkte wirklich entsetzt. »Oh, du Arme«, brummte er. »So viel Geld! Was willst du nun tun, Liebes?«

»Ich weiß es nicht, Harry. Ich habe die Summe nicht!«

»Ich helfe dir, Bille, und lasse dich nicht allein. Von jetzt an nicht mehr.« Er legte den Arm um sie, und da war es wieder, das Gefühl, dass sie ihn am liebsten nicht so dicht an sich heranlassen wollte.

Du hast echt eine Männerphobie. Immer wenn sie dir zu nahe kommen, stößt du sie weg!

Um sich nicht lächerlich zu machen, hielt Bille still, selbst wenn es sich zwischenzeitlich anfühlte, als brenne sich seine Wärme durch den Stoff ihrer Bluse und hinterließe eine Brandblase. Sie verharrten eine Weile so, bis Harry wegrutschte, aufstand und sich wieder an seinen Platz setzte. »Ich glaube, du möchtest keine Nähe.« Seine Bewegungen wirkten plötzlich fahrig, Wein und Ramazotti taten offenbar ihre Wirkung.

Ich muss achtgeben, sonst plaudere ich gleich noch mehr Dinge aus, die ich besser für mich behalten sollte. Bille winkte der Kellnerin und bestellte ein Wasser. »Ich brauche Zeit, Harry, das habe ich dir eben gesagt, und das hat sich in der letzten Stunde auch nicht geändert.«

»Verstehe.«

»Lass uns nach dem Getränk zurück zum Campingplatz fahren. Ich fühle mich gerade nicht so gut, habe wohl zu viel gegessen.« Das Wasser kam, und Bille suchte verzweifelt nach einem unverfänglichen Thema. Ihr fiel nichts ein, denn Harry wirkte wie Rumpelstilzchen, bevor er sich selbst in der Luft zerriss. Er trommelte mit den Fingerspitzen auf der Tischplatte, nagte an der Unterlippe und schien den Aufbruch kaum erwarten zu können.

Was für ein arroganter Schnösel, schoss es Bille durch den Kopf und bereute nun doch zutiefst, ihm alles erzählt zu haben. Sie war ein dummes Schaf! In einem Zug stürzte sie den Rest des Wassers hinunter.

Harry verlangte in gewohnt großspuriger Art nach der Rechnung, tastete an seiner Jacke herum und wurde blass. »Oh, Bille, ich muss mein Portemonnaie vergessen haben. Meine Güte, ist mir das unangenehm!«

»Du hast doch das Taxi bezahlt, da war es noch da«, wandte Bille ein. Harry zuckte mit den Schultern. »Tut mir leid, aber es ist weg. Ob am Hafen ein Taschendieb unterwegs gewesen ist? Die sind ja so geschickt, dass man gar nicht merkt, wenn sie einen berauben.«

Bille konnte sich nicht erinnern, dass ihnen jemand nahe gekommen war, aber wenn das Portemonnaie weg war, gab es keine andere Erklärung.

Harry sah Bille bittend an. »Könntest du vielleicht zahlen? Ich weiß, ich hab dich eingeladen, nur wollen wir den Rest dieses wunderbaren Abends sicher nicht damit verbringen, Teller abzuwaschen, oder? Es ist mir wirklich peinlich.« Das Rumpelstilzchen war wieder in die Prinzenrolle geschlüpft, Harrys Fähigkeiten zur Mutation waren beeindruckend.

Bille glaubte zwar nicht, dass man sie zum Tellerwaschen verdonnern würde, aber ihr wäre es unangenehm gewesen, jetzt aufzufallen. Also kramte sie in ihrer Ledertasche nach der Geldbörse und sah nach, ob sie überhaupt genug Bargeld dabei hatte. Natürlich nicht. »Ich hab nur meine EC-Karte«, murmelte sie.

Generös erlaubte Harry, damit zu zahlen, und Bille war unvermittelt um eine Menge Geld leichter, denn Harry hatte mit Trinkgeld wahrlich nicht gegeizt.

12. Kapitel

Bille war am nächsten Morgen früh auf. Sie hatte grottenschlecht geschlafen und hätte als Nachtwächter ihren Mann gestanden. Die Gedanken waren am Ende so schnell in ihrem Kopf gekreist, dass ihr schwindelig wurde. Harry wollte mit ihr zusammenziehen, war beleidigt, wenn sie nicht gleich ja und amen zu allem sagte, und hatte angeblich sein Portemonnaie verloren. Bille hatte auch noch das Taxi bezahlen müssen. Ob Harry Sitter das Wort »danke« überhaupt kannte? Mit Fremdwörtern warf er um sich wie ein Jongleur mit seinen Bällen, aber das einfachste aller deutschen Worte konnte er nicht aussprechen.

»Harry Sitter gleicht emotional einem gefrorenen Kotelett, das zu lange im Gefrierfach gelegen hat.« Bille erschrak bei ihren Worten. Nur war ihr in der Nacht genau das durch den Kopf geschossen. Erst hatte ihr Campingnachbar anziehend, ja appetitlich gewirkt. Als es nicht so lief, wie er es sich vorstellte, war er erstarrt, und was nach dem Auftauen übrig blieb, war ein graues Stück Fleisch mit Gefrierbrand. Noch schlimmer war es nach der Beichte geworden, die er aus ihr herausgepresst hatte. Es war gut, dass Jan sie heute Abend zum Winterbergschen Berg-Grillfest eingeladen und zum Herrichten des Kartoffelsalats verdonnert hatte. Deshalb hatte sie heute einen triftigen Grund, sich Harrys

Annäherungsversuchen zu widersetzen, sollte er einen weiteren Versuch wagen.

»Morgen Abend lässt du dich mal nicht entführen, Oma Bille«, hatte Jan gestern gesagt, als Bille und Harry zurückgekommen waren. Er und Maja hatten mit einem Windlicht auf dem Tisch und zwei Gläsern Rotwein beisammengesessen und den lauen Sommerabend genossen. »Wir wollen schließlich auch mal was von dir haben! Machst du uns für das Grillfest deinen Kartoffelsalat? Den keiner so gut hinbekommt wie du?«

Bille freute sich, dass sie etwas für die Winterbergs tun konnte. Jetzt deckte sie für alle den Tisch, aber es war noch zu früh, um die Zutaten fürs Frühstück aus dem Kühlfach zu holen. Morgens um halb sechs im Urlaub verlangten nur Hartgesottene nach einer kräftigen Mahlzeit. Die Rocker gehörten definitiv nicht dazu, denn als sie zum Waschhaus gelaufen war, hatte sie einen Blick zur Zeltwiese geworfen. Dort war noch alles ruhig gewesen; zumindest bei den Rockern. Die Übermutter der Bochumer Saubermann-Familie war bereits dabei, Ringelsöckchen auf der Wäschespinne zu dekorieren, was die Holländer mit einer kunstvollen Männerslip-Vernissage parierten. Die Vielfalt des männlichen »Underdressings« und der Fußkollektion war durchaus beeindruckend.

Bille überlegte, was sie tun sollte, und entschied, schon mal mit der Zubereitung des Kartoffelsalats zu beginnen, dabei störte sie keinen, das machte keinen Lärm. Sie wollte nur einfach nicht mehr in ihrem Wohnwagen liegen. Alles war ihr auf einmal viel zu eng, und sie fühlte sich von den Gedanken umkreist und bedrängt.

Maja hatte die Kartoffeln gestern schon gekocht und geschält. »Es ist ohnehin gut, wenn die Kartoffeln einen halben Tag durchziehen«, flüsterte Bille, holte alles, was sie brauchte, leise aus dem Vorzelt, schnappte sich die Schürze aus dem Koffer in ihrem

Wohnwagen und begann, die Pellkartoffeln in dünne Scheiben zu schneiden. Anschließend schnippelte sie zwei saure Äpfel klein, danach die Gurken. Das Gurkenwasser war perfekt, es würde der Marinade die richtige Würze geben. Bille holte aus ihrem Kühlschrank zwei gekochte Eier. Auch die wurden rasch unter den Salat gemischt. Am Ende gab sie die Mayonnaise dazu.

»Was tust du denn da am frühen Morgen? Ich dachte, nur *ich* schlafe schlecht.«

Bille fuhr herum, als Franz an der Parzelle auftauchte.

»Was tust *du* am frühen Morgen hier?«, lautete ihre Gegenfrage. Seltsam, dass Bille bei Franz nie auf den Mund gefallen war. Bei ihm wagte sie immer, genau das zu sagen, was sie dachte. Oder zumindest fast. Manchmal war ihr das direkt unheimlich.

»Ich musste vor ein paar Dingen fliehen«, sagte er lachend.

Bille stellte das Mayonnaiseglas auf den Tisch und wischte die Hände an der Schürze ab. In dem Augenblick wurde ihr deutlich, wie sie aussah.

Schürze, schoss es durch Billes Kopf. O mein Gott, ich habe tatsächlich eine schreckliche geblümte Schürze an und mansche am frühen Morgen im Kartoffelsalat herum. Klischeehafter ging es nicht. Die kochende Oma!

Ach, es konnte ihr gleichgültig sein, was der Rocker von ihr dachte. Dennoch fühlte sie sich ihm gegenüber uralt. Sie zupfte die Schürze vom Bauch und warf sie betont lässig über den Stuhl. Zum Glück war sie darunter nicht so altbacken gekleidet, sondern trug ihre neue Hose. Sie fuhr sich durchs Haar, doch das saß, dank der neuen Frisur. Mit der Dauerwelle hätte sie ungekämmt größere Schwierigkeiten gehabt.

»Wovor musstest du fliehen?«, hakte Bille nach, in der Hoffnung, Franz hätte die Schürze nicht realisiert.

Er lachte immer noch. »Vor meinen Zeltnachbarn!« Er fasste sich an den Kopf. »Die entsprechen sämtlichen Spießer-Campingplatz-Klischees. So ähnlich wie eure Salome mit dem geköpften Johannes.«

Bille verstand, wovon er sprach. Er konnte nur die Bochumer und die Holländer meinen.

»Und dann gibt es noch eine neue Familie, aus Hamburg, die Eltern regen sich seit gestern Abend in einer Dauerschleife über den pubertierenden Sohn auf!«

»Chillt der auch?«, unterbrach Bille ihn.

»Schlimmer. Er bewertet gewisse Dinge etwas anders als seine Eltern.« Franz kicherte.

»Nun schieß los, was hat er angestellt?« Bille musste schon mitlachen, weil es sie amüsierte, wie Franz es erzählte.

»Es geht ums Gepäck. Der Junge hat wohl als Maximalvolumen einen Rucksack bewilligt bekommen.«

»Und?«

»Darin befand sich sein Schlauchboot …«

Bille begriff und prustete ebenfalls los. »Das Schlauchboot und sonst nichts?«

»Genau. So Unsinnigkeiten wie Unterhosen oder T-Shirts braucht er anscheinend nicht, wenn er Schlauchboot fahren kann.«

»Und das hat der Familie die Laune schon am ersten Tag verhagelt«, schloss Bille. »Das nenne ich absolut gechillt.«

Franz sah sie angesichts der Formulierung erstaunt an, bestätigte sie dann aber. »Das Ganze führt nun dazu, dass der Knabe neu eingekleidet werden muss. Aber er kann auf der Nordsee paddeln, immerhin!«

Bille wischte sich eine Lachträne aus dem Auge und lud Franz mit einer Handbewegung ein, Platz zu nehmen. »Und was war noch?«

Der Morgen begann amüsanter als erwartet, aber da ringsherum noch alle schliefen, war es bestimmt besser, wenn sie sich im

Flüsterton unterhielten, und das ging nun mal nicht, wenn Franz auf dem Weg herumstand. Er nahm die Einladung an und huschte zu Bille, wo er sich auf dem bereitgestellten Stuhl niederließ.

»Wir sprechen besser leiser, sonst haben wir hier auch gleich Ärger. Die Schlauchboot-Story war ja nur *ein* Erlebnis!«

»Einen Augenblick bitte, ich pack das nur schnell weg.« Mit wenigen Handgriffen räumte Bille alle Küchenutensilien zusammen und stellte den Kartoffelsalat kühl. »Aber nun erzähl weiter!«

»Auf der anderen Seite zelten die mit der Sockenparade.«

»Die hab ich auch schon entdeckt.«

»*Die* lassen vielleicht Sprüche ab!«

»In breitem Slang?« Bille grinste, wohl wissend, wie oft über den Ruhrpott-Dialekt gelacht wurde.

»Ja, das auch. Ich kann das ›Hömma‹ schon nicht mehr hören. Aber weißt du, was da wirklich abgeht?«

»Nein, erzähl!«

»Daneben haust eine holländische Familie, und diese Konstellation birgt, ich sag es mal vorsichtig, Sprengstoff. Also, sie ist hochexplosiv!«

»Die Männerunterhosen!«, sagte Bille.

»Genau, aber nicht nur das.« Franz wischte ein kleines Stück Gurke vom Tisch. »Zwischen beiden Parteien geht es um massive Grenzverletzungen. Ich meine das ernst! Also, Familie Hegemann aus Bochum ist der festen Ansicht, dass man sich an Regeln halten muss. Deshalb ist ihre Sandburg am Strand auch mit dem Bochumer Wappen geflaggt. Sie glauben weiter, dass eine Parzelle ein Hoheitsgebiet ist, das es zu verteidigen gilt, wenn sich der Feind nähert.«

»Der Feind ist in dem Fall die holländische Familie?«

»So sieht das aus, Bille. Da werden scharfe Geschütze aufgefahren, um die Grenzen zu sichern. Dass Vater Wolle noch keinen Schießbefehl ausgegeben hat, grenzt an ein Wunder, ist aber nur eine Frage der Zeit!«

Bille schlug die Hand vor den Mund. »Hat er etwa ein Gewehr?«

»Das nicht, aber die Flitsche ist schon in Position gebracht, genau wie andere Maßnahmen, die das Bollwerk Parzelle kenntlich machen sollen. Der Bochumer Hoheitsbereich muss um jeden Preis verteidigt werden. Deshalb stehen dort Schwimmboards, aufrecht plaziert, neben befestigten Luftmatratzen, aufgestellten Schlauchbooten und lauter solchem Zeug. Uns haben sie nach der Bierzeltgarnitur als Sicherung vor dem holländischen Übergriff gefragt. Aber wie sollen wir dann essen? Wolle will heute einen Schutzzaun erwerben.«

Das klang schlimm, das klang dramatisch, und weil Bille sich lebhaft vorstellen konnte, wie nervtötend dieser Parzellennachbarkrieg war, hatte sie für Franz' Flucht volles Verständnis.

»Ich komme mir vor wie im Irrenhaus und dachte, ich hau besser ab. An Schlaf ist ohnehin nicht zu denken, schon gar nicht, weil meine Jungs auch noch ein Schnarchkonzert begonnen haben, nachdem nebenan endlich Ruhe war.«

»Wie habt ihr die Bierzeltgarnitur eigentlich dorthin bekommen?«, sinnierte Bille.

Franz reagierte entspannt auf den Einwand. »Dafür haben wir ein Versorgungsfahrzeug organisiert. Darin sind wir Motorradtypen großartig. Das ist so üblich.«

Bille nickte. Dann fragte sie: »Möchtest du Kaffee? Ich hab aber nur löslichen. Die Kaffeemaschine steht dort im Vorzelt, und die Winterbergs schlafen noch.«

»Gern!«

Bille betätigte den Wasserkocher und füllte kurz darauf zwei Becher mit löslichem Kaffee, den sie nach Frau Meyer-Semmelmanns Warnung, dass ein solches Getränk in Friesland niemals zu bekommen sei, vorsichtshalber mitgenommen hatte.

»Campst du eigentlich gern?«, fragte Franz.

»Ich mache es zum ersten Mal, aber ich mag es sehr. Zwar habe ich davor von einem Wellnesshotel mit allen Schikanen und

Candle-Light-Dinner geträumt, aber das sind Spinnereien einer alten Frau.«

»Es gibt bestimmt hier irgendwo so ein Hotel.«

»Mir würde ein Wochenende reichen, mich nur einmal so richtig verwöhnen lassen. Und danach gehe ich gern wieder campen. Hätte nie geglaubt, dass mir das so gefallen könnte. Man hat diese Freiheit, ist ständig draußen! Wirklich wunderbar!«

Sie sahen dem aufsteigenden Kaffeedampf zu und schwiegen für eine Weile. Als Franz' Becher leer war, stand dieser auf. Er schien es mit einem Mal eilig zu haben. »Danke für das Gespräch, Bille. Und den Kaffee. Tut mir leid, dass unser Start so blöd gelaufen ist, ehrlich. Nun hauen wir bald ab, aber alles ist hoffentlich aus der Welt?«

»Alles gut«, sagte Bille.

Gerade als Franz losgehen wollte, öffnete sich nebenan die Tür, und Jan kam heraus. Er war ebenfalls Frühaufsteher und auf dem Weg zu seiner Joggingrunde. »Na, Oma Bille, so früh Herrenbesuch?«, fragte er verwundert und zuckte zurück, als nicht der erwartete Harry dort stand, sondern ein ihm unbekannter Mann.

Bille war das sehr unangenehm. Was sollte er nur von ihr denken? Sie war schließlich eine anständige Frau, die wusste, was sich gehörte, und trotzdem trieb sie sich ständig mit verschiedenen Männern herum.

Jan war jedoch offenbar aus einem anderen Grund irritiert. Er stürzte geradewegs auf Franz zu. »Sag mal, bist du nicht einer der Harley-Fahrer? Oder sogar der mit der Electra Glide?«

»Ja, warum?« Franz wirkte misstrauisch, aber Jan strahlte übers ganze Gesicht.

»Ich liebe Harleys, vor allem deine Maschine! Das ist ein Traum, ein solches Motorrad zu besitzen. Welcher Mann wünscht sich das nicht?«

Mein Karl, dachte Bille. Mein Karl mochte solche Knatterdinger nicht.

Im nächsten Moment glaubte sie ihren Ohren nicht zu trauen. War Jan denn von allen guten Geistern verlassen?

»Sag mal, wir machen heute Abend ein kleines Grillfest. Oma Bille steuert den besten Kartoffelsalat der Welt dazu bei. Willst du nicht kommen und uns ein bisschen über deine Maschine erzählen? Bitte! Du kannst auch gern ein paar von den Jungs mitbringen. Was meinst du? Ich habe schon gehört, dass auch mein Sohn restlos von dir und deiner Harley begeistert ist.«

Sie reichten einander die Hände und schüttelten sie kumpelhaft. »Gern, ich bin dabei!«, sagte Franz.

In dem Augenblick öffnete sich zwei Parzellen weiter eine Wohnwagentür, und eine Frau erschien. Sie rief panisch: »Mein Schmuck ist weg! Hier war ein Dieb! Er muss eingestiegen sein, als ich im Waschhaus war! Um kurz vor sechs.«

Billes Blick wanderte zu Franz. Kurz vor sechs, schoss es ihr durch den Kopf. Genau da war er zu ihr gekommen. Und hatte ihr die Geschichten seiner Parzellennachbarn erzählt. War das nur eine dumme Ausrede gewesen?

Franz schien Billes Gedanken zu ahnen. Er schüttelte langsam den Kopf. »Ich war das nicht, Bille, was denkst du denn?«

Bevor sie etwas erwidern konnte, stolzierte eine langbeinige Blondine auf Billes Wohnwagen zu. Sie glich einem dekorierten amerikanischen Weihnachtsbaum, was die Schmuckdichte an ihrem Körper anging. »Ach, hier steckst du, mein Süßer«, flötete sie. »Bist du auf Oma-Besuch? Dachte, ich hole dich zum Frühstücken ab. Nach dem schönen Abend gestern! Was war das für ein Sternenhimmel!«

Franz wurde rot, und Bille war der Ansicht, dass für die frühe Stunde auf dem Platz eindeutig zu viel los war.

Franz saß vor den beiden Polizeibeamten, die die Parzellennachbarn sofort gerufen hatten, und war in Erklärungsnot. Doch die beiden hatten die Ruhe weg.

»Jou ... denn wullt wi mol.« Der Beamte, es war der Dickere der beiden, kratzte sich am Kopf und schürzte wichtig die Lippen. »Warum spazieren Sie früh am Morgen über den Platz und tauchen dann wie zufällig bei Frau Rubens auf?« Er hatte die Hände auf dem basketballgroßen Bauch abgelegt und formte mit den Fingerspitzen die Merkel-Raute. Er wirkte noch gemütlicher als der andere und hatte offensichtlich keinen Stress mit der Geschwindigkeit der Ermittlungen.

»Ich habe es Ihnen doch bereits erklärt«, begehrte Franz auf. »Warum soll ich das noch einmal sagen? Ich war spazieren, weil ich nicht schlafen konnte.«

»Jou«, bestätigte der andere Beamte. Erst glaubte Franz, er versprühe einen Hauch mehr Elan – wobei Elan der falsche Ausdruck war bei dem Zeitlupentempo, das er an den Tag legte –, um Franz' Aussage zu protokollieren. »Wir denken nun mal ...« Er unterbrach sich, überlegte und begann von neuem. »Also, wir nehmen an, dass Sie Frau Rubens gesehen und es als willkommenes Geschenk betrachtet haben, weil Sie beinahe entdeckt worden wären. Ein bisschen Tratsch am Morgen kam Ihnen da gerade recht.«

»Ich hatte kein Diebesgut dabei, wo sollte ich es denn gelassen haben? Fragen Sie Frau Rubens, ob ich was in der Hand hatte! Sie haben mich bereits gefilzt und nichts gefunden. Der Schmuck müsste schließlich irgendwo sein.«

Die beiden Polizisten sahen sich an. Nickten wissend.

»Jou«, sagte der Dicke.

»Denn man tau«, der andere. Dann wandte er sich an Franz. »Schönen Dank. Bitte halten Sie sich zu unserer Verfügung, reisen Sie vorerst nicht ab, ausgestanden ist der Spaß für Sie noch nicht. Schöne Maschinen übrigens, solche Harleys. Moi, wirklich moi.«

Franz sah ihnen nach, und in ihm keimte ein schrecklicher Gedanke auf, als sie sich in Richtung Billes Parzelle auf den Weg machten. Die beiden glaubten doch nicht allen Ernstes, dass er das Diebesgut bei ihr gelassen hatte, ja, dass sie womöglich mit ihm unter einer Decke steckte? Er stürzte hinter den beiden her. Es war ohnehin besser, Bille schnellstmöglich zu erklären, was es mit Tina auf sich hatte, obwohl es da eigentlich gar nichts zu erklären gab. Franz hatte sie gestern Abend weggeschickt, obwohl er ihr Erscheinen zunächst als Fügung des Himmels interpretiert hatte, was es auch gewesen wäre: Wenn es Bille nicht gäbe!

Tina hatte ihn geküsst, aber plötzlich war nichts mehr gelaufen. Sie schmeckte nicht, sie roch nicht gut, ach, es ging einfach nicht. Trotzdem hatte sie mitten in der Nacht vor seinem Zelt gestanden. Fast nackt. Er hatte sie nicht reingelassen, was sie jedoch nicht weiter störte, im Gegenteil: Wie sonst war zu erklären, dass sie keine Skrupel hatte, ihm sogar am frühen Morgen aufzulauern und so zu tun, als hätten sie die heißeste Nacht ihres Lebens miteinander verbracht?

Die Polizisten schlenderten auf Billes Wohnwagen zu, Franz eilte an ihnen vorbei. Bille hatte den Frühstückstisch mittlerweile fertig gedeckt, vor ihr stand allerdings nur ein Becher Tee, und ein Knäckebrot zierte ihren Teller. Sie war verdammt blass um die Nase. »Das Grillfest ist aber erst heute Abend«, sagte sie zu Franz, merklich um Höflichkeit bemüht. Diese Frau, die mit Wonne ihren Kartoffelsalat vermengte, die herzlich über seine kleinen Witzchen lachte, war wieder der unnahbaren Bille gewichen. Höflich, freundlich und distanziert.

Jetzt entdeckte sie auch die Beamten und realisierte, dass sie zu ihr wollten. »Kann ich Ihnen helfen?«

»Moin erst mal«, antwortete der Dicke. »Haben Sie Tee?«

Bille nickte. »Aber nur Beutel.« Die Beamten winkten ab. Beuteltee ging für echte Friesen gar nicht.

»Dann erst die Arbeit, wenn es keinen richtigen Tee gibt«, hob der Dicke an. Er war offenbar der Wortführer. »Sie können uns helfen, indem Sie uns einen Blick in Ihren Wohnwagen werfen lassen.«

Bille wirkte unsicher. »Und warum? Bitte entschuldigen Sie, aber ich kann doch nicht irgendwen einfach in mein Domizil lassen. Woher weiß ich denn, dass Sie echte Polizisten sind? Man liest so viel!«

Der Dünnere zuckte mit den Schultern. »In Hooksiel sind wir bekannt.« Umständlich fischten die beiden ihre Ausweise aus der Uniform. Bille studierte sie lange, verglich die Fotos. Franz warf ebenfalls einen Blick darauf und stellte fest, dass der Dicke bei der Aufnahme des Fotos bestimmt zehn Kilo weniger gewogen hatte und dass der Dünne im Gegenzug mal dicker gewesen war. Immerhin glich sich das aus.

»Dürfen wir jetzt da rein?«, fragte der Dicke. Dank seiner Ruhe hätte es ihn garantiert auch nicht gestört, bis Sonnenuntergang warten zu müssen, wenn es sein musste. Es sei denn, er verstarb zuvor an einer Teeunterversorgung. Ob es in Friesland diese Todesart gab, wusste Franz aber nicht genau.

»Wat mutt, dat mutt, mien Deern«, leierte der Polizist.

»Ich ... ich hab mein Bett noch nicht gemacht«, stotterte Bille. Sie fuhr sich verlegen durchs Haar, weil die beiden Polizisten das Argument für nicht überzeugend hielten und sie weiter fragend ansahen. »Na, dann gehen Sie bitte rein«, gab sie schließlich nach. »Was auch immer Sie dort finden möchten.« Bille wies mit der Hand zur Tür. »Soll ich Ihnen nicht doch einen Tee machen? Drei Minuten gezogen?«

Betretenes Kopfschütteln im Gleichtakt. »Beuteltee ist Plörre.«

Nachdem sie sich mit den beiden Polizisten nach einigem Hin und Her doch auf die Beutelvariante geeinigt hatte, kochte Bille Tee – a), weil es sich um eine ostfriesische Mischung aus Leer handelte, und b), weil der Beuteltee zwar eine kulinarische Katastrophe für friesische Zungen, aber immer noch besser als gar nichts war. Die beiden Männer durchforsteten ihren Caravan, wo sie nichts finden konnten, da Franz nichts bei ihr abgelegt hatte.

Doch plötzlich ertönte ein Aufschrei. Franz sah erschrocken hoch und stellte fest, dass Bille kreideweiß geworden war. Der dicke Polizist hielt eine Handvoll Schmuck in der einen und einen Briefumschlag in der anderen Hand. »So, das wäre dann mal eine Erklärung wert.«

»Oma Bille hat sich niemals an dem Schmuck vergriffen«, sagte Laura und stieß energisch die Schaukel an. »Das ist völlig ausgeschlossen!« Sie war mit ihren Geschwistern allein auf dem Spielplatz.

Annemie hatte Tränen in den Augen. »Sie behaupten, Franz hätte ihn dort hineingelegt. Man hält sie für seine Komplizin. Er ist eben Rocker, und die sind zu allem fähig. Sagt Salome, die ja auch schon behauptet hat, dass er bei ihr der Einbrecher war.«

»Du hast Vorurteile, Annemie. Warum sollte ein Mann, bloß weil er eine Harley fährt, gleichzeitig kriminell sein? Salome redet einfach zu viel«, wandte Felix ein, der mit der Entwicklung der Ereignisse nicht einverstanden war und krampfhaft nach einer anderen Erklärung suchte.

»Das Schlimme ist, dass wir Oma Bille schon selbst verdächtigt haben, irgendwo eingebrochen zu sein. Immerhin hat sie hohe Schulden.« Laura schlug die Hände vors Gesicht. »Dass nun auch noch Franz mit drinhängen soll, glaube ich nicht. Entweder er oder sie, aber bestimmt nicht im Komplott. Ich hatte eher den Eindruck, dass Oma Bille ihn nicht besonders gut leiden kann, da wird sie als gemeinsame Aktivität wohl kaum einen Bruch geplant haben.«

Felix pflichtete ihr bei, hob dann allerdings die Hand. »Ganz ehrlich? Keiner der beiden war es. Da ist etwas verdammt faul.«

»Womöglich klaut Salome selbst und schiebt es dann anderen in die Schuhe!« Annemies düstere Worte hoben die Stimmung nicht gerade.

»Es ist eine vertrackte Situation«, fasste Laura die Lage zusammen. »Die Rechnung für die Lammfelldecken haben sie natürlich auch in Oma Billes Kopfkissen gefunden. Der Strick liegt so was von eng um ihren Hals! Sie haben damit sogar ein Motiv entdeckt und sich dasselbe gedacht wie wir.«

Ihre Geschwister nickten. »Wir müssen Oma Bille retten! Daran führt kein Weg vorbei«, sagte Felix. »Ich hoffe, wir können den Rennbahnplan mit Franz umsetzen, nicht, dass sie ihn vorher einbuchten, das wäre die Pleite schlechthin.«

Laura sah ihren Bruder an und ruderte mit den Armen. Es lohnte nicht, Annemie um Rat zu fragen, die machte sich vor lauter Angst schon wieder fast in die Hose.

»Wir gehen zu Franz und schauen, was nun weiter mit ihm passiert«, schlug Felix vor. »Ich habe eher den Straßenräuber im Visier. Wenn der mal nicht dahintersteckt!«

»Macht keinen Sinn«, begann Laura, verbesserte sich aber sofort, ehe sie den Vortrag ihres Bruders über sich ergehen lassen musste, »es ergibt keinen Sinn, weil er den Schmuck doch besser selbst behalten hätte, wenn er ihn gestohlen hat. Was bringt ihm eine Oma Bille im Gefängnis? Von dort kann sie ihre Schulden gar nicht mehr bezahlen. Der hätte das Zeug geklaut und wäre dann ab über alle Berge!«

»Es sei denn, er musste das Diebesgut schnell loswerden, warum auch immer.« Felix krauste die Stirn.

»Vielleicht wollte er Oma Bille gar nicht reinreiten, sondern hat nicht weit genug gedacht«, mischte sich nun Annemie ein.

Die Gesichter ihrer Geschwister glichen Fragezeichen. »Was willst du damit sagen?« Felix' Stimme schwang im dumpfen Bass.

Seine Schwester atmete tief durch und brauchte eine Weile, um ihre Gedanken zu sortieren. Dann sagte sie langsam: »Nun, wenn ich eine Diebin wäre, würde ich meine Beute auch an einem solch vermeintlich sicheren Ort deponieren. Leute, wer käme außer uns schon auf die absurde Idee, bei einer 73-jährigen Omi nach Diebesgut zu suchen? Kein Mensch der Welt. Hey, Oma Bille ist die unauffälligste Frau, die es gibt.« Sie sah ihre Geschwister triumphierend an. »Der Typ konnte doch wirklich nicht ahnen, dass die Polizei bei Oma Bille suchen wird.«

»Wow«, entfuhr es Laura. Das war ein cooler und klarer Gedanke ihrer Schwester, den es zu verfolgen galt. »Aber wer zum Henker hat der Polizei den Tipp gegeben?«

»Das müssen wir auch noch herausfinden. Unsere Liste wird von Sekunde zu Sekunde länger.« Annemie wurde nach diesen Worten wieder klein, fast unsichtbar.

»Also auf zu Franz. Wir brauchen einen Verbündeten!«, schlug Felix vor. »Er wird wohl noch auf freiem Fuß sein. Wirkliche Beweise, dass er den Schmuck dort hinterlegt hat, gibt es ja nicht, und so ohne weiteres darf man keinen festnehmen.«

»Okay, du Hobbykriminalist.« Laura grinste und nahm dafür einen Bodycheck in Kauf. »Obwohl du dir sicher sein kannst, dass ich auch deinen Franz *genau* beobachten werde.«

Justus ging es heute besser. Er hatte in der Morgendämmerung einen ausgiebigen Strandspaziergang bis zum neuen Hafen unternommen. Es hatte ihm gefallen, die wenigen Schiffe dort zu beobachten, und es war interessant gewesen, als die ersten Segler durch die Schleuse kamen. Er hatte so etwas noch nie gesehen, und dieses Angleichen des Wasserstands hatte ihn fasziniert. Was für ein Anblick, diese davonsegelnden Boote! Ein bisschen hatte ihn sogar das Fernweh gepackt, doch einen Urlaub würde er sich bei seinen mickrigen Einkünften niemals erlauben können. Trotzdem hatte es ihm Spaß gemacht, zu träumen und ein bisschen Urlaubsgefühl zu verspüren, denn das, was er nun tun musste, hatte mit einem guten Gefühl herzlich wenig zu tun. Am schlimmsten war, dass er auf dem Zeltplatz mittlerweile auffiel, wie immer, wenn man sich zu lange am selben Ort aufhielt. Ein grober Fehler, den man stets büßen musste. Die neue Familie mit ihrem Hamburger Slang nervte mit dem ewigen Gemotze wegen des Schlauchboots, der arme Junge dürfte wohl längst eingesehen haben, dass es ein Fehler war, seine Klamotten zu Hause gelassen zu haben. Gegenüber tobte der Krieg ums Territorium zwischen den Holländern und der anderen Familie aus Bochum weiter. Die Holländer taten Justus mittlerweile richtig leid. Es war eine Schande, wie sich die Leute aus seinem Nachbarort verhielten, aber Idioten gab es überall. »So wie du selbst«, flüsterte er. Mit Ruhm bekleckerte er sich ja gerade nicht. Aber er musste überleben. Irgendwie.

Justus hasste Familien sowieso. Und vor allem hasste er *große* Familien, wie diese Schlauchbootcombo. Und noch mehr hasste er die dazugehörigen Omas. Nicht an den Qualm denken, den seine immer umwabert hatte, das verursachte bloß miese Laune. Das alles hatte er auch mal gehabt. Oder besser: Das alles war ihm versagt geblieben, weil sich rings um ihn herum zwar viele Geschwister und unzählige »Väter« getummelt hatten, und die Frau, die ihn geboren hatte, ließ sich sogar Mama rufen. Dennoch war das Ganze von einem Familienleben weit entfernt gewesen. Justus hätte es sich gewünscht, dass sich jemand über vergessene Shirts aufgeregt hätte. Bei ihm wäre nicht einmal aufgefallen, ob er überhaupt eins trug. Es hatte keinen gekümmert, weder die Mutter noch die Oma. Den »Vätern« war es ohnehin egal, was der älteste Spross der LAG (wie er den Begriff Lebensabschnittsgefährtin hasste) so trieb, und seine »Mama« interessierte sich nur für sich und den nächsten Lover, der stets rasch und ohne viel Aufhebens bei ihnen einzog, ein weiteres Kind hinterließ und genauso sang- und klanglos wieder verschwand, wie er gekommen war.

Also war Justus eines Tages gegangen, er war nicht einmal sicher, ob es überhaupt jemand bemerkt hatte. Aber wenn er dann Familien erlebte, die sich umeinander kümmerten, und sei es nur, dass sie über ein Schlauchboot debattierten, empfand er das als pure Provokation. Mischte sich dann auch noch eine Oma ein, hätte er jedes Mal kotzen können, denn seine Oma kannte er nur betrunken und mit Kippe in ihrem Ohrensessel. Eine alte Hexe, die man nur hörte, wenn sie lautstark nach ihren Zigaretten oder einer weiteren Flasche Bier verlangte.

Ja, Justus hatte den Augenblick des Friedens am Hafen mit Blick über die morgendliche Nordsee genossen. Wie ein Spiegel hatte sie vor ihm gelegen, die einzigen Wellen wurden von den ausfahrenden Schiffen verursacht. Am Horizont waren riesige Frachter entlanggeglitten, rechts ragten die Hafenanlagen des Jade-Weser-Ports neben gewaltigen Schornsteinen empor. Dieser Anblick trübte die Idylle, und er hatte sich gefragt, warum die Leute die einen Fabrikanlagen verließen, um hier andere zu sehen. Aber im Ruhrpott fehlte eben die Nordsee.

Zurück zum Campingplatz war Justus nicht am Strand, sondern am Hooksmeer entlanggelaufen. Auch diese Ruhe hatte seinem Gemüt gutgetan.

Als er den Platz wieder erreicht hatte, war er erstaunt gewesen, wie viele Camper mittlerweile aktiv waren. Ein einziges Kommen und Gehen. Ihm begegneten zwei Männer, die er mit der Alten in Verbindung brachte, weil er sie bereits zusammen gesehen hatte. Einmal handelte es sich um diesen ältlichen Harley-Typen, der mit seinem breitbeinigen Gang unverwechselbar war. Und dann um den Mann, der sogar um diese Tageszeit wirkte, als sei er dem Neckermann-Katalog, Abteilung Dressman, entstiegen.

Es wurde Zeit, dass er endlich verschwinden konnte. Einen Notfallplan hatte er schon in der Nacht erarbeitet, davon wusste sein Boss nichts, und er würde auch nichts erfahren. Nun galt es noch, die Pflicht zu erfüllen, und alles war paletti. Auf Wiedersehen, Friesland. Oder Wangerland, warum auch immer man das unterschied.

Justus näherte sich Billes Parzelle, vielleicht bekam er sie nun zu fassen? Doch dann wich er erschrocken zurück. Was für ein Scheiß, da waren Bullen!

Franz sah die zwei Mädchen und Felix auf seinen Platz zurennen. Bei den Jugendlichen schien höchste Eile geboten. Es war bestimmt ein Schock für sie gewesen, als sie erfuhren, was man ihrer Oma vorwarf. Am schlimmsten war das Gekeife der Nachbarin. Diese Salome mit dem Mann, der wirklich aussah, als hätte sie ihn längst enthauptet und als habe er seinen Kopf nur zum Schein wieder angeklebt, damit sie es jederzeit wiederholen konnte, wenn es ihr beliebte. Himmel, hatte das Weib sich echauffiert. Sie habe es ja immer gewusst, mit den Leuten aus dem Pott, diesen Nordrhein-Vandalen, könne man unmöglich friedlich zusammenleben. Sie neigte dazu, alles auf einer Tonlage abzusingen, ohne Höhen und Tiefen, was zumindest das Abschalten der Aufmerksamkeit erheblich erleichterte.

»Franz, wir brauchen deine Hilfe!«, stieß Felix aus, als er mit seinen identisch aussehenden Schwestern völlig außer Atem vor ihm stand. »Es geht um Oma Bille.«

»Das Problem kenne ich.« Franz winkte ab. »Und das Dumme ist, dass ich gerade bis zum Hals mit drinhänge. Habt ihr das mitbekommen?«

»Ja, wir wissen das. Sie glauben, dass du den Schmuck –«

»Ich habe ihn dort nicht hingepackt.« Franz hob abwehrend die Hände und unterbrach damit Felix' Ausführungen.

»Das sagt auch keiner. Wir müssen aber den Schuldigen finden.« Das eine Mädchen – es bewegte sich ständig und wirkte äußerst selbstbewusst – sprach mit drängender Stimme, während das andere verlegen die Hände ineinander verschränkt hielt und den Blick zum Boden senkte.

»Laura, erkläre ihm, was wir wollen!«, forderte Felix sie auf.

»Dir können sie doch nichts«, legte Laura los. »Was sollen die dir denn anlasten? Bloß weil du am Morgen über den Platz spaziert bist und Harley fährst?«

»Nun, ich könnte zuvor eingebrochen sein, mich zu Bille geschlichen und das Diebesgut dort deponiert haben. Das glaubt die Polizei, und ich kann meine Unschuld nicht beweisen.« Franz lächelte schief, denn richtig wohl fühlte er sich bei dem Gedanken nicht. »Bin ziemlich überrascht, dass ihr mich nicht für den Dieb haltet.« Und es tut gut, dass es so ist, fügte er in Gedanken hinzu. Er mochte die drei, das hatte er schon am Strand gedacht. Und er mochte die Vertrautheit, die zwischen ihnen und Bille herrschte. Dass die Jugendlichen sie jetzt nicht hängenlassen wollten, sondern auf eigene Faust versuchten, ihr zu helfen, sprach ebenfalls Bände.

»Oma Bille sagt, du warst nicht in ihrem Wohnwagen, aber trotzdem haben sie all den Kram bei ihr gefunden. Also muss es jemand anders gewesen sein«, bekräftigte das Mädchen nun ihre Argumentation.

Franz zuckte mit den Schultern. »Nur wer? Sie hat schließlich nichts bemerkt – und zu glauben, sie selbst sei eine Diebin, ist doch absurd.«

»Du musst uns helfen, Franz!« Laura verlegte sich aufs Flehen.

»Eure Oma mag mich nicht. Ich befürchte, sie möchte auch gar keine Unterstützung von mir. Vor allem, wo sie nun überflüssigerweise glaubt, ich und diese dumme Tina ...« Er brach ab. »Warum sollte ich ihr helfen?«

»Schon in deinem eigenen Interesse. Immerhin beschuldigt man dich, den Schmuck geklaut zu haben«, meldete sich Annemie zu Wort.

»Nun, was soll ich denn tun?«, fragte Franz schließlich. Er verstand nicht, worauf die Kinder hinauswollten.

»Es gibt noch ein weiteres Problem«, druckste Laura herum. »Der Diebstahl ist längst nicht alles, was Oma Bille in den Knast bringen kann.«

Franz hob fragend die Brauen. Da hatte er Bille wohl komplett falsch eingeschätzt. Sie schien es ja faustdick hinter den Ohren zu haben. »Dann schießt mal los, ihr drei!«

Felix fasste zusammen, was sie von Oma Billes misslicher Lage und den Lammfelldecken wussten. »Und der Typ schleicht hier über den Platz!«, beendete er seinen Bericht. »Könnte es sein, dass er sogar dein Zeltnachbar ist? Ich glaube, er pennt in dem Zelt da drüben!«

»Justus? Das wäre heftig«, sagte Franz verdattert. »Dieser Mistkerl!«

Die drei nickten. »Aber das ist gerade das geringere Problem.«

»Stimmt. Den kaufen wir uns später. Es wird erst einmal schwierig für Bille zu beweisen, dass sie den Schmuck nicht gestohlen hat. Sie hätte schließlich ein handfestes Motiv. Da muss man nur eins und eins zusammenzählen. Und das alles weiß die Polizei?«

Die drei nickten. »Leider ja. Aber wir müssen Oma Bille helfen. Also den wahren Dieb finden und ihre Schulden bezahlen«, fasste Felix zusammen.

»Selbst wenn sie mal kurz mit dem Gedanken gespielt hat, irgendwo einzusteigen, sogar, wenn sie es tatsächlich getan hat«, begann Laura, brach aber ab, als sie Franz' fragenden Blick sah. »Na, jedenfalls passt Diebstahl – oder irgendetwas anderes zu tun, was Unrecht ist – nicht zu ihr. Ganz und gar nicht!«

Franz musste ihnen recht geben. Bille war zurückhaltend, diplomatisch. Freundlich. Nur eines sicherlich nicht: unehrlich. So etwas spürte er immer sofort. Und genau das war es ja, was ihn von Beginn an fasziniert hatte.

»Ich überlege mir was«, sagte er nach einer Weile, in der er nur dagesessen und seinen Bart gekrault hatte. »Ich weiß im Augenblick noch nicht, was zu tun ist, aber mir fällt was ein. Zur Not hab ich ja meine Jungs hier.«

Den dreien stand die Erleichterung ins Gesicht geschrieben.

»Du, wir hätten tatsächlich schon eine Idee. Ehrlich gesagt sind wir genau deshalb hier.« Felix blickte verlegen auf den Boden.

Von nebenan drang das Bochumer Gekeife herüber, sie setzten zur Verteidigung ihres Territoriums gegen die Holländer mittlerweile Wasserwerfer in Form von Pumpguns ein, was die Holländer wiederum dazu veranlasste, sich mit Wasserbomben in den unterschiedlichsten Farben zu wehren.

»Ihr habt also schon eine Idee?«, fragte er bewusst vorsichtig, denn er traute den dreien einiges zu, und das nicht nur im positiven Sinn. Sie hatten es garantiert faustdick hinter den Ohren.

»Kannst du wetten?«, fragte Laura.

»Klar kann ich wetten. Um was?« Er lachte erleichtert. Es schien nur halb so schlimm zu werden wie befürchtet.

»Nicht so. Anders.«

»Anders«, wiederholte er. »Wenn ihr euch bitte angewöhnen könntet, Klartext zu reden, würde das unsere Kommunikation immens erleichtern.«

»Wir dachten an eine Pferdewette auf der Rennbahn«, stieß Felix hastig aus. Er war so aufgeregt, dass seine sonst so dunkel verstellte Stimme abrupt in den Sopran gewechselt war.

»Pferderennen?«, hakte Franz nach. Das war schlimm, sogar schlimmer als gedacht. »Davon habe ich null Ahnung.«

Annemie klatschte in die Hände. »Das ist voll super!«

»Ich sagte, ich habe null Ahnung!«, wiederholte er.

»Es nützt eben nichts«, unkte Felix, »wenn man keine Ahnung hat, wird man auch nichts gewinnen!«

»Ja, das stimmt, aber bei diesen Glücksspielen gilt die Regel: Das Glück ist mit den Doofen.«

»Herzlichen Dank!« Franz schüttelte den Kopf. Die Probleme türmten sich mittlerweile zu einem hohen Berg.

»Ja, das steht doch so ähnlich in der Bibel. Selig sind die geistig Armen. Ich habe es nur frei übersetzt.«

»Wann soll das Rennen denn sein?«, versuchte Franz sich Luft zu verschaffen.

»Am Wochenende«, sagte Felix. »Danach ist sowieso alles zu spät. Wir reisen bald ab, und auch wenn sich die Sache mit dem Diebstahl erledigt: Es wartet der Bodybuilder, wenn er Oma Bille wie der böse Wolf nicht schon gleich verschlingt. Meinst du, da ist was zu machen?«

Franz wiegte abschätzend den Kopf. »Ich weiß es nicht. Ehrlich gesagt habe ich in meinem ganzen Leben noch keine Rennbahn betreten, und Pferde kenne ich nur als wohlschmeckenden Sauerbraten.«

»Pfui!«, stieß Laura aus.

Felix packte sie am Arm. »Das ist jetzt kein Thema«, zischte er.

»Aber du weißt schon, was ein Pferd ist?«, provozierte Laura ihn. »Vorne Kopf, hinten Schweif, dazwischen langer Körper, auf dem man sitzen kann, und vier Beine mit Hufen?«

Annemie wurde blass, sie schien zu fürchten, dass die Stimmung kippte, aber Franz war von seinen Jungs einige Dinge gewöhnt. »Ja, Laura, das weiß ich. Nur ändert das nichts an meiner Unerfahrenheit bei Pferdewetten. Auf das Doofenglück zu vertrauen, halte ich für sehr gewagt. Einer muss den Spaß schließlich bezahlen!«

»Wir wollen gewinnen«, meinte Laura. »Um jeden Preis!«

»Trotzdem muss einer den Einsatz vorlegen.« Franz schüttelte den Kopf. Wo war er da hineingeraten? Die Jungs würden ihn killen.

»Wir haben keine andere Wahl«, sagte Felix bestimmt.

Franz dachte kurz nach. Er wusste nicht, ob er das alles wirklich wollte. Bille lehnte ihn ab, ging mit diesem Dressman aus. Sollten die Kinder doch den fragen! Aber dann sagte er in beschwichtigendem Ton: »Wir treffen uns nachher beim Grillen. Bille darf ja vorerst auf dem Platz bleiben, sie haben sie zum Glück nicht mitgenommen. Und euer Vater wollte es nicht absagen, weil er alles eingekauft hat und weil er glaubt, es lenkt Bille etwas ab.«

»Stimmt«, sagte Felix. »Bis dahin sind wir bestimmt alle ein Stück weiter.«

Harry Sitter beobachtete schon seit dem frühen Morgen das Geschehen auf dem Nachbarplatz. Erst hatte der dämliche Rocker bei Bille rumgesessen und seine Witzchen gerissen, später war die Polizei aufgetaucht. Bille ging es gerade richtig an den Kragen. Selbst schuld, wo sie ihn gestern hatte abblitzen lassen! Mit keinem Cent wollte sie sich an seiner Immobilie beteiligen! Weggeguckt hatte sie und dieser Kinder in die Luft werfenden Familie nachgeschaut. Wo lag sein Fehler? Er war charmant, hatte sie zum Essen ausgeführt, sah super aus. Harry schaute in den Spiegel, fuhr sich durchs Haar und legte die Locken einen Millimeter nach links. Dann drehte er sich, zupfte das T-Shirt über dem Bauch zurecht. Gut, er hatte zwei Kilo zu viel auf den Hüften, aber eben nur zwei. Da schoben andere in seinem Alter ganz andere Lokomotiven vor sich her. Mit seinen Absichten konnte er sich das allerdings nicht leisten. Und außer bei Bille war er noch nie gescheitert. Er konnte es drehen und wenden, wie er wollte: Es hatte sich nicht gelohnt, auch nur einen Cent in diese Omi zu investieren, da hatte er weiß Gott schon bessere Deals gemacht.

Bille Rubens war auf jeden Fall die konservativste Frau, die ihm je begegnet war. Abwarten war ihre Devise. Alles von vorn bis hinten beleuchten, wieder neu abwägen. Es war zum Mäusemelken! Dieser Eimer würde nicht voll werden, sie schöpfte von oben ständig etwas ab. Und nun hatte sie die Bullen auf dem Hals.

Er sollte das Weite suchen und sich einen anderen Campingplatz mit neuen, betuchteren Frauen erobern. Hooksiel war zu einem heißen, aber wenig lukrativen Pflaster verkommen. Er musste jetzt an sich selbst denken, hier war so ziemlich alles schiefgelaufen, was schieflaufen konnte. Er war arm wie eine Kirchenmaus, hatte eine Investition getätigt, die sich als Fehlschlag erwies, und momentan bestand keinerlei Aussicht auf Veränderung, denn seine fest eingeplante zu melkende Kuh hatte den Milchhahn abgedreht. Oder besser, das Euter zugeklemmt. Nein, seine Arbeit und Mission waren erfüllt. Er hatte alles gegeben und war dennoch in jeglicher Hinsicht gescheitert. Und was das Schlimmste für ihn war – er drehte sich noch einmal vor dem Wohnwagenspiegel und schüttelte verständnislos mit dem Kopf –, sein Charme, dem alle, wirklich alle Damen rasch verfielen, hatte nicht ausgereicht, Billes Herz zu erobern und sie dazu zu bringen, ihm ihre letzten Ersparnisse anzuvertrauen. Sprich: Er würde keinen Liebeskummer, keinen Schmerz hinterlassen, weil sie ihn stets auf Abstand gehalten hatte und ihm nicht hoffnungslos verfallen war. Sie hatte sich nicht mit Haut und Haaren in ihn verliebt, so dass ihre Nächte schlaflos und ihr Verstand völlig ausgeschaltet waren. Aber so wollte er es haben, so brauchte er die Frauen. Willenlos wie eine Sklavin und anschmiegsam wie ein Kätzchen, das er in letzter Minute aus einem reißenden Fluss gerettet hatte. Bille hingegen führte sich auf wie eine erwachsene Katzendame. Zwar schnurrte sie, blieb aber dennoch auf Distanz, hatte sogar diesen »Rühr mich nicht an«-Blick drauf. Und sie würde, davon war Harry überzeugt, ihre Krallen ausfahren und sie kurzerhand in seinem Handrücken versenken, sollte er die von ihr gesetzte Distanzlinie überschreiten.

Das alles kratzte sehr an seinem Ego. Aber: neues Spiel, neues Glück. Die nächste Frau würde er sich etwas besser ansehen, bevor er seine Energien vergeudete. Gerade als Harry sich auf den Weg zur Rezeption machen wollte, um seine Abreise klarzumachen, kamen ihm die beiden Beamten entgegen. Sie hielten jeder ein belegtes Käsebrötchen in der Hand. Da schoss Harry eine grandiose Idee durch den Kopf.

»Wollen Sie zu Frau Rubens?« Er stellte sich den Polizisten breitbeinig in den Weg.

»Moin erst mal«, schmatzte der Dickere und biss noch einmal ab.

»Ja, Moin. Darf ich mich vorstellen? Mein Name ist Harry Sitter. Ich habe meinen Caravan neben Frau Rubens stehen und kann Ihnen in der Diebstahlsache weiterhelfen.«

Der Dünne wurde hellhörig und verlangsamte die Kaubewegungen. »Gehört Ihnen dieses monströse Geschoss? Wirklich moi, der Wagen.« Er hieb seine Zähne wieder ins Brötchen.

Harry nickte. »Ja, ich bin Caravaner durch und durch, und ich mag keine Enge um mich herum. Aber deswegen halte ich Sie nicht an und störe Sie in Ihrer Frühstückspause.«

Der Dicke hatte das Brötchen mittlerweile völlig vertilgt und sah Harry abwartend an. »Was möchten Sie uns denn so dringend mitteilen?«, fragte er und wischte mit dem Handrücken einen Krümel vom Mund.

»Ich muss eine Aussage machen, weil ich etwas gesehen habe.«

Der Kleinere hielt sein Brötchen dem Kollegen hin, der das Angebotene dankbar annahm.

»Um was für eine Aussage handelt es sich? Belastet sie Frau Rubens?«

Harry lachte auf. »Das kann ich nicht beantworten, weil ich nicht weiß, in welchem Verhältnis sie zu diesem Rocker steht.«

Nun zog auch der Dicke die Brauen hoch, das zweite Brötchen war inzwischen ebenfalls in seinem Mund verschwunden, und nach einem letzten Schlucken war er in der Lage, dem Gespräch wirklich zu folgen. »Schießen Sie los!«, bat er Harry.

Der plusterte sich auf wie ein Pfau, ja, er schlug regelrecht ein Rad, denn das war eine Situation, die er mehr schätzte als alles auf der Welt. Er hatte ungeteilte Aufmerksamkeit, und das von der Staatsgewalt persönlich!

»Nun, meine werten Herren, ich habe diesen Wilden – ich meine, wer tätowiert sich schon Indianerköpfe auf die Haut – morgens über den Platz schleichen sehen.« Harry nickte selbstgefällig. Er wirkte überaus überzeugend, das erkannte er an den neugierigen Blicken der Beamten. Im Prinzip war an ihm ein Schauspieler verlorengegangen. Harry Sitter auf der Bühne wäre ein bombensicheres Erfolgsrezept gewesen, aber er hatte sich für andere Inszenierungen entschieden, weil die ihm in der Vergangenheit zwar keinen Ruhm, aber immerhin ein gut gefülltes Bankkonto beschert hatten. Inszenierungen wie diese oder die auf seiner Frauenbühne. Er versicherte sich ein weiteres Mal der ungeteilten Aufmerksamkeit, verneigte sich leicht, wie es ein guter Schauspieler seinem Publikum gegenüber tat, und sprach mit ruhiger Stimme. Er musste die beiden Beamten mit seinem Schauspiel beeindrucken, dann lief das Stück wie von selbst.

»Der gute Mann war nicht in harmloser Mission unterwegs, wenn Sie wissen, was ich meine!«, tönte Harry mit Überzeugungskraft.

»Nö«, kommentierte der dünnere Polizist. »Ich weiß nicht, was Sie meinen.« Er wandte sich an seinen Kollegen. »Du?«

»Nö.«

»Jou.«

»Er war bei Bille Rubens! Die beiden haben sich so laut unterhalten, dass es nicht zu überhören war!«, versuchte Harry es erneut.

»Ich denke, Sie haben ihn über den Platz schleichen sehen? Was denn nun?«, hakte der dünne Polizist nach.

Harry zuckte zurück. Grober Fehler in der Dramaturgie, den es auszumerzen galt, wollte er seine Glaubwürdigkeit nicht verlieren. Er hatte sich zu sehr von seinen Gedanken ablenken lassen. Er schluckte, sog die Luft tief ein und lächelte. Das half immer. »Ja, das hab ich auch! Sogar ein Mann wie ich muss dorthin, wo selbst der Kaiser zu Fuß hingeht, Sie verstehen, was ich meine?« Er zwinkerte den beiden Männern zu, was die offensichtlich falsch verstanden (kein Mann zwinkert dem anderen zu, verdammt!) und erschrocken einen Schritt rückwärts machten.

Wieder so ein blöder Fehler, Harry Sitter, du wirst alt. Jetzt denken die noch ... Also nächster Versuch der Glaubwürdigkeitsaktion. »Sie wissen doch: Prostata! Hat man in meinem Alter«, setzte er verschwörerisch hinzu, und sofort wurde ihm klar, dass auch das die verkehrte Ansage war, denn die Beamten waren mindestens 15 Jahre jünger und hatten sicher eine Prostata, aber die damit einhergehenden Beschwerden waren ihnen bestimmt nicht geläufig: dieser unerträglichen Harndrang, vor allem zu nachtschlafender Zeit.

»Nun, es ist schade, dass Sie gesundheitliche Probleme haben, Herr Sitter, das tut uns außerordentlich leid, wirklich. Aber was hat Ihre Prostata mit dem morgendlichen Spaziergang von dem Harley-Fahrer, Herrn ... wie hieß er noch gleich, zu tun?«

Harry räusperte sich, obwohl ihm als gewiefter Blender klar war, dass diese Geste nur Unsicherheit demonstrierte. Verdammt, die beiden friesischen Dick-und-Doof-Polizisten hatten so gut wie nichts gesagt und es dennoch geschafft, ihn völlig aus der Fassung und von seinem inneren Drehbuch abzubringen.

»Ich war auf der Toilette.« Harry musste sich ein zweites Mal räuspern, und nun begriffen die beiden endlich, *was* er ihnen mit dem Kaiser und der Prostata zu sagen versuchte.

»Und da war der Harley-Mann auch«, ergänzte der Dicke. »Hat der auch Prostata?«

»Das weiß ich nicht«, sagte Harry. Er war furchtbar auf dem Holzweg und weit entfernt von der Aussage, die er eigentlich machen wollte. »Also, ich kenne sein Krankheitsbild nicht, aber ich habe ihn gesehen, weil ich wegen meiner Blasenschwäche so früh auf der Toilette am Waschhaus war.«

Jetzt schien es bei den Polizisten endgültig »Klick« zu machen.

»Aber Sie haben doch eine Toilette in ihrem Mammut-Caravan«, bemerkte der Dünne. »Warum gehen Sie denn zum Waschhaus? Würde ich nicht tun.«

Harry ertappte sich bei einem dritten Räuspern. Verdammt, er wollte Bille eins reinwürgen, stattdessen unterhielt er sich mit zwei wildfremden Beamten über …

»Ich hatte noch andere Bedürfnisse«, murmelte er. »Sie verstehen? Und das möchte ich nur ungern … die Chemietoilette muss man selbst leeren.« Viertes Räuspern.

»So weit, so gut«, grunzte der Dicke. »Das ist ja alles sehr informativ, nur was wollten Sie uns denn eigentlich sagen? Ich meine, was ist daran so schlimm, wenn man einen anderen Camper auf der Toilette und später bei einer Dame antrifft?«

»Schlimm daran ist, dass ich den Rocker am frühen Morgen *mit einem Beutel* in der Hand über den Platz schleichen gesehen habe«, bölkte Harry. Wie tief war er gesunken! »Und später ist er auf der Parzelle von Frau Rubens aufgetaucht.« Endlich hatte Harry die Bullen gedanklich dort, wo er sie haben wollte.

»Hatte er den Beutel da noch?« Der Dünne holte einen Block aus der Tasche und notierte Harrys Aussage, der betete, dass er den Teil mit der Prostata weglassen würde.

Der Dicke erfragte Harrys Telefonnummer. »Muss Sie ja erreichen können, wenn das vertieft werden sollte.«

»Ich reise heute noch ab.«

»Das tun Camper öfter mal«, sagte der Dicke grinsend.

»Ja, man ist eher ein Weltenbummler und muss weiterziehen wie ein Zugvogel –«

»Hm«, unterbrach ihn der Dünne in einer für ihn ungewöhnlichen Geschwindigkeit. »Wo soll es denn hingehen? Falls wir Sie erreichen müssen, wäre es für uns gut, das neue Ziel zu kennen.«

»Nicht weit«, erwiderte Harry. »Nur bis Schillig!« Sein Lächeln erstarb, als er die amüsierten Gesichter der beiden Beamten wahrnahm. Er war ein Idiot.

Von Hooksiel bis Schillig waren es gerade mal elf Kilometer. So viel zum Thema Weltenbummler! Verdammt, warum machte er solch gravierende Fehler? Es wirkte beinahe so, als hätte Bille Rubens ihn verhext!

13. Kapitel

Jan hatte den Grill beizeiten angemacht, während Bille sich mit dem Abschmecken des Kartoffelsalats ablenkte. Ihr ging es wirklich mies.

Was auch immer sie in den letzten Tagen begonnen hatte, war in die Hose gegangen. Ob es eine gute Alternative gewesen wäre, Fleischermeister Häwelmann zu erhören und ins Wurstgeschäft einzusteigen? Wäre sie dadurch von aller Unbill verschont geblieben? Sie würden vielleicht nur noch ab und zu Würste herstellen, denn wegen ihr würde er sich bestimmt bald um einen Nachfolger kümmern. Oder auch nicht. So ein Blödsinn. Herr Häwelmann lebte für seine Würste, seinen Laden und sämtliche Gewürzkreationen, die er für die Herstellung brauchte. Er würde das für sie nicht aufgeben. Es war anzunehmen, dass er selbst im Rollstuhl sitzend noch Gedärme füllte.

Bille wendete den Salat heftiger als gewollt. Es lief wirklich mies. Zwar war der Bodybuilder nicht mehr aufgetaucht, das bedeutete allerdings nicht, dass die Kuh vom Eis war. Harry hatte seinen Caravan vorhin verlassen, hatte ihr nur kurz zugenickt und war einfach verschwunden. So wie sein Gefährt, das wenig später von einer Firma abgeholt wurde. Er wollte definitiv nichts mit einer vermeintlichen Diebin zu tun haben. Das verletzte Bille mehr, als sie sich eingestehen wollte. Sie hätte ihm die Umstände so gern erklärt, aber das war nun ausgeschlossen, sie kannte ja nicht einmal seine Telefonnummer.

Was sollte sie nur tun? Es war bestimmt nur eine Frage der Zeit, bis die beiden Polizisten mit Handschellen vor ihr standen, weil sie sie als überführt erachteten. Bille hatte es nur Jan zu verdanken, dass sie nicht mit aufs Revier hatte fahren müssen.

Sie sah zu ihm hinüber. Er sang beim Einheizen der Kohlen, aber Bille wusste, dass es eher eine aufgesetzte Fröhlichkeit war. Er wollte die Angst, die die Familie Winterberg lähmte, einfach nicht zulassen. »Wir wissen, dass du nicht die Schmuckräuberin bist, Oma Bille«, hatte er gesagt, als die Beamten den Campingplatz verlassen hatten. »Und die Polizei weiß es auch, sonst hätten sie dich trotz meines Einspruchs mitgenommen. Der Schuldige wird sich finden. Ich glaube, da will dich jemand reinlegen.«

»Aber wer?«, hatte Bille geflüstert. Sie tat doch keiner Fliege was zuleide. Allerdings hatte sie einen Feind. Der war jung, der hatte sie übers Ohr gehauen, und sie schuldete ihm mehr Geld, als sie je irgendwem geschuldet hatte.

Jan strahlte stets eine unglaubliche Ruhe aus. Selbst jetzt, wo er »An der Nordseeküste« trällerte und dabei die Kohlen behutsam auflockerte, damit sich die Glut richtig verteilen konnte.

»Was macht der Gurkensalat, Oma Bille?«, rief er zu ihr hinüber, als er sah, dass sie gerade den Kartoffelsalat nachwürzte.

»Kommt als Nächstes!«, antwortete sie. Gehobelt waren die Gurkenscheiben schon, nun galt es, das passende Dressing herzustellen.

»Hast du an Dill gedacht?«

»Ja doch!« Bille wusste, wie liebend gern Jan dieses Kraut an den Salatgurken mochte, und natürlich hatte sie es fein geschnitten und würde es unter die Marinade mengen. »Es ist alles genauso, wie du es magst, Jan. Im Kartoffelsalat zwei saure Äpfel, an die Gurken kommt der Dill, und ich habe eine feine Tomatensoße zum Fleisch gemixt. Das schmeckt besser und ist viel gesünder als euer Zuckerketchup.«

Die Zwillinge kamen frisch geduscht mit Maja vom Waschhaus. »Das riecht ja schon gut!«, riefen sie, und auch Bille musste zugeben, dass der Duft der Holzkohle richtiges Urlaubsflair verbreitete. Ihr Magen knurrte nun doch, sie hatte außer ihrem spartanischen Frühstück vor Aufregung nichts essen können.

Vielleicht war es wirklich am besten, den Abend einfach zu genießen. Sie hoffte so sehr, dass sich alles aufklärte! Sie hatte tatsächlich einen Einbruch begangen, aber in einem ganz anderen Wohnwagen, und sie hatte das Geld zurückgebracht, also war es kein Diebstahl. Was aber war, wenn die jungen Leute von den jüngsten Ereignissen erfuhren und ihren Verdacht gegenüber der Polizei äußerten? Sie hatten ihr schließlich nicht geglaubt, das war sehr deutlich gewesen. Wie auch immer, sie kam ohne Hilfe aus dem Schlamassel nicht raus. Allein wegen der 2000 Euro musste sie früher oder später mit den Winterbergs sprechen. Sie sollte ihnen vertrauen, denn sie hatten am heutigen Tag nichts anderes getan, als vorbehaltlos zu Bille zu halten. Während Oma Bille vor Angst wie gelähmt auf ihrem Campingstuhl verharrte und die Anklagen gegen sie kommentarlos zur Kenntnis nahm, war Jan zum Tiger mutiert und hatte ein Plädoyer gehalten, von dem jeder Anwalt träumen konnte. Danach durfte Bille auf dem Platz bleiben. Die Polizei ging offenbar davon aus, dass man ihr den Schmuck untergeschoben und ihre sprichwörtliche Gutmütigkeit ausgenutzt hatte. Eine alte Dame als Schmuckräuberin solchen Ausmaßes kam wohl auch den Beamten unglaubwürdig vor.

Maja hatte inzwischen mit den Mädchen den Tisch gedeckt, allerdings mit fünf weiteren Gedecken. Franz würde seine Kumpels also tatsächlich mitbringen.

Und tatsächlich, er wurde von drei weiteren Rockern begleitet, was ein breites Grinsen auf Felix' Gesicht zauberte. Der eine Mann war dünn und mit einem Zopf bis fast auf die Hüfte, das musste Mike sein, davon hatte Felix gesprochen. Dahinter lief mit leicht abgespreizten Armen ein Mann, der regelrecht zum Fürchten aussah. Er war jünger als Franz, kräftiger, trug eine dunkle Sonnenbrille, ein rotweißes Holzfällerhemd und ein Piratentuch auf dem Glatzkopf. Das war unverkennbar Doc Gringo, der Fat-Boy-Fahrer. Langer Bart, finsterer Blick, aber mit freundlichen Augen, wie Bille feststellte, als er kurz zu ihr kam und sie mit einem Lächeln begrüßte. »Bin Doc Gringo. Immer der richtige Mann, wenn es um Krankheiten geht.«

»Der war mal Arzt«, erklärte Franz und schaute betreten zu Harley-Fahrer Nummer drei, der mit dem gelben Käppi wie ein pubertierender Sprössling aussah. Das war ErTeEl. Er trug eine Tüte in der Hand, die er demonstrativ auf den Tisch der Winterbergs knallte. »Ich esse nur die, was anderes kommt mir nicht auf den Grill. Die solltet ihr dringend probieren!«

»Sind das besondere Würste?«, hakte Jan nach. »Ich habe unsere direkt beim Dorfschlachter erstanden.«

ErTeEl winkte ab. »Meine sind von freilaufenden Deichschweinen!«

Totenstille.

Bille, die von ihrem Platz aus natürlich alles mitbekommen hatte, wiederholte in Gedanken, was ErTeEl gesagt hatte. Sie war, was Wurstware anging, schließlich eine Menge gewohnt, aber von freilaufenden Deichschweinen hatte sie noch nie etwas gehört.

Jan reagierte wie immer diplomatisch. »Dann leg ich die jetzt mal auf den Grill, die Deichschweine.«

Die Rocker überspielten die peinliche Stille, indem sie Maja einen Blumenstrauß reichten. »Die sind von freilaufenden Deichrockern! Selbst gepflückt. Ökologisch unbedenklich!«

ErTeEl hob den Daumen.

Ökorocker, dachte Bille bei sich. Das musste sie Frau Meyer-Semmelmann erzählen, es deckte sich beinahe mit ihren Friesland-Erzählungen. Wo sonst gab es das? Das war ja beinahe charmant!

ErTeEl nickte Bille nur kurz zu und kümmerte sich um die Überwachung der Deichschweinbratwurst. Mike grüßte Bille ebenfalls nur mit einem kurzen Kopfnicken, Doc Gringos Begrüßung schien für sie Höflichkeit genug gewesen zu sein. Franz kam sofort zu ihr. »Sei ihnen nicht böse. Dass sie lautstark dieses Lied gesungen haben, ist ihnen peinlich, aber das können sie unmöglich zugeben.«

»Weißt du was, Franz? Im Augenblick ist mir das so was von egal. Der Tag war echt schlimm.«

Franz nahm Billes Hand. »Komm mit rüber zu den anderen. Heute Abend keine Probleme! Es reicht momentan, finde ich.«

Bille war von Franz' fürsorglicher Art überrascht, aber sie nahm jegliche Zuwendung auf wie ein ausgetrockneter Schwamm und folgte Franz zu den Winterbergs. Maja hatte ein Lächeln im Gesicht, als warte sie auf den Osterhasen. Ein Stuhl war tatsächlich noch frei. Hoffentlich gab es keine weitere böse Überraschung, dachte Bille.

Sie reichte ihren Kartoffelsalat herum, der vor allem bei den Bikern gut ankam. ErTeEl sah sie begeistert an und nickte mit zusammengepressten Lippen. Das schien von seiner Seite ein Höchstmaß an Lob zu sein, vor allem, als er noch draufsetzte, dass ein Kartoffelsalat nach einem ähnlichen Rezept kürzlich beim *Frauentausch* gezeigt worden war.

Die ersten Deichschweinbratwürste hatten eine gesunde Färbung angenommen, und es roch zugebenermaßen lecker. Bille warf einen Seitenblick auf ErTeEl, der den Teller zum dritten Mal mit Kartoffelsalat vollschaufelte und eine Ecke freiräumte, damit die Bratwurst noch Platz fand.

»Er hat am lautesten gesungen, oder?« Bille deutete mit einem Kopfnicken auf ihn.

»Ja, aber nicht allein«, gab Doc Gringo zerknirscht zu.

»Und wo steckt der Rest eurer Truppe heute?«

»Am Hafen, zum Backfischessen.«

»Da war ich auch schon.« Bille dachte an die köstliche Panade mit dem leckeren Innenleben.

»Die Wurst ist fertig. Rechts die vom Hooksieler Schlachter, links die Deichschweinbratwurst«, sagte Jan.

Bille langte zu, die Bratwurst schmeckte vorzüglich. Der Schlachter aus Hooksiel verstand sein Handwerk, das musste sie ihm lassen, immerhin war sie die Häwelmannsche Qualität gewohnt. Aber diese Wurst hatte eine besondere Note, das verwendete Gewürz ergab einen interessanten Beigeschmack. Bille schrak bei dem Gedanken zusammen. Herrgott noch mal, sie dachte ja schon wie Herr Häwelmann!

Franz zupfte an ihrem Ärmel. »Ich habe dir was mitgebracht, Bille. Ich hoffe, du verstehst uns danach ein bisschen besser.«

Sie sah ihn fragend an und war schon wieder überrascht, wie freundlich seine Augen schauen konnten.

»Du bist ja sehr belesen, wie ich festgestellt habe, aber ich vermute, Bücher über Harleys kennst du nicht.«

Sie zuckte verlegen mit den Schultern. »Harley-Bücher? Nein, das tut mir leid. Um welche handelt es sich?« Bille verspürte wirklich keine Lust, Motorradbücher zu lesen, aber sie wollte nicht unhöflich sein. Im Grunde war sie froh, dass der Zwist zwischen ihr und Franz beigelegt war, und zu allem Überfluss saßen sie nun wegen der Beschuldigungen auch noch im selben Boot.

»›Auf einer Harley-Davidson möchte ich sterben‹ heißt das eine und ›Als Gott Harley-Davidson fuhr‹ das andere.« Er griff in seine Jackentasche und zerrte zwei zerfledderte Taschenbücher daraus hervor.

Bille nahm sie in die Hand. Auf dem einen stand »Leichte Lektüre für Jugendliche«. Wollte Franz sie schon wieder auf den Arm nehmen? Unsicher schaute sie ihn an, doch sein flehender Ausdruck zeigte ihr, dass er es ernst meinte.

»Harley-Fahrer gelten als ewig jung, Bille. Und Frauen wie du auch. Man muss immer das Beste aus allem machen. Warum sollte man als älterer Mensch nicht Bücher für junge Leute lesen? Nenn mir einen Grund!«

Bille zuckte wieder mit den Schultern. Es schien auf jeden Fall mal andere Lektüre zu sein als das, was sie sonst las.

»Danke, Franz, ich schaue gern mal rein. Hab ja Zeit.« Sie stand auf und wollte die beiden Bücher zu ihrem Wohnwagen bringen, als ihr Majas Gesichtsausdruck auffiel. Sie hämmerte ständig auf der Handytastatur herum, flüsterte mit Jan, und anschließend sahen sie zu Bille herüber. Die beiden führten etwas im Schilde, und ihrem Benehmen nach hatte es mit ihr zu tun.

Na, da bin ich ja gespannt, dachte Bille und ging zu ihrem Wohnwagen. Hier war es dunkel und angenehm kühl. Bille warf die Büchlein auf den Tisch, schnappte die Wollstola, die am Haken neben der Tür hing, und huschte durch den Chenillevorhang wieder hinaus. Das Lachen von nebenan, das leise Zirpen der Grillen und der Geruch von Grill und Feuer ließen sie den scheußlichen Tag vergessen. Sie wollte heute lange aufbleiben, damit sie völlig ermattet einschlafen konnte.

Als sie zu den anderen zurückkam, hatte Maja auf dem Tisch kleine Windlichter verteilt, die ruhig im Licht der untergehenden Sonne vor sich hin brannten. Franz war inzwischen von Felix und seinen beiden Schwestern umringt, sie schienen Wichtiges zu besprechen zu haben, so eng, wie sie die Köpfe zusammensteckten. Bille überlegte, zu wem sie sich nun gesellen sollte. Er-TeEl war keine gute Alternative, auch wenn er mittlerweile abseits saß. Sein Kopf war auf die Brust gesunken, ein Gespräch mit ihm würde sehr einseitig verlaufen, denn er war offenbar fest eingeschlafen.

Mike und Doc Gringo redeten mit Jan, der ihnen wahrscheinlich sämtliche Details zur Fat Boy und den anderen Maschinen aus den Rippen leierte. Bille war überrascht, welch große Anziehungskraft die Motorräder hatten. Irgendwie schienen alle sie attraktiv zu finden. Alle außer ihr.

Franz unterbrach sein Gespräch mit den jungen Leuten, als er Bille zurückkommen sah. »Da bist du ja wieder!«

»Hab nur die Bücher weggebracht.«

»Wollen wir uns dorthin setzen?« Franz wies auf zwei freie Stühle im hinteren Bereich der Parzelle. Ringsumher brannten kleine Lichter, Maja hatte wirklich alles gegeben, um eine gemütliche Atmosphäre zu schaffen. Bille folgte ihm. »Du hast eine Freundin?«, fragte sie ihn unvermittelt. Sie wollte sich nicht für sein Privatleben interessieren – und doch brannte ihr diese Frage seit dem Auftauchen der Blondine unter den Nägeln.

»Tina ist nicht meine Freundin. Sie wäre es bloß gern.«

Bille ärgerte sich über die Erleichterung, die diese Worte in ihr hervorriefen. Sie hatte ja wohl gerade genug Ärger mit Harry gehabt, da musste sie sich keinen zweiten Mann ans Bein binden, und schon gar keinen, der a) Harley fuhr, b) Indianerköpfe auf dem Oberarm spazieren trug, c) überaus verwegen aussah und d) zu allem Überfluss auch noch blöde Lieder über sie sang.

»Du hast mir erzählt, dass du keine Motorräder magst und wie dein Freund umgekommen ist«, wechselte Franz das Thema. Seine Stimme klang verletzlich, das irritierte Bille. Ein Mann wie er war doch unangreifbar, ein Fels in der Brandung, an dem niemand einen Kratzer hinterlassen konnte.

»Ja, er ist losgefahren in die Freiheit, und dann hatte er sie ganz. Ich hasse Motorräder.«

»Aber es sterben auch Menschen beim Autofahren, und du setzt dich noch in einen Wagen. Bille, man kann immer und überall umkommen. Das ist das Leben. Magst du nicht doch einen

Versuch auf meiner Harley wagen? Ich habe einen Helm, ich fahre vorsichtig.«

Bille wollte eben empört ablehnen, als sie Franz' Augen sah. Sie schluckte ihre Bemerkung herunter. »Warum willst du das, Franz? Warum ich? Warum nicht Tina?«

Er ergriff Billes Hand. Sie sah sich um, doch alle waren mit anderen Dingen beschäftigt, keiner beobachtete sie. Franz' Hand war hart, durchsetzt von Schwielen, und sie konnte fest zupacken. Trotzdem fühlte sich die Berührung freundlich, fast liebevoll an. »Weil ich dich mag, Bille. Und das sag ich nicht einfach so. Du hast etwas an dir ...«

»Ich bin alt.«

»Ich auch.«

Bille musste lächeln. Das stimmte. Warum war das Altwerden bei Männern nicht solch ein zentrales Thema wie bei Frauen?

»Du hast wunderschöne Augen, Bille. Und du erinnerst mich an meine Frau. Ich habe sie sehr geliebt. Und als sie weg war, weil der Krebs glaubte, sie mir mit Ende vierzig entreißen zu müssen, stand ich vor einem Abgrund. Ich hatte die Alternative, zu springen ...«

»Oder Harley zu fahren?«

Franz nickte. »Die Jungs waren da. Sie haben mich mitgenommen, selbst Typen wie ErTeEl waren ein Halt. Niemand hat es hinterfragt, wenn ich schräg drauf war, keiner hat es verurteilt, als ich mit meinen Frauengeschichten anfing.«

Bille drückte seine Hand. Vor ihr saß nicht der abgebrühte Rocker, der womöglich in fremde Wohnwagen einstieg und Schmuck bei ihr versteckte. »Sie haben dich abgelenkt.«

»Die Frauen, die Jungs ... Aber weißt du was, Bille? Der Abgrund blieb. Ich stehe nicht mehr unmittelbar an der Kante, ich laufe wie ein Tiger davor auf und ab und weiß, dass ich ihm sehr nahe bin. Gut ist es nur, wenn ich auf meiner Electra Glide sitze und mir der Fahrtwind ins Gesicht bläst. Nur dann ist es gut. Und in deiner Nähe.« Franz hob den Kopf, und für einen Augenblick verschmolzen ihre Blicke in einem stummen Verstehen. Alle Geräusche ringsum traten in den Hintergrund, es gab nur sie und Franz.

»Hallo, Tina!«, krähte ErTeEls Stimme plötzlich über den Platz. Die blonde Schönheit hatte Franz entdeckt und stolzierte geradewegs auf ihn zu. Sie ignorierte Bille und umschlang seinen Hals mit ihren spinnenhaften Armen. Bevor Bille darauf reagieren konnte, bog auch Maja um die Ecke. Bille hatte gar nicht bemerkt, dass sie weggegangen war.

Maja war nicht allein. An ihrer Seite lief, mit dem ewig breiten Lächeln im Gesicht und mit einer großen Tüte in der Hand, deren Inhalt eindeutig war – Herr Häwelmann.

»Franz, wir müssen uns kurz zu einer Lagebesprechung zurückziehen.« Felix schlich sich an den Rocker heran, der Tina hinterhersah. Sie hing inzwischen an Mikes Arm, nachdem er, Franz, sie unwillig abgeschüttelt hatte. Im nächsten Moment schnappte sie sich wie selbstverständlich einen Teller, lud eine große Portion Kartoffelsalat darauf und stellte sich zum Grill. Mit schriller Stimme, die den Abend wie mit einer scharfen Glasklinge durchschnitt, tat sie ihre Essgewohnheiten kund. »Eigentlich esse ich ja am Abend keine Kohlenhydrate, und normalerweise bin ich auch noch Vegetarierin, aber wenn sich die Oma solche Mühe macht, dann sage ich nicht nein und esse mit. Das ist doch völlig okay, oder nicht?«

Felix sah sich mit Verschwörermiene um und zupfte Franz am Ärmel. Mit etwas Glück konnte er ihn von der Parzelle lotsen, bevor er den Fleischermeister wahrgenommen hatte.

Der hatte seine Tüte mittlerweile stolz entleert und auf dem Tisch ausgebreitet. Dort lagen jetzt Berge von Würstchen und etliche eingeschweißte Nackensteaks in Paprika-, Kräuter- und Knoblauchmarinade. Er hatte bereits dreimal betont, dass der Anteil der mit Knoblauch marinierten Steaks den geringsten ausmachte, weil ihm bewusst sei, dass die meisten am nächsten Tag ihrer Umwelt mit ihrem Atem nicht zeigen wollten, was sie am Vortag zu sich genommen haben. Und deshalb könne er, weil er selbst diese Geschmacksnote präferiere, durchaus die Paprikavariante empfehlen, die es in der Zusammensetzung nur bei ihm gab, denn er hätte noch ein winziges Geheimnis bei den Zutaten zu bieten.

Oma Billes Gesicht nach zu urteilen, war sie über seinen Besuch nicht mal halb so erfreut, wie Maja es vermutlich erwartet hatte. Aber darauf konnte Felix jetzt auch keine Rücksicht nehmen, Franz schuldete ihm eine Antwort, und sie mussten so rasch es ging zu einem Entschluss kommen.

»Was ist nun?«, fragte Felix nun ungeduldig. »Kommst du? Hier hören zu viele Ohren mit, also müssen wir verschwinden.« Felix sah Franz mit flehendem Blick an, und endlich ließ dieser sich erweichen. »Ja, ich komme.« Doch dann bemerkte er den kräftigen Mann mit den Riesenhänden an Oma Billes Seite. »Wer ist das? Der sieht ja aus wie ein Schlachter.«

»Er *ist* ein Schlachter«, sagte Felix und trat sich in Gedanken selbst in den Hintern, weil er Franz nicht rechtzeitig weggelotst hatte. Mittlerweile hatte auch Laura sich zu ihnen gesellt und warf einen gelangweilten Blick in Oma Billes Richtung. »Ach, der! Das ist nur Herr Häwelmann, der Fleischermeister. Mit dem geht Oma in Oberhausen tanzen. In der Schrebergartenkolonie«, fügte sie hinzu. »Kommst du jetzt, Franz? Wir müssen unseren Schlachtplan entwerfen!«

Franz stand noch immer wie angewurzelt da und schüttelte den Kopf. »Fleischermeister«, wiederholte er.

»Er hat einen Laden in Buschhausen, wo Oma wohnt. Er will sie heiraten, glaube ich«, sagte Annemie, die ebenfalls hinzugekommen war. Felix trat ihr auf den Fuß, was sie mit einem Ellenbogencheck kommentierte.

Franz hatte ihre Worte zur Kenntnis genommen, wirkte allerdings nach wie vor fassungslos. »Aber weshalb ist sie dann mit diesem Schönling ausgegangen? Wenn es doch einen Mann in ihrem Leben gibt?«

»Du meinst Harry?«

Franz nickte.

»Weil sie Herrn Häwelmann *nicht* heiraten will. Oma Bille hasst das ständige Dauerwurstthema«, versuchte Felix Annemies Bemerkung wiedergutzumachen. Etwas sagte ihm, dass es besser wäre, wenn Franz in der derzeitigen Situation keine Konkurrenten hatte. Er sah Oma Bille immer so eigenartig an, und in Felix keimte ein Verdacht auf, den er jedoch rasch beiseiteschob. Dass sich ein Rocker für Oma Bille erwärmen könnte, war absolut unwahrscheinlich. Männer wie Franz brauchten eine Tina an ihrer Seite.

Allerdings wirkte Franz nun tatsächlich erleichtert, und Felix beschloss, ihn noch mehr zu besänftigen. »Sie hat nie zugestimmt. Sie isst seine Wurst gern, und sie kauft nur dort, weil sie sagt: Wurst kauft man beim Fleischer und Brot beim Bäcker. Aber sie will ihn deshalb ja nicht gleich heiraten. Echt nicht.« Er machte eine Pause und überlegte, ob ihm ein weiteres Argument einfiel, das Franz beruhigen würde. »Sie pflückt auch nur die Früchte aus seinem Schrebergarten und macht daraus leckere Marmelade. Also ...« Er brach ab. Das war kontraproduktiv, es zeigte eher, wie viel Oma Bille mit Bernd Häwelmann verband.

Franz hatte offenbar genug gehört. »Okay, Kinder. Lasst uns an den Strand gehen und überlegen, ob wir eine Lösung für die wirklichen Probleme dieser Welt finden.«

Bille stand indes noch immer sprachlos vor dem Koloss von Metzger, während Tina sich von ErTeEl bratwursttechnisch beraten ließ. Seine Wurst von freilaufenden Deichschweinen beeindruckte sie sichtlich und ließ sie auch Franz vergessen: Die Bratwürste hatten offenbar eine erotisierende Wirkung auf Frauen, das wollte Felix sich merken. Wer wusste schon, wann man das mal brauchen konnte. In Gedanken notierte er: Wurst von freilaufenden Deichschweinen.

Justus schlenderte auf die Parzelle zu, wo sich verdammt viele Menschen aufhielten. Sie wirkte wie die Partymeile schlechthin. Noch eine Stunde, und der Platzwart würde dem Treiben hier ein jähes Ende bereiten. Das war sein letzter Akt mit der Oma, danach wäre Schluss für ihn, und er konnte abreisen. Das Glück war ihm hold, denn bevor er zu nahe an die Menschenansammlung herangehen musste, sah er die Alte vom Platz eilen. Sie machte einen gehetzten Eindruck und wirkte ziemlich aufgelöst. Justus verkroch sich hinter zwei Büschen und schoss wie aus dem Nichts hervor, als sie auf seiner Höhe angekommen war.

Sie zuckte zusammen, als sei ihr ein Geist begegnet, ihr Gesicht war verheult, das kurze Haar verstrubbelt. »Da sind wir ja wieder«, quetschte Justus zwischen den Zähnen hervor.

»Was wollen Sie hier? Haben Sie mir nicht schon genug angetan? Nun gehe ich Ihretwegen auch noch ins Gefängnis, reicht das nicht?«

Justus erwiderte darauf vorsichtshalber nichts, spitzte die Lippen, legte den Kopf zur Seite und rang sich ein Lächeln ab. »In den Knast willst du wegen der zwei Lammfelldecken? Ja, Omi, da frag ich mich doch, weshalb du so viel Geld zusagst, wenn du es nicht hast? Dafür kann der arme Justus schließlich nichts!«

»Sie haben mir die Sachen aufgeschwatzt. Und die Summe war viel höher, als ich geglaubt habe.« Sie sah ihn an, und ihr Blick erweckte für einen Augenblick tatsächlich sein Mitleid. »Sie haben eine Null zugehalten.«

Justus wollte keine Empathie zeigen. Er war der Macher, er ließ sich von nichts und niemandem mehr beeindrucken oder die Butter vom Brot nehmen. Er musste überleben, und andere, die das auch wollten, hatten bislang nur verdammt wenig Rücksicht auf ihn genommen. Einschließlich seines Bosses. »Wer lesen kann, ist klar im Vorteil, meine Dame. Ich brauch das Geld, und es wird nicht besser, wenn du einfach davonläufst!« Justus packte Bille am Arm. »Pass mal auf! Ich bekomme scheiße viel Ärger, wenn ich das Geld in der nächsten Woche nicht abliefere. Da sitzen wir beide im selben Boot, Omilein. Aber ich bin ja kein Unmensch und komme dir eine Winzigkeit entgegen und gebe dir noch Zeit, bis dein Urlaub beendet ist. Dann ist die Kohle da, und ich hole sie mir bei dir ab. Ich nehme an, nächsten Mittwoch bist du wieder zurück im Pott, oder?«

Die Alte nickte. Sie zitterte so stark, dass Justus befürchtete, sie würde gleich vor seinen Füßen zusammenbrechen. Deshalb lockerte er den Griff. Bei diesem Opfer waren keine harten Geschosse notwendig, sie fürchtete ihn auch so. »Gut, dann stehe ich kommende Woche vor der Tür. Machst du nicht auf, trete ich sie ein.«

Die Oma sah zu Boden. »Ja, ich versuche es. Nur – Sie haben mich ja noch tiefer hineingeritten. Das hätten Sie sich sparen können. Wenn Sie Pech haben, bekommen Sie nun gar nichts.«

Justus wiegte den Kopf. Er wusste zwar absolut nicht, wovon sie sprach, aber ihm gefiel ihre Furcht vor ihm. Die Alte würde zahlen, da war er sicher. Als er den Kopf wandte, sah er einen Schatten den Weg heraufeilen. »Mist!«, stieß er aus. »Das gibt es doch gar nicht und ist jetzt überflüssig wie ein Kropf!« Er schubste die Oma fort und verschwand hinter dem nächsten Caravan.

Bille sah sich um, erstaunt darüber, dass sie schon wieder frei war. Über dem Schrecken hatte sie völlig vergessen, dass sie eigentlich zur Toilette gehen wollte. Sie war kopflos vom Grillfest weggestürmt, weil ihr die Tränen gekommen waren. Alles war ihr zu viel. Dass Herr Häwelmann plötzlich da war, machte die Situation nicht besser, denn nun musste sie sich den auch noch vom Hals halten. Hätte man ihr eine Rakete vor den Wohnwagen gestellt, wäre sie ohne zu zögern eingestiegen und damit zum Mond, zum Mars oder wer weiß wohin geflogen. Sogar mit Franz' Harley wäre sie weggefahren, nur würde der ihr das wohl kaum ein drittes Mal anbieten, jetzt, wo Herr Häwelmann da war und ihn Tina belagerte.

»Hallo, Bille«, raunte da eine Stimme, die ihr sehr bekannt vorkam.

»Harry!«, stieß sie aus, allerdings unsicher, ob sie sich freuen sollte oder nicht. Die Tendenz war eher negativ.

»Ich hatte von dem Grillfest gehört und dachte, ich schau doch noch mal vorbei. Ist ja bald Platzruhe, dann müsst ihr aufhören und ich verschwinde. Bin jetzt in Schillig.«

Bille sah betreten fort. Ihr Haar war zerzaust, sie war verheult, und überhaupt stand ihr ins Gesicht geschrieben, wie dreckig es ihr gerade ging. Sie wollte nicht, dass Harry sie so sah, auch nicht, wenn es ihr eigentlich egal sein sollte, was er von ihr dachte. Er hatte den Anschuldigungen ihr gegenüber Glauben geschenkt und war einfach abgehauen, ohne sich zu verabschieden. Davor dieser merkwürdige Abend ... Sie wollte nichts mehr mit ihm zu tun haben.

»Ich möchte mit dir etwas trinken gehen«, sagte Harry. »Ich bin dir eine Erklärung schuldig.«

Bille knickte ein. »Allerdings bist du das, Harry. Dein Abtauchen war für mich alles andere als angenehm. Aber ich weiß nicht, ob ich deine Erklärung wirklich hören möchte. – Es ist so viel passiert. Nein, nicht *so* viel. *Zu* viel!«

Harry ignorierte den Einwand, so wie er stets ohne zu fragen das tat, was er für richtig hielt. Er reichte ihr galant den Arm, und

Bille war fast versucht, wieder auf ihn hereinzufallen, aber die warnende Stimme in ihr gelang Oberhand. Sie nickte ihm zu. »Ich höre mir an, was du zu sagen hast. Mehr nicht.« Harry Sitter sollte sie nicht mehr stützen. »Ich muss zuvor kurz zum Waschhaus.«

Wenn der Mann auch nur einen Funken Empathie besitzt, dann weiß er, was er falsch gemacht hat, und er muss sich als Entschuldigung etwas Dolles einfallen lassen, dachte Bille. Wobei sich an meinem Entschluss, ihn auf Abstand zu halten, nichts ändern wird.

Harry wartete geduldig vor dem Waschhaus, bis Bille wieder herauskam. Sie hatte sich viel Zeit gelassen, um ihr derangiertes Aussehen einigermaßen wiederherzustellen und ihre wirren Gedanken zu sortieren.

»Du steckst ja in immensen Schwierigkeiten«, sagte er und versuchte erneut, den Arm um sie zu legen. »Das nimmt dich arg mit, ich sehe es!«

Bille wich seinem Annäherungsversuch geschickt aus. »Ich dachte …«

»Was dachtest du, meine Liebe?«

»Ach, nichts.« Bille wollte ihre verletzten Gefühle vor ihm nicht ausbreiten. Glücklicherweise fragte Harry auch nicht weiter nach.

»Schau, nun bin ich wieder da«, versuchte er sie stattdessen milde zu stimmen. »Für dich! Ich hatte ein schlechtes Gewissen und bin zurückgekommen. Du warst nicht der Grund für meine überraschende Abreise, also, ich bin nicht weggefahren, weil ich geglaubt habe, du bist eine Diebin. Sonst wäre ich ja nicht hier. Es waren andere Umstände, die ich dir gern erklären würde, nur nicht jetzt und nicht heute.« Er redete sich um Kopf und Kragen. Bille glaubte ihm kein Wort und unterbrach ihn. »Warum bist du hier?«

»Nach alldem dachte ich, es wäre für dich vielleicht doch eine Option, mit mir nach Horumersiel zu kommen und dort zu bleiben. Quasi neu zu beginnen. Weg von all dem Mist mit Diebstahl und so was. Wir verkaufen deine Möbel …«

»Moment!« Bille hob den Arm. Was sollte das werden?

Harry aber ignorierte ihren Einwand und sprach unbeirrt weiter. »Die brauchst du bei mir nicht. Du bringst deine eiserne finanzielle Reserve, von der du mir erzählt hast, ein, und wir machen uns hier im Wangerland einen feinen Lebensabend, weit weg von allen Problemen. Was meinst du?« Er strahlte übers ganze Gesicht.

»Ich hab dir doch schon gesagt, dass ich nicht nach Horumersiel ziehen möchte!«, stieß Bille hervor, doch sie war Harrys Wortgewalt nicht gewachsen. Der tat nämlich weiterhin einfach so, als hätte sie nichts gesagt.

»Ich lasse uns ein Angebot kommen, und du beginnst schon nächste Woche dein neues Leben an meiner Seite. Das Geld überweist du mir, und ich kümmere mich um alles. Du wirst sehen, wir werden es schön haben. Wunderschön.«

Bille schüttelte fassungslos den Kopf. Er versuchte, sie mit seiner unvergleichlich charmanten Art umzustimmen, und verlangte tatsächlich, dass sie ihm Geld gab? Glücklicherweise war da diese Stimme in ihr, die sie warnte und immer wieder warnte. Sie glaubte, einem Clown gegenüberzustehen. Einem selbstverliebten Geck, der ihr mit einer Maske ein Stück vorspielte, in dem sie aber nur eine Gastrolle haben sollte, so lange, bis er eine neue Starbesetzung gefunden hatte. Um wie viel klarer und ehrlicher wirkte da Franz mit seinem Geronimo auf dem Arm und den weichen blauen Augen!

»Ich möchte das nicht«, sagte Bille nun bestimmt. Sie näherten sich der Parzelle, und mit einem Mal stieß Harry sie abrupt von sich. Er war plötzlich leichenblass, und Bille glaubte ein leises »Ach du Scheiße« vernommen zu haben, was aber nicht sein konnte, weil Harry Sitter niemals »Ach du Scheiße« sagen würde.

»Ist was?«, fragte sie, doch da hatte er sich bereits wieder unter Kontrolle. »Nein, Liebes, es ist nichts.«

Bille mochte nicht mehr, wenn er sie »Liebes« nannte. Sie war in ihn genauso wenig verliebt wie in Herrn Häwelmann oder Herrn Sieberfink. Sie war sich zu hundert Prozent sicher, dass sie nicht mit ihm nach Horumersiel ziehen würde. Harry Sitter eignete sich ebenso wenig zum Mann an ihrer Seite wie ihre beiden Verehrer in Oberhausen.

»Ich möchte das alles nicht«, wiederholte sie nun lauter als zuvor, aber Harry Sitter zeigte keine Reaktion.

Kaum sah Herr Häwelmann, dass sie zurückgekommen war, eilte er ihr mit ausgestreckten Armen entgegen. »Da sind Sie ja wieder, Frau Rubens!«

Bille wollte ihm Harry eben vorstellen, als ihr die Worte im Hals stecken blieben. Die Männer standen sich gegenüber, taxierten sich wie Boxer kurz vor ihrem größten Kampf. Und Bille wurde das Gefühl nicht los, dass die beiden sich kannten.

14. Kapitel

Franz war mit den drei jungen Leuten am Ufer der Nordsee angelangt, bis zum Strand war es ihnen zu weit. Über dem Meer hingen dichte Nebelschwaden und schienen es wie mit einem weißen Tuch zu bedecken. Das Wasser wirkte erstarrt, denn keine Welle kräuselte die glatte Oberfläche, lediglich das leise Glucksen am Wattsaum zeugte von einer minimalen Bewegung.

Franz riss sich selbst aus seinen Betrachtungen. »So, Kinder, was sollen wir tun? Wirklich wetten?«

»Jep«, bestätigte Laura seine Frage. »Genau das ist Plan A. Plan B besteht aus detektivischer Spitzfindigkeit, für die wir dich aber nicht zwangsweise brauchen, weil wir das notfalls auch allein schaffen, wir sind ja ›TKKG‹-, ›Drei Fragezeichen‹- und ›Deichbanden‹-erfahren.«

Franz schüttelte den Kopf. »Untersteht euch! Ihr werdet euch keineswegs allein auf die Suche nach dem Dieb machen. Das kann ziemlich gefährlich werden, und eure Kinderdetektivgeschichten helfen da gar nicht, das wisst ihr auch.«

»Dann musst du uns halt unter die Arme greifen«, sagte Annemie. »Somit wäre das hinreichend geklärt.«

»Moment!« Franz hob abwehrend die Hände. »Ehrlich gesagt fehlt mir gerade jegliche Lust, in der Sache noch irgendeinen Finger zu rühren!« Er ließ sich in den Sand fallen und starrte in die Ferne. Langsam fühlte er sich wieder wie der alte Rocker, der er mal gewesen war. Tough, geradeaus schauend und klar im Blick. Nicht dieses Weicheigetue, das von ihm, seitdem ihm Bille begegnet war, Besitz ergriffen hatte. Seine Kumpels hatten recht, wenn sie sich über ihn lustig machten.

Die drei Kids diskutierten intensiv über ihr weiteres Vorgehen, weil sie es irgendwie schaffen wollten, ihn ins Boot zu bekommen. Sie würden sich die Zähne ausbeißen, das war mal sicher. Er, Franz Richter, würde sich ganz bestimmt nicht von drei Heranwachsenden vorschreiben lassen, wann er wem wie half. Ja, es fühlte sich gut an, wieder sein eigener Herr zu sein.

Bei Bille tauchte im Augenblick ein Kerl nach dem anderen auf, das verletzte ihn, traf ihn in seiner Eitelkeit, und zwar mehr, als er es sich eingestehen wollte. Er verspürte keinerlei Ehrgeiz, sich in die Reihe ihrer Verehrer einzugliedern, die sie offenbar anschmachteten und die Bille am ausgestreckten Arm verhungern ließ. Solch ein Theater hatte er weiß Gott nicht nötig, zumal Bille ihm gegenüber, im Gegensatz zu Harry Sitter und diesem Fleischermeister, sowieso keinerlei Interesse signalisierte. Im Gegenteil. Deutlicher konnte sie nicht kommunizieren, wie skeptisch sie Rocker, Motorräder, sein Leben, die Tätowierungen und all das sah, ja sogar ablehnte. Bille war nur zu höflich, um es in aller Deutlichkeit zu sagen. Anhand ihrer Verehrer wie diesem Harry-Schönling und dem Koloss von Herrn Schlachtermeister mit seinen mörderischen Pranken war offensichtlich, auf welche Art Mann sie stand. Er passte definitiv nicht in ihr Beuteschema und sollte aufhören, so zu tun, als könne er das ändern.

Die drei Kids näherten sich ihm nun wieder und hatten mit ihrem entschlossenen Auftreten etwas von Cowboys. Es wirkte ein bisschen pathetisch, das hatten sie bestimmt in irgendeinem Western so gesehen, aber schauten die Kids von heute solche Filme überhaupt noch? Wie ein Bollwerk bauten sie sich vor ihm auf. »Wir sind zu dem Ergebnis gekommen, dass du dich nicht drücken kannst, egal, was auch immer du versuchst«, begann Felix in gewohnt dunklem Timbre.

Das war ja noch abgegriffener, als Franz es befürchtet hatte. John Wayne live, wobei er davon ausging, dass Felix nicht einmal wusste, wer das war. Aber er schwieg und wollte sich zumindest anhören, zu was man ihn verdonnerte.

»Morgen ist der erste Renntag, und wenn wir unsere Chance dort nicht nutzen, wird Oma Bille ins Gefängnis wandern. Das kannst du nicht wollen, Franz. Du bist ein Ehrenmann!« Es war eindeutig, dass Felix sich betont männlich und cool gab. Unwillkürlich musste Franz lächeln: Er hatte das früher ähnlich gemacht und sich allein dadurch erwachsen gefühlt. Es gab Dinge, die änderten sich auch über Generationen nicht. Er wusste nicht, ob es die Übereinstimmung war, die ihn gnädig stimmte, oder ob ihn der Blick in die Augen der Zwillinge erweichte. Ihm lag die Antwort auf der Zunge, dass er raus sei und mit allem nichts zu tun haben wollte, doch er konnte es einfach nicht aussprechen.

»Und, bist du nun dabei?«, fragte Felix schließlich, als die Stille zu aufdringlich wurde.

Franz schaute hoch und schüttelte den Kopf. Er durfte sich nicht von Sentimentalitäten leiten lassen. Egal, ob er früher genauso gehandelt hätte wie Felix. Machte er da mit, verstrickte er sich noch viel tiefer in die Sache, und das wollte er ganz und gar nicht. »Ich bin nicht mehr dabei, Kinder. Ich steige aus!« Warum klang seine Stimme so matt? Er hatte einen Entschluss gefasst. Er war ein cooler Typ, gewohnt, sich durchzusetzen in einer Welt, von der die Kids null Ahnung hatten.

»Du kannst Oma Bille doch jetzt nicht im Stich lassen!«, empörte Laura sich sofort. »Das kommt gar nicht in die Tüte!« Sie stemmte die Arme in die Hüften.

»Ich lasse sie nicht im Stich«, wehrte Franz sich. »Sie will mit mir gar nichts zu tun haben.« Er sprang auf und eilte mit großen Schritten auf und ab. Weil ihm der Sand seitlich in die Schuhe rieselte, zog er sie kurzerhand aus. Das erinnerte ihn an den Abend, als er mit Bille am Strand gesessen hatte. Weg mit den Gedanken, ganz weit weg! Das tat hier nichts zur Sache.

»Ich werde morgen oder übermorgen weiterfahren. Mit den Bullen kläre ich das, sie können mich übers Handy jederzeit erreichen.«

»Bitte, Franz, tu das nicht!«, flehte jetzt Annemie. »Bitte, nur noch die Rennbahnsache, und wir müssen herausfinden, wer Oma Bille den Schmuck in den Caravan gelegt hat. Dann ist Schluss! Versprochen!«

Er blieb stehen. Die drei standen mit betretenen Gesichtern vor ihm. »Wir wissen nicht, was wir sonst tun sollen. Unser Versuch, mit Abwaschen Geld zu verdienen, ist kläglich gescheitert. Aber wenn man aufs richtige Pferd setzt...« Lauras Wangen waren vor Begeisterung gerötet.

»Ich hab von Harleys Ahnung, nicht von Pferden«, sagte Franz. »Sagte ich doch schon.«

»Wir müssen herausfinden, welches Pferd am schnellsten ist«, schlug Laura vor.

Franz seufzte. »Auf die richtig guten setzen leider alle, da gewinnt man nichts.«

»Du weißt also doch, wie es geht?«, fragte Laura.

»Na, das Prinzip ist klar. Man kann am meisten Geld verdienen, wenn man auf einen Außenseiter setzt, weil das eben weniger Leute tun.«

»Das habe ich auch gegoogelt«, sagte Annemie, was ihr einen verächtlichen Blick von Felix einbrachte.

»Cool, dann machen wir das. Super Idee«, freute sich Laura hingegen.

Franz lachte auf. »Und da kommen wir an unsere Grenzen. Dazu sollte man sich auskennen, wissen, wer vermutlich der Champ ist und wer nicht.«

Felix hob sein Handy. »Das erfährt man gleich zu Beginn der Rennen. Also da wird bekannt gegeben, wer Favorit ist und wer nicht. Ist alles keine Hexerei.«

»Das hilft uns ja nicht weiter«, wehrte Franz ab. »Dazu müsste der Außenseiter gewinnen, sonst ist das Geld futsch.«

Betretene Stille, Kratzen von Zehen im Sand. Der Schrei einer Möwe, fernes Kinderlachen. Doch nichts täuschte über die Ausweglosigkeit der Situation hinweg.

Franz war der Erste, der wieder etwas sagte. »Ich rechne es euch hoch an, dass ihr eurer Oma helfen wollt, aber eine Pferdewette ist eine Nummer zu groß für uns alle.«

Laura winkte ab. »Wir setzen auf das Glück. Das passt dann schon, und puff: Oma Bille ist alle Sorgen los. Dank uns.«

Annemie stieß sie an. »Du, Laura, das kann verdammt teuer werden, weißt du? Ich meine, wenn man erst Geld gesetzt hat, ist es ja weg, sollte das Pferd nicht gewinnen. Oder nicht?«

»Genauso ist es! Auf einer Rennbahn mal eben 2000 Euro zu verdienen ist nicht sehr leicht«, bestätigte Franz. »Und schon gar nicht, wenn einem die Materie so fremd ist wie uns.«

Von seinen Jungs hatte da auch niemand den Durchblick, er hatte noch nie gehört, dass einer von ihnen jemals gewettet hatte. Beim Fußball, das schon, denn auf St. Pauli zu setzen gehörte zum guten Ton. Ein Großteil von ihnen rannte ohnehin ständig dorthin ins Stadion. Pferderennen aber waren was für die Upperclass. Für Leute mit großen Hüten und viel Geld. Der Harley-Clique fehlte in der Regel beides.

»Ein Problem habt ihr so oder so nicht bedacht«, sagte er. »Mit welchem Einsatz sollen wir dort überhaupt hingehen?«

»Das Abwaschgeld reicht wohl nicht«, bestätigte Laura, nun

merklich kleinlauter. »Das brauchen wir gar nicht erst zu setzen. Jedenfalls nicht allein.«

»Damit gewinnt ihr nicht einmal einen Blumentopf«, sagte Franz grinsend. So langsam schienen die Kinder zu begreifen. Mein Gott, er klang wie ein konservativer Lehrer, der den Schülern gerade vermittelte, für wie klein und dumm er sie hielt. Wie hatte er solche Typen in seinem Leben immer gehasst! Und nun verhielt er sich genauso. Aber er hatte ja recht, verdammt. Was sollte er denn machen? Alles Geld, das er besessen hatte, steckte er in seine Electra Glide oder in Helme und Ausrüstung. Er brauchte sonst nichts.

Felix scharrte schon länger mit dem dicken Zeh im Sand herum, mittlerweile hatte sich eine kleine Kuhle gebildet.

»Aber was nun? Die Wette ist für uns die einzige Möglichkeit, Oma Bille unter die Arme zu greifen, Franz. Ehrlich gesagt dachten wir ...«

Franz lachte laut auf. »Ihr dachtet, ich strecke das Geld vor und trage das Risiko? Ihr seid wirklich echte Kindsköpfe! Ich habe nichts übrig für so etwas. Außerdem wette ich nicht. Bin kein Glücksspieltyp. Damit wäre unsere Unterhaltung beendet, okay?« Er schämte sich der harschen Worte, aber sie verfehlten ihre Wirkung nicht.

Felix nickte stumm, ihm war klargeworden, welche Schnapsidee das mit der Pferdewette gewesen war. Letztlich blieb Oma Bille keine andere Wahl, als ihre Schulden selbst zu bezahlen. Es würde kein Prinz und schon gar kein Harley-Fahrer daherkommen und sie aus der Situation retten.

Laura war allerdings nicht so leicht still zu kriegen. »Das ist jetzt nicht dein Ernst«, fuhr sie Franz an. »Alles faule Ausreden! Du drückst dich bestimmt, weil Oma Bille Besuch von Herrn Häwelmann bekommen hat und weil sie mit Harry Sitter ausgegangen ist. Ich glaube, du bist nur beleidigt, weil sie dich nicht genug beachtet.«

Nun zuckte Franz zusammen, denn Laura hatte den Nagel auf den Kopf getroffen. War sein Interesse an Bille so deutlich gewesen?

Laura war noch lange nicht fertig. »Aber das ist doch jetzt wohl piepegal, oder? Es geht um Oma Billes Zukunft, die sie nicht im Knast verbringen soll! Da müssen solche Dinge zurückstehen. Ich bin ja auch nicht sauer, weil Oma Bille Felix kürzlich ein Eis gekauft hat und mir nicht, obwohl mein Bruder es weiß Gott nicht verdient hat.« Sie machte eine Pause. »Franz, man muss immer cool bleiben, damit man nicht die falschen Entscheidungen trifft. Deine *ist* falsch.«

Woher hatte diese Göre ihr altkluges Geschwätz? Franz fühlte sich mit dem Rücken an die Wand gedrängt. Er wollte sich nicht von einer Zwölfjährigen vorschreiben lassen, was für sein Leben richtig und relevant war, und schon gar nicht, wenn es mit einer Wette einherging!

»Dann kann sie ja Herrn Häwelsupermann oder den fein gekleideten Herrn Sitter um das Geld bitten. Ich hab nichts.« Demonstrativ stülpte Franz das Futter seiner Jeanstaschen nach außen. Oder besser die winzigen Ecken, die er zu fassen bekam. Die Hose saß zu eng. Er winkte ab, stand auf und stapfte in Richtung Campingplatz davon. Sie sollten ihn doch alle in Ruhe lassen. Er hatte die Nase gestrichen voll. Bis oben hin.

»Oma Bille ist viel zu stolz, um jemanden um Hilfe zu bitten, Franz! Viel! Zu! Stolz! Du kannst uns nicht hängenlassen!«

»Das war ja mal ein Satz mit x, das war wohl nix«, resümierte Annemie düster. »Der will Oma Bille echt nicht helfen.«

»Der Typ ist eifersüchtig!« Laura kratzte sich am Kinn. »Verdammt, der ist eifersüchtig wie ein Erstgeborener, der entthront wird!«

»Woher hast du den Spruch denn?«, fragte Felix. »Im Übrigen weißt du gar nicht, wie sich ein entthronter Erstling fühlt, das kann nur ich beurteilen, immerhin habe ich das auf einen Schlag gleich zweifach erlebt!«

»Dann weißt du wenigstens, wie er sich fühlt.« Laura winkte ab. »Nur darum geht es.«

Felix schwieg. Rümpfte die Nase. Schürzte die Lippen. Zog den Mund wieder gerade. Er konnte sich für keine Mimik entscheiden. Das alles half nicht weiter.

»Wir müssen zusehen, dass die anderen Männer aus Omas Dunstkreis verschwinden«, schlug Annemie vor. »Wenn Franz nicht mehr eifersüchtig ist, lässt er sich ja vielleicht dazu herab, doch für uns zu wetten.«

»Erstens: Wie willst du das anstellen? Und zweitens: Uns bleibt keine Zeit. Wir müssen morgen handeln! Die Renntage gehen schließlich nicht ewig.«

Annemie gab Laura recht. Die Situation war völlig verfahren.

»Die ganze Pferdewetterei ist vielleicht doch keine gute Idee«, meinte Felix. »Es stimmt ja, was Franz sagt. So einfach ist es nicht, Geld zu gewinnen. Sonst würde das ja jeder tun.«

»Es gibt aber keinen anderen Weg!« Laura stampfte wütend mit dem Fuß auf. »Wir ziehen das durch. Irgendwie und dann eben ohne Franz.«

»Und wie willst du das anstellen?«, fragte Annemie.

»Ich schaff das schon. Lass mich mal machen, kleine Schwester. Manchmal merkt man doch, dass du zehn Minuten später geboren bist!« Laura wusste selbst, wie gemein sie war. Was konnte denn Annemie für all das?

Die zuckte nur mit den Schultern und ging ihren Geschwistern voraus zurück zur Parzelle.

Auf dem Weg kam ihnen Maja mit Riesenschritten entgegen. »Verdammt, wo habt ihr gesteckt? Ich hab euch überall gesucht!«

15. Kapitel

Bille saß mit den Winterbergs beim Frühstück, und auch mit dem kurzfristig dazugestoßenen Herrn Häwelmann, der sich ein Zimmer in einer günstigen Hooksieler Pension genommen hatte (»Man muss schließlich sparen, es ist schon nett, dass ich überhaupt zu Ihnen gekommen bin, Frau Rubens!«). Die Laune des Fleischermeisters ließ zu wünschen übrig, was sich bei ihm allerdings, im Gegensatz zu Bille, niemals im mangelnden Appetit niederschlug. Er zerkaute eben das dritte dreifach mit der Häwelmannschen Wurst belegte Brötchen und trank den vierten Becher Kaffee, den er stets zu einem Drittel mit fettarmer Milch anreicherte.

»Was sollte das eigentlich gestern von dem Kerl mit der gelben Kappe, der ständig von der Deichschweinbratwurst faselte? Wichtig ist einzig die fachgerechte Zubereitung! Wo die Viecher für die Wurst herkommen, ist egal. Ein Stück Fleisch hingegen schmeckt durchaus anders, wenn es ...« Herr Häwelmann brach ab, weil ihm die ungeteilte Aufmerksamkeit der anderen fehlte. »Macht sich jedenfalls gut, wenn ich schreibe: von bekannten Fleischlieferanten aus der Region.«

Jan gab Herrn Häwelmann in Bezug auf die Wurst nicht recht, begann kurz eine Diskussion mit ihm, streckte aber rasch die Segel.

Bille fühlte sich unwohl. Bernd Häwelmann war von Maja zugetragen worden, dass sie mit Harry ausgegangen war und sie sich duzten. Das ließ ihren ehemaligen Parzellennachbarn zu einem ernsthaften Konkurrenten aufsteigen, und das wiederum konnte und wollte Häwelmann nicht dulden, was er Bille sehr deutlich gemacht hatte. Sie war sich vorgekommen wie ein Schulmädchen, als er sie deswegen rügte. »Das tut man nicht, Frau Rubens! Keine Frau, die etwas auf sich hält, trifft sich mit mehreren Männern zugleich.«

Bille war Herrn Häwelmann gegenüber doch keinerlei Rechenschaft schuldig! Sie hatte seine drei Anträge abgelehnt, was maßte er sich also an? Nur – hatte sie ihm widersprochen? Nein.

Einen Augenblick lang hatte Bille am Abend zuvor tatsächlich geglaubt, Harry und Herr Häwelmann würden sich kennen. Doch nach dem Überraschungsmoment hatten sie die üblichen Nettigkeiten ausgetauscht, und kurz darauf war Harry verschwunden, abermals ohne sich von Bille zu verabschieden.

Zu allem Überfluss huschte nun auch noch der Bodybuilder an der Parzelle vorbei. Als Herr Häwelmann ihn entdeckte, ließ er vor Schreck das geschmierte Marmeladenbrötchen auf den Rasen fallen. Seltsam, dachte Bille. Doch im nächsten Moment schien er sich wieder gefangen zu haben.

»Liebe Frau Rubens«, begann er nämlich, wie immer in seinem jovialen Tonfall, wie immer eine Spur zu weich. Das passte weder zu seiner Statur noch zu seiner sonstigen Art. Und schon gar nicht zu seinem scharfen Ton von gestern Abend. Bille kannte ihn durchaus als Poltergeist, vor allem, wenn einer seiner Angestellten einen Fehler gemacht hatte. Er kam nicht dazu, weiterzusprechen, weil Harrys Stimme plötzlich über den Platz dröhnte. »Also hier ist echt was los!« Er raunte längst nicht mehr und eilte mit großen Schritten um die Ecke. »Ich war eben auf dem Polizeirevier. Man hatte mich gebeten, dort meine Aussage zu Protokoll zu geben, die ich bereits gestern auf dem Campingplatz vor den beiden Polizisten gemacht habe.« Harry baute sich breitbeinig und mit vor der Brust verschränkten Armen vor der Frühstücksgesellschaft auf. Vor allem Herrn Häwelmann taxierte er mit provozierendem Blick.

Bille sah Harry befremdlich an. Welche Aussage?

Selbst Jan wirkte verunsichert. »Erklär uns bitte genauer, was du da andeutest!«

»Na, ich habe doch diesen Rocker beobachtet. Er ist gestern sehr früh am Morgen, ich betone, *sehr früh* am Morgen über den Platz geschlichen. Das war derart auffällig, dass ich genau hingesehen habe. Und siehe da: Kaum war unsere Oma abgelenkt, ist er mit einem Beutel in ihrem Wohnwagen verschwunden und ohne wieder herausgekommen! Da muss man nur eins und eins zusammenzählen, liebe Leute, und wir haben den Täter!« Harry sah beifallheischend zu Bille, die innerlich kochte.

»Unsere Oma« hatte er gesagt! Was für ein Flegel er doch war!

Harry bemerkte ihre Wut nicht, sondern weidete sich am allgemeinen Entsetzen. »Wie ist eure Meinung dazu?«, hakte er nach, als sich niemand äußerte. Alle starrten ihn an. Bille war am Ende die Erste, die sich trotz ihres Zorns wieder fing. »Harry, das kann nicht sein.«

Er sah sie mit hochgezogenen Brauen an. »Du musst den Kriminellen nicht in Schutz nehmen, Bille. Es verhält sich exakt so, wie ich es gesagt habe. Ganz exakt so!«

Bille schüttelte den Kopf. »Nein!« Das war eine klare und deutliche Aussage, kein Zögern, kein Abwägen, wie man es sonst von ihr kannte. Franz mochte sein, wie er wollte, etwas derb, etwas freakig, aber er hatte definitiv gestern Morgen keinen Beutel dabeigehabt, und er war auch keineswegs in ihrem Wohnwagen gewesen. Prompt sah sie die beiden Polizisten von gestern langsam um die Ecke des Weges kommen. Sie nahmen Harrys Lüge also für bare Münze. Vermutlich mussten sie allen Anschuldigungen nachgehen, das war schließlich ihr Job.

»Aber Bille« – Harry lächelte so gönnerhaft, dass ihr bei dieser unerträglichen Arroganz förmlich die Luft wegblieb – »bloß weil du nicht bemerkt hast, dass er in deinem Wohnwagen war, heißt das doch nicht, dass es nicht so war. Du warst so damit beschäftigt, den Kartoffelsalat zu machen, dass du ihn einfach nicht gesehen hast! In deinem Alter kommt so etwas durchaus vor.«

Nun platzte Bille der Kragen. Sie wusste nicht, wann sie zum letzten Mal derart wütend gewesen war. Vielleicht damals, als ihr Nachbar seine kleinen Kätzchen im Rhein-Herne-Kanal ersaufen wollte. Sie hatte ihn am Ende fast selbst hineingeworfen. Sie hasste Ungerechtigkeiten, sie mochte es nicht, wenn das Recht des Stärkeren immer und überall galt.

Ihre Stimme klang genauso scharf, wie sie es in dem Augenblick wünschte. »Ich bin nicht senil, Harry Sitter, das weißt du genau. Und ich mag es auch nicht, wenn man so tut, als wäre ich es, damit sich andere ihre Wahrheiten zurechtbiegen können.«

Harry Sitter hob abwehrend die Hände und setzte ein süffisantes Grinsen auf, doch bevor er ihr ins Wort fallen konnte, sprach sie unbeirrt weiter. »Bloß weil ich meinen Mund nicht immer gleich aufreiße, wenn mir etwas nicht passt, heißt das nicht, dass ich wehrlos bin. Hier geht es allerdings nicht um mich. Du beschuldigst gerade einen anderen Menschen, etwas getan zu haben, was er nicht gemacht hat. Da kann ich nicht schweigen.« Sie sprang hastig vom Campingstuhl auf, der dabei zusammenklappte und hintenüberfiel. »Du lügst, Harry Sitter, und ich wüsste zu gern, warum.«

Jan legte Bille beruhigend die Hand auf die Schulter. »Bille, erzähl mal ganz ruhig, weshalb Harry sich irren muss. Du bist dir der Sache sehr sicher, und wir alle möchten nicht, dass ein Unschuldiger für etwas belangt wird, was er nicht getan hat. Auch nicht, wenn es deinen Kopf rettet.«

Bille lächelte Jan dankbar zu. Sein besonnenes Auftreten tat ihr gut. Sie machte einen Schritt auf Harry zu, der seine überlegene

Haltung nicht aufgegeben hatte. »Warum tust du das? Erst machst du mir ein sehr eindeutiges Angebot, dann haust du kommentarlos ab. Und jetzt lügst du. Was an dir ist überhaupt echt, Harry? Nichts, gar nichts! Du bist eine Kunstfigur!«

Er zuckte zurück, einen Augenblick lang entgleisten seine Gesichtszüge, aber kurz darauf hatte er sich wieder in der Gewalt.

Er lachte, doch es klang unecht. »Ich habe dir *was* gemacht? Wir waren lediglich zusammen essen, Bille. Von wegen eindeutiges Angebot! Ha, wo kämen wir denn da hin, wenn ich den Frauen, die ich ausführe, gleich Offerten machen würde! Da hast du etwas völlig falsch verstanden. Völlig.«

Bille zuckte zurück, als hätte man sie geschlagen. Das, was sie zuvor nur geahnt hatte, wurde nun zu einer unumstößlichen Gewissheit: Harry Sitter war nicht der Mann, für den sie ihn zunächst gehalten hatte. Harry war ein Schuft.

»Herr Sitter«, mischte sich nun Bernd Häwelmann ein, »bitte tun Sie nicht so, als hätten Sie es mit einer senilen Frau zu tun. Wenn Frau Rubens sagt, Ihre Anschuldigung stimme nicht, dann wird es so sein. Und ich möchte lieber nicht wissen, was genau Sie ihr versprochen haben! Ich glaube, sonst vergesse ich mich.«

Abermals glaubte Bille, eine vertraute Schwingung zwischen den beiden Herren zu spüren, nur bekam sie nicht zu fassen, was genau es war. Sie sog scharf die Luft ein. »Das tut nichts mehr zur Sache. Herr Sitter« – sie verwendete ebenfalls die förmlichen Anrede – »Herr Sitter kann kaufen, was und mit wem er will.«

Doch in dem Augenblick kam Bille eine Erleuchtung. Plötzlich begriff sie, warum er abgehauen war. Weshalb sie keine Option mehr für Harry war. Eine Frau ohne Geld war für ihn indiskutabel. Und weil sie selbst ihre mageren Ersparnisse nicht lockermachen wollte, war sie sofort uninteressant für ihn. Dass er nun bemüht war, Franz reinzureiten, konnte nur einen Grund haben: Er selbst hatte mit der Sache zu tun. Womöglich kannte er sogar diesen Bodybuilder und machte mit ihm gemeinsame Sache? Gleich und gleich gesellte sich gern. Bille wurde schlecht. Warum hatte sie sich so von diesem Schönling blenden lassen? Von einem dicken Caravan, von einem smarten Äußeren, von den perfekten Umgangsformen, die nun von ihm abfielen wie die Blätter eines Baumes im Herbst.

»Ich kann dazu nur eines sagen: Ich habe den ganzen Morgen vor meinem Wohnwagen gesessen, es wäre keine Maus an mir vorbeigekommen. Auch wenn ich koche, bin ich durchaus Herr, oder besser Frau der Lage.« Bille räusperte sich, sie mochte es nicht, wenn alle Blicke auf sie gerichtet waren.

Mittlerweile hatten sich auch die beiden Polizisten hinzugesellt. Also musste Bille ihr Plädoyer zu Ende führen. »Außerdem hat der besagte Schmuck in keinem Beutel gelegen. Er war einfach in eines der Schrankfächer geworfen worden. So, als musste es schnell gehen.« Bille atmete tief ein und aus. Das wäre schon mal geschafft.

Sie wusste, dass sie sich mit den folgenden Sätzen verletzbar machte, dass ihr Harrys zu erwartende Antwort wie ein Schlag ins Gesicht erscheinen würde. Doch das würde sie aushalten. Sie war 73 Jahre alt, hatte ein ruhiges und beschauliches Leben hinter sich, das erst seit kurzem zu kippen drohte. Das durfte sie nicht zulassen, sie wollte ihr Schiff weiter allein und mit der gewohnten Routine durchs Fahrwasser lenken.

»Harry, ich glaube, Sie wollen sich mit der Anschuldigung selbst reinwaschen. Haben *Sie* den Schmuck gestohlen? Vielleicht, damit genug Geld für das Appartement da ist?« Bille holte zum finalen Schlag aus. »Ich stand ja nicht mehr zur Verfügung, weil Sie mich nicht wie eine Weihnachtsgans ausnehmen können.«

»Das muss ich mir nun nicht bieten lassen!«, bölkte Harry los. »Ich habe Sie verwöhnt, Bille, Sie eingeladen und wunderbare Stunden mit Ihnen verbracht. Ist das jetzt der Dank? Dann bin ich hier wohl nicht mehr erwünscht!« Harry stürmte davon, als sei der Teufel hinter ihm her.

Die beiden Polizisten hatten Bille gut zugehört und tippten sich an die Mütze. »Wir gehen noch mal zu dem Rocker. Fragen müssen wir ihn ja schließlich.«

Franz sah die beiden Polizisten auf sich zukommen. Sie sahen ernst aus, und es wirkte nicht so, als wollten sie sich einen Tee zum Frühstück holen.

»Es liegen schwerwiegende Anschuldigungen gegen Sie vor«, begann der Dicke, aber Franz spürte eine gewisse Skepsis in seiner Stimme. »Ein Zeuge behauptet, Sie über den Platz schleichen gesehen zu haben, und er sagt weiterhin aus, Sie hätten den Schmuck in einem Beutel im Wohnwagen von Frau Rubens verschwinden lassen. Allerdings ist der Beutel unauffindbar.«

»Das stimmt auch alles gar nicht«, sagte Franz. »Wie kommt er darauf?«

Von nebenan hörte man ein Scheppern, was beide Beamte kurzfristig ablenkte. Franz beruhigte sie. »Das sind nur unsere Campingnachbarn aus Bochum. Sie führen einen Grenzkrieg gegen die holländischen Camper. Mittlerweile gibt es keinen Waffenstillstand mehr, die Gefechte dauern auch in der Nacht an.«

»Ach, das Übliche«, atmete der Dünne erleichtert aus.

»Genau«, sagte Franz. »Und deshalb bin ich gestern Morgen auch so früh wach geworden.« Wie zur Bestätigung rannte Mutter Wanda Hegemann (Franz hatte inzwischen die Namen der Kontrahenten erfahren) aus Bochum mit einem gefüllten Eimer Wasser hinter Anneke van der Bloom aus Zeeland her. Frau Hegemann rutschte aus, und der Inhalt des Eimers ergoss sich über der blonden Holländerin. »Jetz hasse dat kricht, watte verdiens!«

Das wiederum ließ sich der Ehemann der Holländerin nicht gefallen, zerrte die Handtücher von der Leine der Bochumer Familie und trampelte darauf herum. Das rief den Bochumer Familienvater Wolle Hegemann auf den Plan, der fast lustvoll begann, Metallstangen in den Hooksieler Kleiboden zu treiben und dazwischen eine orangegestreifte Wand zu spannen.

»Nun, kommen wir auf die Anschuldigungen gegen Sie zurück«, begann der Polizist wieder, den der Nachbarschaftskleinkrieg langweilte, zumal auf der anderen Seite im Zelt die Hamburger Schlauchboot-Großfamilie ihr Guten-Morgen-Lied anstimmte. Fünfstimmig im Kanon und nicht ganz text- und tonsicher.

»Sie sind also vor diesem Chaos geflohen«, griff der Polizist Franz' Antwort auf.

Der nickte.

»Können wir verstehen, Herr Richter.« Das klang verdammt ehrlich.

»Also, wenne nich gleich herkomms, dann gibbet wat auffe Ohren!« Mama Hegemann hatte den Kleinkrieg unterbrochen, um sich kurzfristig der Brutpflege zu widmen.

»Mama, ich kann nich. Der Dennis hat meine Socke, un mit eina kann ich nich laufen.«

»Ich sach getz un nich später, mein Freund!«

Franz nervte das Gekreische. Er wandte den Kopf und sah Bille auf den Zeltplatz zusteuern. Das lenkte ihn ab, denn im Gegensatz zu ihrer sonstigen Art wirkte sie aufgebracht, fast kampflustig. Genauer betrachtet, glich Bille einer Furie, und so stürzte sie auf die Polizisten zu und legte auch gleich los.

»Also: Egal, was Harry Sitter Ihnen da auftischen wollte: Er lügt. Franz war nicht in meinem Wagen, und er trug keinen Beutel bei sich, ganz abgesehen davon, dass der Schmuck in gar keinem Beutel steckte.«

»Stimmt«, bestätigte der Dünne. »Wo sie recht hat, hat sie recht. Haben Sie ja eben schon gesagt. Dann ist die Kuh vom Eis!«

»Jou, erst mal. Wir gehen der Sache in den nächsten Tagen in Ruhe weiter nach. Gut Ding will ja bekanntlich Weile haben.« Der Dicke nickte. »Denn wullt we mol seh'n, wa?« Beide tippten sich kurz mit der Handkante an die Stirn. »Halten Sie sich zu unserer Verfügung, Herr Richter! Vorbei ist das ja nun noch nicht. Nichts für ungut.«

»Da nich für!«

Harry Sitter hatte diese Wendung nicht voraussehen können. Die Bullen ließen die Sache erst einmal auf sich beruhen und glaubten ihm kein Wort. Ein Ding der Unmöglichkeit! Das war überaus ärgerlich und dumm gelaufen. Er hatte gedacht, mit seinem Ablenkungsmanöver die Fäden in der Hand behalten zu können. Da war er zwei vertane Abende mit der alten Schachtel losgezogen und hatte in Gegenwart von altmodischen Flanellröcken gespeist, um dann feststellen zu müssen, dass die Olle nichts, aber auch gar nichts auf der hohen Kante hatte.

Harry Sitter hatte es wirklich nicht leicht, seit er seinen Wirkungskreis auf den Campingplatz verlegen musste, weil er die wunderbare Penthouse-Wohnung nicht mehr bezahlen konnte. Was aber keiner wusste, es galt den Schein zu wahren. Seine Freunde hatten keine Ahnung, dass er mittlerweile arm wie eine Kirchenmaus war. Es war ein Kreuz mit dem Älterwerden. Da liefen ihm die reichen Frauen auch nicht mehr scharenweise nach, und er sah sich gezwungen, das Beuteschema zu ändern und nach deutlich älteren Frauen Ausschau zu halten.

Das hatte allerdings den Nachteil, dass er sich nun auf solche wie Bille Rubens konzentrieren musste, aber die hatte gar kein fettes Polster auf der Bank, sondern sogar 2000 Euro Schulden. Wenigstens bunkerte sie in ihrer Eichenschrankwand noch eine Notreserve von fast 600 Euro, wie sie ihm in ihrer Verzweiflung erzählt hatte. Haben oder Nichthaben. Das hätte ihn einen halben

Monat über Wasser gehalten. Wenn sie sich nur ansatzweise auf seinen Vorschlag eingelassen hätte! Seine zweite Hoffnung, sie würde all ihre Möbel und den Hausrat für ihn verscherbeln, hatte sich auch nicht erfüllt. Sie saß auf ihren paar Restkröten und dem Hausrat wie eine Glucke auf den Eiern. Es war zum Verrücktwerden! Vertane Zeit, vertane Energie. Und dann der Fauxpas mit dem Beutel und dem Schmuck. Verdammt, warum hatte er etwas von einem Beutel erzählt? Mit Bille Rubens war alles, wirklich alles dumm gelaufen. Es half nichts, er musste sich ein neues Opfer suchen.

Bald war Herbst, da kam die ältere Generation zum Campen, und die Ehemänner waren meist sehr nachlässig mit ihren Frauen, so dass er leichtes Spiel haben würde. Hier und da ein Erpresserfoto, und er konnte die goldbehangenen Damen melken wie eine Kuh. Es waren nicht alle Nüsse so schwierig zu knacken wie Bille Rubens.

Allerdings war die Aussage, bei Männern bedeute das Altern nichts, ein schrecklicher Trugschluss! In seinem Job sah das anders aus. Es war nicht mehr leicht mit den jüngeren Frauen. Noch vor fünf Jahren war das kein Problem für Harry gewesen, doch nun war sein Radius eingeschränkt. Fakt war, dass Bille Rubens arm wie eine Kirchenmaus war. Dafür musste er sie nun schon zum zweiten Mal ausführen, über Bücher und so einen Mist reden und sich völlig verstellen.

Harry liebte Bayern München, ein anständiges Bier oder zwei, und er mochte sogar weiße Tennissocken zu Shorts, weil er leicht kalte Füße bekam. Das alles, wenn er allein war.

Mit Bille aber hatte er Wein trinken müssen! Recherchiert hatte er bis zum Abwinken. Er war da sehr sorgfältig, überlegte stets, wie er den Ansprüchen der Damen gerecht werden konnte. Die aktuelle Spiegel-Bestsellerliste war ihm geläufig, belesene Herren waren in der Damenwelt sehr beliebt. Auch den Inhalt des einen oder anderen Buches zu kennen war von Vorteil. Drei hatte er immer als Titel im Kopf, dazu zwei Klassiker, die musste er nicht nacharbeiten, die blieben ja alte Schinken, machten aber was her, wenn er seine gutbürgerliche Bildung unter Beweis stellen wollte.

Ein zweites Standbein war die derzeitige politische Lage. Standbein drei waren die Filme, die in der UCI Kinowelt in Wilhelmshaven gerade gezeigt wurden. Wurde es heikel, half ein Gespräch übers Wetter, doch das vermied Harry, so gut es ging. Wetter konnte jeder.

Er sah auf die Uhr. Zeit, nach Schillig zu kommen. Dort würde er den Fernseher anstellen und sich durch die Sportsendungen klicken. Er würde sicher bald eine gutbetuchte Frau finden, und bis dahin würde er sich eben irgendwie über Wasser halten.

»Wo ist Oma Bille?«, fragte Laura, die kurz im Wohnwagen gewesen war und Billes hektischen Aufbruch nicht mitbekommen hatte.

»Bei Franz. Sie hat sich über Harrys Lüge total aufgeregt.« Felix schaute in Richtung Zeltwiese. »Hätte nicht gedacht, dass Oma Bille sich jemals für ihn einsetzt.«

»Ich auch nicht. Aber guck dir mal Herrn Häwelmann an!«, flüsterte Laura.

Der Fleischermeister war puterrot angelaufen und knibbelte an seinen dicken Fingern herum. Er blickte noch immer in die Richtung, in die Bille verschwunden war.

»Der sieht kreuzunglücklich aus«, meinte Annemie.

»Eher wütend, finde ich. Sauwütend.« Felix schüttelte den Kopf. »Irgendetwas ist hier komisch, finde ich. Mit der ganzen Aktion stimmt was nicht.«

Plötzlich sprang Herr Häwelmann auf und stürzte davon.

»Ich lauf ihm nach!«, sagte Felix. »Ihr haltet die Stellung.«

»Was willst du von ihm?«, fragte Laura.

»Der läuft bestimmt Harry Sitter hinterher. Ich hatte vorhin schon einmal das Gefühl, dass die beiden sich kennen. Bin gleich wieder da!«

Felix brauchte nicht lange, ehe er Herrn Häwelmann auf den Fersen war, und siehe da: Er hatte sich nicht getäuscht. Der Fleischermeister stapfte mit großen Schritten zum Parkplatz. Dieses Mal hatte Harry Sitter aber kein Taxi bestellt, sondern am Eingang ein Fahrrad abgestellt. Er holte gerade die Hosenklemmen aus der Tasche. Felix huschte ein Grinsen übers Gesicht. Hosenklemmen, das passte so gar nicht zu Harry Sitter. Konnte es sein, dass der Typ ein Blender war und den Dressman nur dann gab, wenn es ihm nutzte?

»Was willst, Bernd?«, hörte er Harrys Stimme, die derzeit kein bisschen raunend, sondern angriffslustig wirkte.

Er duzt ihn, sie kennen sich wirklich, dachte Felix. Treffer, versenkt! Auf dem Platz waren sie überaus förmlich miteinander umgegangen, es sollte wohl keiner wissen. Felix schlich näher heran, um nur ja kein Wort zu verpassen.

»Was hast du mit Bille gemacht? Sie ist ja völlig aufgelöst!« Herrn Häwelmanns Stimme klang merkwürdig gepresst.

»Mein Gott, Bernd. Nicht nur du hast Interessen!«

»Ich will Bille heiraten. Und du machst ihr den Hof! So war das nicht abgesprochen!«

Felix grinste. In ihrer Generation hieß das anbaggern, Herr Häwelmann sprach von »den Hof machen«! Wie antiquiert war das denn?

»*Du* hast mich angerufen und gesagt, ich solle ein Auge auf sie haben, und wenn du mich als Freund um einen solchen Gefallen bittest, nehme ich das ernst.« Harry stieß wütend die Luft aus. »Verdammt, du hast mir aber nicht gesagt, wie hoch die Omi verschuldet ist!«

Bernd Häwelmanns Kopf war mittlerweile so rot angelaufen, dass Felix fürchtete, er platze gleich. »Was hat das damit zu tun? Wenn du auf die Frau achtgeben sollst, die ich zu heiraten gedenke, bedeutet das nicht, dass du sie zum Essen ausführen sollst, und schon gar nicht, dass du ihr selbst irgendwelche Versprechen machst.« Der Fleischermeister ruderte wie wild mit den Armen. »Und überhaupt, wie sieht sie denn jetzt aus? Wo sind Billes wunderbare Locken?«

»Zum Friseur habe ich sie nun wirklich nicht geschleift. Mein lieber Bernd, deine Bille steckt bis zum Hals in Schwierigkeiten. Sie ist alles, aber ganz bestimmt keine gute Partie.«

Bernd Häwelmann wandte den Blick ab, so dass Felix sich hinter dem Eingangshäuschen verstecken musste, damit er ihn nicht entdeckte. »Harry, ein Mann wie ich braucht keine Frau mit Geld. Ich brauche eine Partnerin, die für mich kocht, die Verständnis für meine Wurstwaren hat und die da ist, wenn ich nach einem langen Tag in der Fleischerei nach Hause komme. Und die hin und wieder auch mit hinter dem Wursttresen steht.«

Harry begann schallend zu lachen. »Und du meinst, das genügt einer Frau wie Bille? Glaubst du wirklich, dass sie den Rest ihres Lebens Wurstverkäuferin sein möchte?« Er kicherte immer noch. »Sei doch ehrlich, Bernd! Du weißt, dass du deinen Laden bald abgeben musst. Du willst eine Pflegerin an deiner Seite!«

Bernd Häwelmann stieß die Luft aus wie ein Stier kurz vor dem Angriff. »Selbst wenn es so wäre, Harry, auch dann ist es ein Unding, dich einzumischen! Ich habe die älteren Rechte!« Er machte eine kurze Pause, um dann erneut loszudonnern: »Und lass dir eines gesagt sein: Ich dachte, du bist mein Freund. Mein Gott, wie lange kennen wir uns? Zehn Jahre? Was haben wir für tolle Tennismatches ausgefochten! Ich habe wirklich geglaubt, ich könnte dir vertrauen. Ein Auge auf Bille werfen, damit sie nicht allein ist, wo du doch zufällig auf dem gleichen Campingplatz bist.« Bernd Häwelmann winkte ab. »Und du nennst dich meinen Freund!«

Felix ballte die Fäuste. Die beiden sauberen Herren verschacherten Oma Bille wie auf dem Basar.

»Du lässt zukünftig die Finger von ihr!« Bernd Häwelmann baute sich drohend vor Harry Sitter auf. Der zog sich aus der Affäre, indem er sein Fahrrad aufschloss und das Bein über den Sattel schwang. »Ich bin ohnehin kein Problem mehr. Für meine Interessen ist sie nicht geeignet, ob mit oder ohne Locken. Ich geb sie frei, aber du solltest ein Auge auf jemanden ganz anders haben. Ihn verteidigt sie nämlich gerade mit Händen und Füßen vor der Polizei. So aufgebracht kenne ich Bille Rubens gar nicht.«

Felix hatte genug gehört. Harry Sitter war eine durch und durch unehrliche Haut und hatte Oma Bille ausnehmen wollen, doch das war jetzt vom Tisch. Was er von den Aussagen Bernd Häwelmanns halten sollte, war ihm noch nicht klar, aber das würde er schon herausfinden.

»So, nun weißt du genug, Franz. Sie hat alles für dich gegeben.«

Zur Campingwiese schallten Lautsprecherdurchsagen herüber.

»Es geht los da drüben.« Laura hielt ihm ein Portemonnaie mit den Einnahmen des Abwaschdienstes hin, dazu ihre eigenen Ersparnisse und die ihrer Geschwister. »Das sind 63,10 Euro Startkapital!«

Franz nickte. Er strich im Vorübergehen über den Tank der Electra Glide. Die Mädchen hatten ja recht. Bille war von allein hinter den Polizisten hergekommen und hatte sich für ihn starkgemacht. Ohne etwas zu verlangen, ohne die Konsequenzen für sich zu hinterfragen. Es konnte schließlich sein, dass sie sich dadurch wieder verdächtiger machte. Und hatte sie sich darum geschert? Nein.

»Okay, wir machen uns auf den Weg.« Er blickte zum Himmel, das Wetter schien umzuschlagen. Zum einen war es seit einer Stunde merklich kühler geworden, zum anderen hatte sich die Sonne heute hinter dichten Wolken versteckt. Laut Wettervorhersage sollte es sich aber nur um eine kurze Schlechtwetterfront handeln.

»Und wie machen wir das?«, fragte Annemie. »Mehr als das bisschen Geld haben wir ja trotzdem nicht.«

Franz hob die Brauen. »Da bleibt ja nur die eine Lösung!«

Über Lauras Gesicht huschte ein Grinsen, doch sie wurde vorsichtshalber sofort wieder ernst. Alles lief nach Plan. Nun mussten sie nur noch auf Felix warten und sehen, was er herausgefunden hatte. Franz fragte in genau demselben Moment nach ihrem Bruder.

»Der kommt gleich. Er ist mit seinem detektivischen Spürsinn auf Tour!«

Franz zog eine Lederweste über sein schwarzes T-Shirt, das mit einem Harley-Emblem versehen war. Schließlich kramte er in seinem Portemonnaie und prüfte, ob die Kreditkarte noch da war. Dann ging er mit den Kindern zu seinen Kumpels.

»Alles fit im Schritt?«, krähte ErTeEl, wartete die Antwort aber nicht ab, weil ihn der Camperkrieg auf dem Nachbargrundstück erheblich mehr interessierte. Das war Fernsehprogramm live und unkommentiert! Mittlerweile hatten die Holländer sich ebenfalls mittels eines Easy-Camp-Windschutzes in Mausgrau gegen die deutschen Widersacher abgegrenzt. Tätliche Angriffe konnten von nun an nicht mehr Mann gegen Mann, sondern nur noch oberhalb der Begrenzung fortgesetzt werden. ErTeEl beobachtete fasziniert, wie ein Apfel in regelmäßigen Abständen von links nach rechts geworfen wurde. Es hatte etwas von einem Tennismatch, wo man den Gegner nicht sah. Also eine Art Blind-Tennis. »Abgefahren«, entwich es ihm. »Die geben nicht auf.«

Franz winkte ab. Für ihn waren das Kindereien, und auch die anderen Jungs konnten sich für den Kleinkrieg nicht begeistern, während ErTeEl das Ganze als Ersatz für sein tägliches Fernsehprogramm sah, auf das er beim Campen verzichten musste.

»Was heckt ihr denn aus?« Doc Gringo wirkte leicht verschlafen, hielt aber schon einen Becher Kaffee in der Hand. Mike kehrte gerade vom Waschhaus zurück, er hatte Joggingschuhe in der Hand und war zuvor laufen gewesen. »Noch eben ausnutzen, bevor das Wetter umschlägt. Es kann an der Küste dauern, ehe die Sonne wieder Oberhand gewinnt. Egal, was die Wetterfrösche prophezeien!« Er warf einen Blick auf die Bierzelt-Garnitur, auf der ein Beutel mit frischen Brötchen lag. »Wer ist heute fürs Frühstück zuständig?«, fragte er. »Sag nicht ErTeEl, dann gibt es wieder nur Bio-Fraß. Ich will mal wieder ungesund essen.«

»Ist sowieso Mumpitz. Wir sind Rocker, keine Körnerfresser«, grunzte Franz. »Aber ich frühstücke nicht mit, wir müssen jetzt los.«

Mike und Doc Gringo sahen ihn fragend an, und Franz erklärte seinen Freunden, was Sache war. Obwohl Annemie und Laura entsetzt auf und ab hüpften, weil Franz Oma Billes Geheimnis einfach so herumposaunte, als hätte sie nur vergessen, im Supermarkt eine Gurke zu bezahlen, ließ er sich nicht davon abbringen, alles haarklein zu erzählen. Er überging nichts, auch nicht das, was ihr werter Zeltplatznachbar angestellt hatte.

»Mensch, das ist ja ein Ding! Eine Omi, die so ausgenutzt wird, braucht Hilfe, damit das klar ist! Pass auf, Franz, das läuft wie immer. Da halten wir natürlich zusammen. Wir kommen mit und sehen zu, dass wir den Zaster reinbekommen. Und dann knöpfen wir uns den kleinen Kerl vor, der meint, man könne eine Oma ausnehmen wie eine Weihnachtsgans. Das macht der so schnell nicht wieder! Seine Magenverstimmung hat er mittlerweile im

Griff, da ist er ein Partner auf Augenhöhe!« Doc Gringo grinste breit.

»Aber ihr tut niemandem was, bitte!«, flehte Annemie.

»Könnte diese Faust jemandem etwas zuleide tun?« Doc Gringo hielt ihr die Hand hin. Annemie schaute ihn verunsichert an. Dann sah sie in seine Augen, aus denen der Schalk blitzte, und sie musste über sich selbst lachen, weil sie das von ihm geglaubt hatte.

»Wir haben andere Möglichkeiten«, sagte Mike schließlich. »Aber wir schlagen ganz bestimmt keinen zusammen.«

Laura und Annemie schämten sich ein bisschen, weil sie jemals in Erwägung gezogen hatten, dass die Clique um Franz Kriminelle waren. »Das nennt man böses Vorurteil, Schwesterchen«, raunte Laura. »Dabei wollen die uns tatsächlich helfen. Die meinen das ernst!«

»He, wartet!«, rief Felix, der gerade abgekämpft auf die Campingwiese gelaufen kam.

»Da bist du ja endlich. Natürlich gehen wir nicht ohne dich. Uns interessiert sowieso viel zu sehr, was du herausgefunden hast.« Franz sah ihn abwartend an, und Felix berichtete, was er gehört hatte.

»Da stimmt wirklich was nicht«, empörte Laura sich. »Die kennen sich? Harry sollte auf Oma Bille aufpassen, und nun bahnt sich da ein Eifersuchtsgemetzel an? Und was ist, wenn ... ach nee, vergesst es.«

»Das müssen wir vertagen«, sagte Felix. »Es wird Zeit, sich auf den Weg zur Rennbahn zu machen.

16. Kapitel

Bille saß vor ihrem Wohnwagen und stierte in den wolkenverhangenen Himmel. Maja und Jan wollten heute abermals eine Wattwanderung unternehmen, dieses Mal von Neßmersiel aus, deshalb waren sie schon aufgebrochen. Wo die drei Kinder steckten, wusste Bille nicht, aber Maja hatte zu ihr gesagt, dass sie sich keine Sorgen machen sollte. Es hatte geheimnisvoll geklungen, Bille befürchtete allerdings, dass Maja ihr lediglich freie Zeit für Herrn Häwelmann verschaffen wollte. Nur war das gar nicht das, was Bille sich wünschte. Es war ja nett von ihm, dass er ihr hierher nachgereist war, und sie fand es auch überaus fürsorglich, dass er ein paar seiner Wurstwaren im Gepäck hatte. Aber sie fürchtete einen vierten Heiratsantrag. Bille hatte oft überlegt, warum sie Bernd Häwelmann als Ehemann nicht akzeptieren konnte, und als er gestern vor ihr gestanden hatte, da wusste sie, was sie bisher davon abgehalten hatte, ihm ernsthaft näherzukommen. Es sind seine Augen, dachte sie. Mit ihnen stimmt etwas nicht. Sie wirkten zwar im ersten Moment liebevoll, aber dahinter verbarg sich ein Blitzen, das Bille abschreckte.

Sie überlegte, ob sie den Tag lesend im Wohnwagen verbringen wollte, denn das Wetter präsentierte sich heute alles andere als einladend. Doch blieb sie in ihrem Caravan, lief sie Gefahr, dass

Fleischermeister Häwelmann auf der Parzelle auftauchte. Es war allein aus diesem Grund besser, etwas zu unternehmen.

Von fern waren Lautsprecherdurchsagen zu hören. Stimmt, die Mädchen hatten davon gesprochen, dass heute in Hooksiel Renntag war. Bille überlegte. Und überlegte. Eine Rennbahn hatte immer ein besonderes Flair. Pferde. Reiche Leute. Geld. Geld. Geld.

Das sie nicht besaß, aber mit dem richtigen Tipp war es möglich, all ihre Probleme mit einem Schlag vom Tisch zu fegen. Nur gab es ein unüberwindbares Hindernis: Sie hatte in ihrem ganzen Leben noch keine Rennbahn betreten, geschweige denn gewettet. Obwohl es auch bei ihnen im Ruhrgebiet Rennbahnen gab. Nicht weit entfernt lag Raffelberg und einen Katzensprung weiter Gelsenkirchen. Normalerweise fürchtete Bille sich vor Pferden. Sie waren ihr zu groß und zu unberechenbar. Manchmal bissen sie oder schlugen aus. Aber am heutigen Tag waren sie Billes große Chance.

Sie betrat den Wohnwagen, schlüpfte in ihren grauen Flanellrock – kühl genug war es, und Bille nahm an, ein seriöser Auftritt würde nicht schaden. Sie holte ihre eiserne Reserve aus dem Versteck, schloss den Wohnwagen ab, öffnete ihn aber ein weiteres Mal, denn irgendwo hatte sie gelesen, dass die Damen auf Rennbahnen einen Hut trugen. Gut, dass sie den Strohhut erstanden hatte. Vorsichtshalber nahm sie auch noch ihre Jacke mit, denn der Wind hatte aufgefrischt und schickte seine Böen über den Platz.

Bille eilte zum Ausgang des Campingplatzes und überquerte die Straße. Dort herrschte ein wahnsinniger Verkehr. Alle wollten zur Rennbahn. Bille spürte ein Kribbeln in den Fingern.

Laura hüpfte aufgeregt auf und ab. Sie war noch nie bei einem Pferderennen gewesen, und sie fand die Mischung aus Jahrmarkt und Grillfest mit Hutverkleidung äußerst interessant.

Schon am Eingang befand sich eine Box, in der die Broschüren mit den Beurteilungen der Pferde lagen. Es gab viele verschiedene Rennen, die Laura nicht voneinander unterscheiden konnte. Sie überflog alles und reichte das Heft dann Franz. »Checkt ihr das mal! Und sucht die Außenseiter. Na los!«

Doch die Harley-Fahrer winkten ab. »Erst mal die Lage peilen und schauen, wo es ein Bierchen gibt.«

»Es ist noch vormittags!«, sagte Laura.

»Frühschoppen«, kommentierte Mike. »Wir haben Urlaub, und wenn wir diesen Job hier erledigen, können wir heute keine Tour machen, also ist es legitim, ein Morgenbier zu trinken.«

Franz runzelte die Stirn. »Kein Bier vor vier, ihr kennt meine Devise!«

»Dogmatiker«, sagte Doc Gringo, folgte Mike zum Bierstand und kam schon bald mit einem Becher in der Hand zurück. »Ich brauche auch noch eine Bratwurst«, erklärte er schließlich. »Eine fette, normale Bratwurst ohne Deich in der Biografie. Dann kann der Tag beginnen.«

Annemie verzog angewidert das Gesicht, während Laura ungeduldig von einem Bein auf das andere hüpfte. »Macht schon! Wir dürfen keine Zeit verlieren!«

Mike hatte die Wurst besorgt und biss kräftig hinein. »Die Rennen dauern bis Sonntag, da werde ich mich doch erst mal satt essen dürfen, oder?« Er tunkte das Wurstende in den Tropfen Senf.

»Ihr seid genauso schlimm wie der Häwelmann, der redet auch von nichts anderem«, sagte Felix.

»Der Alte aus Oberhausen, der gestern mit seinem dröhnenden Gelächter über seine eigenen Witze die Party gesprengt hat?«, fragte Doc Gringo. Seine Bratwurst war bereits nach drei Bissen vertilgt.

»Ja, der. Aber nun müssen wir sehen, auf wen wir setzen. Mama und Papa haben gesagt, wir sollen um sechs zurück sein.« Lauras Hüpfen glich dem eines Flummis.

»Bis dahin sind es sieben Stunden, so lange brauche ich weder für Bier noch Bratwurst.« Mike grinste.

Laura gab auf. Sie musste sich den Männern fügen. Während Mike und Doc Gringo ihre Sprüche klopften und genüsslich Bier tranken und speisten, studierte zumindest Franz die Broschüre intensiv.

»Hast du schon einen Plan?« Felix' Stimme war zwar wieder im Bass, die Dringlichkeit war dennoch unüberhörbar.

Franz schüttelte den Kopf. Er wirkte aber zumindest so, als habe er die Bedeutsamkeit der Aktion erkannt. »Wir retten Bille nicht, wenn wir unseren Einsatz gleich verspielen, weil wir es falsch angepackt haben.«

»Genau, wir sind schließlich lauter Greenhorns!« Doc Gringo hob den Daumen. »Wir schaffen das trotzdem, junger Mann.« Er verneigte sich vor Annemie und Laura. »Die Damen ...«

»Ihr überlegt, was eure Indianerköpfe tun würden, stimmt's?« Felix' Frage war durchaus ernst gemeint, aber Annemie kicherte. »Was soll ein Geronimo denn zu einem Pferderennen sagen?«

Die Rocker ignorierten die Bemerkungen der Kinder. Doc Gringo und Mike beratschlagten stattdessen.

»Und was tun wir jetzt?«, fragte Laura. Ihr ging die Gelassenheit der Männer gewaltig auf die Nerven. Oma Billes Zukunft stand auf dem Spiel, und die drei waren völlig entspannt, ja, sie sahen alles als einen einzigen Spaß.

»Wir gehen zuerst zur Tribüne.« Franz blickte zum VIP-Zelt. »Dorthin werden sie uns wohl kaum lassen.«

Annemie, Laura und Felix warfen sich genervte Blicke zu, aber es ging eben nicht ohne die Rocker, also mussten sie sich deren gemächlichem Tempo beugen. Die Tribüne war am Binnendeich aufgebaut, so dass man von dort einen guten Überblick über das Renngeschehen hatte. Von hier war das VIP-Zelt gut zu erkennen und auch die vielen eleganten Leute. Allen voran die Damen mit den fantasievollen Hüten. Franz zog ein kleines Fernglas aus der Tasche, das er Laura reichte.

Neben den klassischen Hüten gab es Modelle, die mit großen Sonnenblumen verziert waren, und welche mit Legosteinen, bis hin zu einem Hut, auf dem Playmobil-Pferde galoppierten. Aber auch die einfachen roten, blauen und grünen Hüte mit den Seidenschleifen sahen toll aus. Für einen Augenblick vergaß Laura den Grund ihres Hierseins, so sehr faszinierten sie die Menschen auf der Tribüne. Schließlich riss Annemie ihr das Fernglas aus der Hand, weil sie sich die Hüte ebenfalls ansehen wollte.

Das erste Rennen war ein Trabrennen. Schlanke Pferde in verschiedenen Farben tänzelten vor den Sulkys herum. »Hier wird disqualifiziert, wer galoppiert, anstatt zu traben«, erklärte Mike, der sorgfältig das Programmheft studierte und sich mit den Regeln eines Rennens vertraut gemacht hatte.

Wenigstens etwas!, dachte Laura.

»Das schwarze Pferd sieht toll aus«, flüsterte Annemie ehrfürchtig.

»Das ist die Nummer 5 und der Favorit in diesem Rennen.«

Laura suchte nach den Pferden, die für sie eher zu den Losern gehören könnten. Sie deutete auf die Nummer 1. »Der sieht aus wie ein alter Zossen.«

Franz öffnete das Beurteilungsheft. »Mittelfeld«, kommentierte er.

»Welches Pferd rangiert denn ganz hinten?«, fragte sie.

Doc Gringo warf einen Blick auf die Broschüre. »Die 7. Darauf wettet garantiert keiner einen Pfifferling. Das wäre unser Kandidat, wenn wir gesetzt hätten.«

Das Tier wirkte merklich nervös. Es tänzelte nicht nur, hin und wieder stieg es sogar leicht, warf den Kopf in die Luft und war für den Fahrer kaum zu bändigen.

Franz murmelte: »Der wird gleich losrennen, und das nicht in der korrekten Gangart.«

Das Rennen begann, und die drei Jugendlichen waren von dem Geschehen mehr als beeindruckt. Die Nummer 7 stob sofort los. Das Pferd hielt sich, entgegen der Unkerei vom Doc, zunächst allerdings an die vorgeschriebene Gangart.

»Wir hätten auf die Nummer 7 setzen sollen!«, kreischte Laura und presste die Fäuste auf den Mund. »Verdammt, es war ein Fehler zu warten.«

Doch dann holte der Favorit auf. Ruhig und mit ausgreifenden Schritten, den Kopf leicht erhoben, schoss er an der Nummer 7 vorbei. Das Pferd wollte sich das aber nicht bieten lassen – und galoppierte an.

»Gut, dass wir nicht gesetzt haben«, sagte Franz. Dann warf er einen skeptischen Blick zu den dunklen Wolken. »Hat einer von euch einen Schirm oder ein Regencape dabei?«

Alle verneinten, aber es war ohnehin zu spät, denn im nächsten Moment öffnete der Himmel seine Schleusen. Sie schafften es gerade noch, einen Platz unter den Pagodenzelten zu erhaschen, bevor der Nordseeregen mit Sturmböen auf sie niederprasselte.

»Was tun wir jetzt?«, fragte Franz. »So ganz geht unser Plan nicht auf. Dass ein Außenseiter gewinnt, ist wohl eher die Seltenheit, und auf den Sieger zu setzen bringt uns nicht viel weiter.«

»Oder wir setzen in jedem Rennen auf den Favoriten, Kleinvieh macht schließlich auch Mist«, schlug Felix vor. Regenböen streiften die Gruppe.

»Willst du bei dem Sauwetter echt bis heute Abend hierbleiben?«, fragte Annemie. Sie fror bereits, und ihr war der erste Enthusiasmus abhandengekommen.

Doc Gringo, Mike und Franz sahen sich an. »Risiko?«

»Risiko!« Einstimmiges Votum, wie Laura zufrieden bemerkte.

Sie standen auf und begaben sich zum Wettschalter. Eben ging auf der Bahn ein neues Rennen los. »Wir setzen beim nächsten Trabrennen, mittlerweile verstehe ich die Regeln sogar fast.« Franz studierte wieder Favoriten und Loser. Alle sechs sahen sich an, nickten, schlugen dann ein.

»Für Oma Bille!«, sagte Felix, und dunkler hätte seine Stimme nicht klingen können.

»Für Bille!«

Herr Häwelmann war unzufrieden. Er war eben noch einmal bei Bille vorbeispaziert, aber die Parzelle war verlassen. So ging das nicht. Da war er eigens mit seiner Wurst angereist, und was fand er vor? Seinen Tennisfreund mit unlauteren Absichten und Bille ohne Dauerwelle!

Bernd Häwelmann ballte die Faust. Er hatte zwar einen idiotensicheren Plan entworfen, aber offenbar mit den falschen Partnern. Lauter Egomanen, die die Gunst der Stunde nutzen und nur für sich das Beste herausholen wollten, anstatt sich daran zu halten, was er ihnen vorgegeben hatte.

Und nun war Bille weg. Wo zum Teufel konnte sie stecken? Panisch, wie sie oft reagierte, wollte er nicht ausschließen, dass sie einfach abgehauen war. Bille brauchte dringend einen Aufpasser, jemanden, der sie begleitete und für sie sorgte. Aufpasste, damit sie nicht auf Männer wie Harry Sitter hereinfiel. Das war seine Aufgabe. Versonnen drehte Fleischermeister Häwelmann in seiner Jackentasche den Verlobungsring. Dieses Mal würde sie ihn nicht ablehnen, sondern erkennen, wie sehr sie ihn brauchte. Er hatte doch wirklich alles gegeben.

Bille war fasziniert von dem Spektakel auf der Rennbahn. Sie schnappte sich eines der Hefte mit den Beurteilungen der Pferde und ging dann sogleich zur Kasse. Um sie herrschte reger Trubel.

Bille überlegte nicht lange. Sie war kein risikofreudiger Mensch und beschloss, es auch jetzt nicht zu werden. Das schreckliche Abenteuer, in diesen blöden Wohnwagen eingebrochen zu sein, reichte für die letzten Jahre ihres Lebens. Wenn sie die 553,60 Euro aufteilte und immer ein bisschen Geld auf den Zweiten setzte, bestand durchaus die Möglichkeit, dass dieser Zweite den Ersten überholte, weil das Schicksal es gut mit Bille meinte.

Sie nahm 200 Euro und gab das Geld am Wettschalter ab. »Auf den Schwarzen mit der Nummer 9«, sagte sie und tat so, als sei auf Pferde zu wetten für sie die normalste Sache der Welt.

»Nach der Siegerehrung, die vor dem VIP-Zelt stattfindet, rechnen wir die Quoten aus«, sagte die Frau am Schalter. »Und wir verlosen heute einen Hotelgutschein mit erstklassigem Candle-Light-Dinner im Romantik-Hotel Reichshof in Norden. Möchten Sie in den Lostopf?«

Romantik-Hotel. Candle-Light-Dinner. Das klang wie die Erfüllung ihres Traums. Bille nickte.

Bille sah ihre 200 Euro im Schlund der Kasse verschwinden und warf das Los in die Trommel. Dann drehte sie sich um, geriet in den Sog einiger Frauen, die auch Hüte trugen. Allerdings waren diese erheblich aufwendiger gestaltet als der von Bille, den sie vorhin zumindest noch mit einem roten Band ausgestattet hatte. Bille wollte sich aus dem Pulk herauskämpfen, doch sie hatte keine Chance und wurde unweigerlich in Richtung des großen weißen Zeltes gedrängt, das sich in der Mitte der Rennbahn befand. Die Frauen schoben sich zum Ordner, und auch Bille wurde einfach durchgewinkt. Sie befand sich unvermittelt in einem Reich, das ihr völlig fremd war. Elegant gekleidete Menschen standen mit Sektgläsern beisammen, fachsimpelten über Politik und die Pferde, andere lachten lautstark über einen Witz, den Bille nicht verstanden hatte. Sie bekam ein Sektglas in die Hand gedrückt. »Na, haben Sie auch auf die 9 gesetzt?«

Bille nickte, und ihr wurde bewusst, dass sie mitnichten Sekt, sondern Champagner trank. »Ist ja wirklich lieb von Anne, dass sie uns alle zu ihrem Geburtstag eingeladen hat und wir mit ihr hier auf der Rennbahn feiern, nicht wahr?« Eine jüngere Frau mit Piepsstimme hatte sich Bille zugewandt, die erneut zustimmte und krampfhaft überlegte, wer wohl diese Anne sein könnte. »Woher kennen Sie Anne?«, riss die Piepsstimme Bille aus ihren Gedanken. »Ich habe Sie noch nie bei einer ihrer Feiern gesehen.«

Bevor Bille antworten konnte, redete die Frau weiter. »Ich ahne es: Sie sind bestimmt ihre Tante Nelly aus Würzburg, von der hat sie schon viel erzählt. Nur nicht, dass Sie heute auch herkommen. Aber wenn es was zu feiern gibt …« Die Piepsstimme hob das Glas, und Bille stieß mit ihr an. Die Tante aus Würzburg also. Nun, wenn es ihr den Vorteil brachte, dass sie direkt an der Quelle an Informationen darüber kommen konnte, wie sie die restlichen 353,60 Euro zu stattlichen 2000 Euro anwachsen lassen konnte, dann spielte sie eben für ein paar Minuten die Tante Nelly. Nur war es besser, Anne nicht zu nahe zu kommen, nicht dass Bille schon zu Beginn auffog. Anne hatte auf jeden Fall sehr viele Frauen zu ihrem Rennbahngeburtstag eingeladen. Vermutlich trugen die Damen Billes angestrebten Gewinn schon als Wetteinsatz in der Tasche spazieren.

»Wer hat noch auf die 9 gewettet?«, kreischte eine Blonde, die ihr Glas fröhlich schwenkte.

Ungefähr zehn Hände fuhren hoch, und Bille erkannte, dass ihre Chancen auf einen Gewinn erheblich schwanden. Wenn die alle auf das schwarze Pferd gesetzt hatten und es gewann, würde für sie nicht viel übrig bleiben.

Es wurde ruhiger, als das Rennen begann. Die Damen näherten sich der Absperrung und verfolgten die vorbeitrabenden Pferde mit Spannung. Die 9 lag tatsächlich vorn. Billes Herz klopfte. Auch wenn sie nicht die vollen 2000 Euro herausbekam, ihre eingesetzten 200 Euro würden sich gleich ein klitzekleines bisschen vervielfachen.

»Die 9 führt!«, jubelte die Piepsstimme. »Ich habe 1000 Euro gesetzt!«

Die Blonde mit dem schwankenden Gang kreischte: »Und ich 1500 Euro!«

Bille wurde heiß und kalt. 1500 Euro, nur zum Spaß.

»Nein!«, schrie jetzt die Blonde. »Nein!«

Im nächsten Augenblick erkannte Bille, was sie zu dem Gebrüll veranlasst hatte. Die Nummer 9 lahmte und fiel merklich zurück.

Bille nahm die enttäuschten Rufe ringsum nur am Rande wahr. Das Einzige, was ihr einfiel, war: Mein Geld ist weg.

Die anderen Damen bedauerten noch eine Weile ihre Niederlage und machten sich dann erneut auf den Weg zum Wettschalter. »Neues Spiel, neues Glück!«

Bille zögerte. Sollte sie wirklich …?

Wie ein Lemming folgte sie der Geburtstagsgesellschaft, die offenbar kein ernsthaftes Problem damit hatte, so viel Geld verloren zu haben. »Pech im Spiel, Glück in der Liebe«, sagte die Blonde lachend, und Bille stellte fest, dass nicht einmal dieser Spruch bei ihr zutraf. Aber wer nicht wagt, der nicht gewinnt! Tiefer konnte sie gar nicht mehr fallen, also los! Noch einmal 200 Euro.

Mit einem Ohr verfolgte Bille die Gespräche der Damen, die sich über den möglichen Favoriten austauschten. Kurz glaubte sie, Franz und einen der Rocker gesehen zu haben, aber das musste natürlich ein Trugschluss sein, solche Typen ließ man bestimmt gar nicht auf die Bahn. Die Damen setzten dieses Mal geschlossen auf den Favoriten, und Bille war versucht, es ihnen gleichzutun, doch dann sah sie das Bild eines Pferdes, das sie anrührte. Seine Augen blickten so traurig, als wisse es, dass kein Mensch auf dieser Welt ihm etwas zutraute. Genauso fühlte auch Bille sich. Vermutlich wirkte ihr Blick gerade sehr ähnlich.

»*Ich* glaub an dich!«, flüsterte sie, schnappte sich die Karte, kreuzte das Pferd an, setzte auf Sieg und trug die Summe ein. Ihr Restgeld von 353,60 Euro war nun auf Dünentiger verwettet. Bille wollte das Pferd nicht als Nummer sehen, sondern als ihren persönlichen Favoriten.

Die Prosecco-Damen waren bereits wieder in den VIP-Bereich entfleucht. Bille hatte es verpasst, sich ihnen anzuschließen, aber das war ihr gleichgültig. Es war nicht ihre Welt. Ihre Welt war eine kleine Zweizimmerwohnung in Oberhausen und ein horrender Berg Schulden. Sie spazierte in Richtung Zuschauertribünen. Es würde noch etwas dauern, ehe das Rennen mit ihrem Dünentiger begann, zuvor startete ein anderes Trabrennen.

Laura hatte die Augen fest zusammengekniffen. Jetzt galt es, Glück zu haben. Die drei Rocker hatten lange hin und her debattiert und waren schließlich zu dem Schluss gekommen, auf den Drittgesetzten zu wetten. Laura hielt das für die falsche Entscheidung, aber da der Einsatz von 200 Euro Franz' Geld war (er hatte es abgelehnt, dass die Kinder ihre Ersparnisse auf den Kopf hauten), schwieg sie.

Wenn das hier schiefging, konnten sie einpacken, dann konnten sie Oma Bille nicht mehr helfen. Wenigstens hatte der Regen nachgelassen, und die Zuschauer hatten die Schirme zusammengeklappt. Die drittgesetzte Nummer war zufällig auch die Nummer 3. Es handelte sich um ein fast schwarzes Pferd, ein Rappe, wie Franz ihr erklärt hatte. Eine lange Mähne wallte über seinem Hals, und es hatte den Kopf mit einem leicht arrogant wirkenden Blick erhoben. Es tänzelte, und Laura betete inständig, es möge gleich einfach nur traben. Traben, traben, traben und für die Zeit des Rennens vergessen, wie viel schöner und leichter so ein Galopp sein konnte.

Der Startschuss fiel, und die Pferde setzten sich in Bewegung. Laura schloss die Augen. Die drei Rocker waren völlig still, Annemie hatte es Laura gleichgetan und schaute ebenfalls nicht hin. Felix hingegen kommentierte, was sich auf der Rennbahn tat. »Noch ist unser Favorit hinten, nein, das sieht nicht gut aus! – O Mann, was macht der denn da? – Das darf doch nicht wahr sein! – Mädels, er holt auf! Platz drei hat er schon. Na immerhin! – O nein, nicht galoppieren, bitte nicht!« Erleichtertes Seufzen. »Er hat es eingesehen, er trabt! Ja, er trabt!«

Laura wagte einen Blick. Ihr Pferd lief nun Hals an Hals mit seinem Gegner, dem als Favorit gesetzten Tier. Laura presste die Lippen zusammen und hielt die Luft an. Das Ziel war in Reichweite, jetzt durfte kein Fehler mehr passieren. Die beiden hatten sich weit vom Feld abgesetzt, Zweiter würde er auf jeden Fall werden, aber das reichte natürlich nicht. Felix schrie auf. »Nein! Nein!«

Laura verstand erst nicht, was er meinte, doch dann sah auch sie es. Ein Pferd galoppierte, aber es war nicht die Nummer 3, es war der Favorit, den der Jockey im Sulky nicht bändigen konnte. Er wollte den Gegner nicht an sich vorbeilassen.

»Ja, Sieg!«, schrie Laura. »Wir haben gesiegt!«

Die drei Rocker schlossen sich dem Freudentanz der Kinder an. »Ich sollte das professionell angehen«, stellte Franz fest. »Mal sehen, was die Quote bringt!«

»Nun wirst du wohl mit deinen Gewohnheiten brechen müssen«, sagte Doc Gringo. »Von wegen, kein Bier vor vier. Jetzt wird angestoßen.«

Mike klopfte Franz auf die Schulter. »Ich dachte wirklich, du mutierst noch zum Spießer, aber Hut ab, Alter. So eine Pferdewette mit vollem Risiko hätte ich dir nicht zugetraut. Eben alles für die Omma!«

Sie machten sich auf den Weg zum Totalisator. Weil dort das Gedränge aber riesig war, holten sie zuerst Bier und Limonade und für alle eine Bratwurst.

Bille war nervös. Jetzt kam es wirklich darauf an. Sie war ein Schaf gewesen, auf Dünentiger zu setzen, das wurde ihr vollends bewusst, als er neben seinen Konkurrenten stand. Mickrig, kein gutes Exterieur, nichts, was auch nur annähernd darauf hindeutete, das Pferd könnte einen Sieg einfahren. »Du bist so dumm, Bille. Es geht hier nicht um Mitleid oder dass du an etwas glaubst, sondern einzig darum, dass du endlich deinen Schuldenberg abträgst!«, murmelte sie vor sich hin. Sie mochte kaum auf die Bahn schauen. Ihr Favorit wirkte völlig lustlos, gar nicht, wie man sich einen Dünentiger vorstellte. Eher wie eine Dünenschnecke.

Vielleicht hätte sie sich doch das Heft mit den Beurteilungen genauer ansehen sollen, bevor sie auf der Karte ihr Kreuz machte. Aber so war sie nun mal. Aus Mitleid würde sie alles tun. Deshalb gab es den Bodybuilder in ihrem Leben, deshalb war derart viel schiefgelaufen.

Der Startschuss fiel, und ihr Dünentiger trabte recht gemütlich vor seinem Sulky hinter dem Feld her. Er machte eher den Eindruck, als sei er bei einem gemächlichen Ausritt statt bei einem Pferderennen. Hätte nur noch gefehlt, dass er zwischendurch graste oder ein Blümchen abzupfte. Der junge Jockey gab alles, aber Dünentiger war nicht auf Empfang. Das Feld raste nun in der zweiten Runde an ihm vorbei, was seine Leidenschaft für das Rennen auch nicht anfachte.

»Ist das der Erste oder der Letzte?«, frotzelte der Kommentator, so dass Bille, trotz des zu erwartenden Geldverlustes, schon wieder Mitleid mit dem Jockey bekam. Sie ging davon aus, dass der Besitzer des Pferdes einen anderen Verlauf des Rennens erwartet hatte. Das Feld überrundete den armen Dünentiger, der zugebenermaßen keineswegs so traurig wirkte wie auf dem Bild, ein drittes Mal, und das erste Pferd preschte über die Ziellinie. Man ersparte Dünentiger die Schmach, alle drei Runden laufen zu müssen, er überquerte das Ziel als Letzter, hatte aber nur eine Runde geschafft.

»Wenn er ein Hund wäre, würde er jetzt mit dem Schwanz wedeln«, sagte Bille zu sich. »Wahrscheinlich ist er einfach nur schlau!«

Im Gegensatz zu seinen Konkurrenten war Dünentiger nämlich alles andere als abgekämpft, er wirkte frisch und ausgeruht.

Bille zuckte mit den Schultern. Nun war sie endgültig pleite, damit musste sie leben. In Oberhausen wartete der Knast auf sie. Oder zumindest ein blaues Auge.

Franz erblickte Bille als Erster. Er wollte gerade zum Totalisator gehen und traute seinen Augen nicht. Sollte Bille dieselbe Idee gehabt haben wie sie? Er ließ die Jungs und die drei Kids stehen und eilte zu ihr. Sie wirkte ein wenig benommen.

»Bille!«, sprach er sie an.

Sie fuhr erschrocken zusammen. »Was machst du denn hier?«, rief sie.

Franz konnte nicht anders, er nahm sie einfach in den Arm. Bille ließ es wider Erwarten zu, sie schien entweder unter Schock zu stehen, oder sie war absolut tiefenentspannt.

»Hast du gewettet? Wegen der« – Franz räusperte sich – »Sache?«

»Du weißt es?« Bille klang müde.

Franz hätte erwartet, dass sie böse wurde oder zumindest nachfragte, wer ihr Geheimnis verraten hatte, aber sie sagte nichts.

»Hast du etwa alles verloren?« Franz musste die Antwort nicht abwarten, so, wie Bille dreinschaute.

»Komm, Bille, wir haben eine Überraschung für dich!« Wenn sie erstaunt war, zeigte sie es nicht, denn noch immer wirkte sie gleichgültig. Doch sie ließ sich von Franz mitziehen. Er roch ihren leicht süßlichen Duft, fühlte den zarten Körper. Franz genoss den Moment, sie im Arm halten zu dürfen, auch wenn er befürchtete, dass Bille in ihrer Erstarrung gar nicht realisierte, wer sie gerade über die Rennanlage führte.

Sie erwachte erst, als sie die drei Kinder erkannte. »Was tut ihr denn hier auf der Rennbahn?«, fragte sie, als begegne sie gerade drei Geistern.

»Wetten«, antwortete Felix lapidar. »Was sonst?«

»Wissen eure Eltern davon?«, hakte Bille sofort nach und war binnen Sekunden wieder die besorgte Oma, die sich Gedanken über ihre Enkel machte.

»Klar!« Bass Felix, Chillmodus.

Bille atmete spürbar erleichtert aus. »Und? Schon was gewonnen?«, fragte sie betont fröhlich. Franz hielt sie noch immer im Arm und spürte das Beben in ihrem Körper. Verdammt, wie schlecht musste es ihr gehen! Nur der Kinder wegen riss sie sich zusammen.

»Du brauchst keine Angst mehr zu haben!«, flüsterte er und nickte Doc Gringo zu, der ihm einen Schein aus der Hand nahm und sich damit zum Totalisator begab.

»Ich bin pleite«, flüsterte Bille zurück, lächelte die Kinder aber weiterhin an, als sei nichts passiert. »Ich habe alles verloren, Franz. Und wenn du von der Sache weißt, dann weißt du auch, dass auf mich keine rosige Zukunft wartet.«

Franz drückte sie und sah dann unruhig in die Richtung, aus der Doc Gringo gleich mit dem gewonnenen Geld kommen musste. Auch die Jugendlichen wirkten nervös.

»Du, Oma Bille«, setzte Laura an, »wir haben eine Überraschung für dich!«

Bille lächelte immer noch. »Wie lieb von euch. Dass Herr Häwelmann da ist, weiß ich ja schon, ist es wieder so etwas?«

»Herr Häwelmann!« Felix winkte verächtlich ab. »Das war ja nun alles andere als eine Überraschung. Der mit seinen ollen Würsten!«

»Wir haben was Besseres!« Laura hüpfte auf und ab und flog Doc Gringo förmlich entgegen, der gerade mit einem breiten Grinsen zurückkam. »Wir haben dein Problem gelöst!«

»Nicht ganz«, wehrte Doc Gringo ab, und Franz glaubte in Billes Gesicht zu lesen, dass sie sich fragte, wer denn auf dem Campingplatz *noch* von ihren Schulden wusste. »Aber Bille, du bist ein gutes Stück weiter.« Er hielt Bille einen Stapel Geldscheine hin. »1500 Euro und 97 Cent.«

Bille schaute von Franz zu Doc Gringo, von dort zu Mike und dann zu den Kindern. »Das habt ihr für mich getan?«

Die sechs nickten.

»Wo habt ihr das Geld denn her? Ich will kein Blutgeld! Nicht, dass ihr so kriminelle Scheine …«

Doc Gringo lachte und ordnete dabei seinen Bart. »Hey, Bille, mach dich locker. Wir sind nur Harley-Fahrer! Das solltest du doch mittlerweile wissen.«

Bille blickte verschämt zu Boden. Ja, das sollte sie wissen!

»Es fehlen also noch knapp 500 Euro, aber wir könnten unser Abwaschgeld dazutun.« Laura überlegte. »Dann hätten wir 1564,07 Euro.« Ihrer Stimme war die Enttäuschung anzumerken. Sie erklärte Bille kurz, was es mit dem Abwaschgeld auf sich hatte, und wandte sich wieder an die Rocker. »Weil es nicht reicht, müssen wir noch was setzen. Oma Bille muss alles zahlen können!«

»Moment«, warf Bille entschlossen ein. »Das ist so viel Geld, und selbst wenn ihr mir den Gewinn schenken wollt, müssen wir erst den Einsatz abziehen. Wie hoch war er, und wer hat ihn gestiftet?«

Franz schob Bille ein Stück von sich fort, damit er ihr in die Augen sehen konnte. »Ich, Bille. Und ich will es nicht zurückhaben.«

»Wie viel?« Franz konnte Billes bohrendem Blick nicht ausweichen. »Los, sag es!«

Franz schüttelte stur den Kopf.

Bille hielt ihm 500 Euro hin.

»Das ist zu viel.«

»Ich nehme das Geld nicht, wenn ich nicht wenigstens den Einsatz zurückzahlen darf. Notfalls finde ich die Höhe selbst heraus.«

Franz grinste. Ja, so war Bille! »200 Euro«, sagte er, obwohl Laura die Augen verdrehte.

Sie gab ihm die Scheine und wirkte nun merklich gelöster. »Danke«, sagte sie zu Franz, und für den Blick hatte sich die ganze Mühe gelohnt, fand er. Bille umarmte die Kinder, dann schüttelte sie den Jungs die Hand. »Ich hätte das nicht erwartet und von euch schon gar nicht.«

»Nun, wir sind nicht so rauh und ungehobelt, wie das manchmal wirkt«, erklärte Doc Gringo. »Und wir hatten schließlich wegen der Singerei was gutzumachen.«

Bille blickte Franz noch einmal an, und jetzt lag Wärme in ihren Augen.

»So, genug der Lobhudelei«, bestimmte Laura. »Es fehlen noch circa 700 Euro, Oma Bille ist folglich noch nicht aus dem Schneider!«

»Ich habe es auch versucht, aber ich habe auf das falsche Pferd gesetzt.« Bille reichte Franz den Schein.

Der warf einen Blick darauf. »Du hast was?«

»Auf das falsche Pferd gesetzt«, wiederholte Bille. »Der Dünentiger hatte heute nicht seinen besten Tag.«

Franz zückte das Beurteilungsheft, seine Augen schweiften von dort immer wieder zu Billes Wettschein. Dann stieß er einen Freudenschrei aus, küsste sie auf die Wange und wirbelte sie anschließend durch die Luft. »Du hast gewonnen, Bille!«

»Quatsch, die haben so sehr über ihn gelacht, dass mir der Jockey regelrecht leidgetan hat.«

»Dünentiger ist tatsächlich Letzter geworden«, bestätigte Franz. »Aber, du hast gar nicht auf ihn gesetzt, sondern auf den Sieger!«

»Es ist gerade erst Mittag, und unser Problem ist schon gelöst!«, sagte Felix fröhlich. »Dann können wir ja jetzt gehen.«

17. Kapitel

Als Bille zurückkam, leuchtete sie förmlich von innen, registrierte Bernd Häwelmann. Sie war allerdings nicht allein, sondern hatte dieses Pack im Schlepptau. Und die nervigen Kinder, auf die sie auch in Oberhausen ständig aufpasste und die sie völlig vereinnahmten. Immerhin hatte Bille schon zweimal wegen der Gören einen Termin mit ihm platzenlassen!

»Oh, liebe Frau Rubens, da sind Sie ja. Ich habe Sie schon überall gesucht. Vielleicht können wir später einen Kaffee trinken gehen?«

»Ich war mit meinen ...« Bille zögerte, aber dann stieß sie hervor: »Mit meinen Freunden unterwegs.«

»Freunden?« Bernd Häwelmann war konsterniert.

»Ja, bessere kann man nicht haben, Herr Häwelmann. Freunde erkennt man, wenn man in Not ist und sie für einen da sind, und zwar ohne zu fragen oder ihren Vorteil abzuwägen.«

»Und das tun diese ... Typen?« Bernd Häwelmann musterte die drei Jungs. Sein Gesicht verfinsterte sich, als sich auch noch dieser Kerl mit dem gelben Käppi dazustellte, eine Zigarette im Mundwinkel.

»Hat es geklappt?«, fragte er.

»Und wie, ErTeEl! Und wie!«

»Cool, das funzt.«

Bernd Häwelmann schaute von einem zum anderen. Allein dieser Jargon! Er beschloss dennoch, gute Miene zum bösen Spiel zu machen und zunächst herauszufinden, wovon die Bande sprach.

»Was haben Ihre Freunde denn so Wichtiges angestellt, Frau Rubens?«, fragte er. Diese vier abgewrackten Gestalten wirkten eher so, als würden sie Bille um den Rest ihres Vermögens bringen wollen. In dem Augenblick erkannte Bernd Häwelmann seine Chance. Wenn es sich so verhielt, wie er vermutete, war es nicht ausgeschlossen, dass die Rocker Bille gerade gewaltig über den Tisch zogen und er als Retter in der Not dastehen konnte. Noch war nichts für ihn verloren.

»Was diese Herren« – Bille sprach tatsächlich von *Herren* – »für mich getan haben, Herr Häwelmann, das kann ich in meinem restlichen Leben wohl kaum wiedergutmachen.«

Bernd Häwelmann zog fragend die Brauen hoch. »Diese Männer sollen Ihnen etwas Gutes getan haben? Mit Verlaub, Frau Rubens, das kann ich nicht glauben. Dazu reicht meine Fantasie leider nicht aus.«

»Es könnte daran liegen, dass Sie recht wenig davon besitzen, Herr Häwelmann. Zumindest, wenn es nicht gerade um Ihre Wurstkreationen geht.«

Was waren das denn jetzt für Töne? So unverschämt war Bille Rubens noch nie gewesen, man merkte, welch überaus schlechten Einfluss diese tätowierten Gestalten auf sie ausübten.

»Ach, Frau Rubens …« Bernd Häwelmann riss sich zusammen. Bloß jetzt keinen Fehler machen. Gleichgültig, was diese Männer angeblich für sie getan hatten: Er hatte mindestens ein Ass im Ärmel und würde es gleich ausspielen. Weil er so intensiv seinen Gedanken nachhing, hatte er den Fortgang des Gesprächs nicht verfolgt und zuckte nun bei Lauras Bemerkung zusammen.

»Jetzt müssen wir nur noch den Bodybuilder finden«, sagte sie. »Dann gibt Oma Bille ihm das Geld, und die letzten Urlaubstage sind gesichert! Wir können von nun an ausschließlich baden und spielen.«

»Und Backfisch essen«, ergänzte Annemie.

»Chillen«, war Felix' Kommentar.

Bernd Häwelmann zuckte zusammen. Bille hatte das Geld?

»Stell dir vor, ErTeEl, wir haben sogar 200 Euro zu viel!«, erzählte der Junge dem Typ mit der gelben Kappe gerade.

Wie konnte das passieren? Sein ganzer schöner Plan fiel in diesem Moment in sich zusammen und stob davon wie ein Haufen Asche, in den ein Windstoß gefahren war. Das konnte, das durfte nicht sein! Er musste sofort zu diesem Idioten, der hatte alles, wirklich alles vermasselt.

Justus fühlte sich wie ein Häufchen Elend. Vor ihm hatte sich Fleischermeister Häwelmann aufgebaut. Die Sonne war verschwunden, gleich würde erneut Regen fallen und sein kleines Zelt unter Wasser setzen, in der Ecke war schließlich ein Loch, durch das ihn regelmäßig eine Schwadron Ameisen in Begleitung einiger Ohrenkneifer besuchte. Eine fantastische Eintrittspforte für ein Regenbächlein. Und nun hatte ihn auch noch Häwelmann entdeckt. Schlimmer ging's nicht.

»Hier verkriechst du dich also?« Diese Stimme kannte Justus zur Genüge. Wie hatte er seinen Chef gehasst, wenn er ihn während der Ausbildung in diesem Ton zusammenfaltete! Und Bernd Häwelmann hatte immer etwas gefunden, worüber er meckern konnte. Immer. Entweder war die Küche nicht sauber genug, oder die Wurstenden hatten nicht die gewünschte Form. »Wenn du nicht spurst, bestehst du die Prüfung nicht, du wirst nicht einmal zugelassen, mein Lieber. Aber es gibt immer Mittel und Wege, auch solche Luschen wie dich durchzukriegen.«

Damals hatte Justus beschlossen, dass es besser war, sich nicht von einem Kerl wie dem Fleischermeister abhängig zu machen, und hatte es vorgezogen, selbständig zu werden, vor allem, weil ihm die Idee, sein ganzes Leben lang Wurst herzustellen, und das womöglich an der Seite von Bernd Häwelmann oder ähnlich gestrickten Typen, absolut nicht gefiel. Er wollte frei sein.

Nun, das hatte nicht geklappt. Es war zwar ein Leichtes gewesen, die Kasse zu plündern – und die war an jenem Samstag vor Weihnachten richtig voll gewesen –, aber leider hatte Herr Häwelmann in kürzester Zeit herausgefunden, wer als Dieb in Frage kam, zumal er, Justus, noch am selben Tag das Weite gesucht hatte. Und nach drei Monaten hatte der Kerl vor seiner Tür gestanden, ähnlich wie er sich jetzt in voller Größe und Breite vor seinem Zelt aufbaute.

»Hier verkriechst du dich also?« Sogar der Wortlaut war derselbe. Damals hatte sein Ex-Chef eine klare Ansage gemacht. »Ich zeige dich nicht an, aber dafür tanzt du nach meiner Pfeife, wenn ich dich brauche. Mit etwas Glück fällt dabei für dich auch etwas ab – wenn alles so läuft, wie ich es mir vorstelle!«

Seitdem verlief Justus' Leben so, wie der Fleischermeister es vorgab. Er hatte ihn in der Hand. Kuschen oder Knast war die Devise.

»Ich verkrieche mich nicht, Herr Häwelmann.« Justus hasste sich für seine Kleinkindstimme, in der etwas Flehendes mitschwang. Genauso hatte er immer gesprochen, wenn seine Mutter ihn ausnahmsweise mal beachtete. Ihre Beachtung beschränkte sich allerdings stets darauf, ihn für irgendetwas verantwortlich zu machen, was er gar nicht angestellt hatte.

»Ich habe nichts Schlimmes getan, Herr Häwelmann«, jaulte Justus weiter. »Ich wollte die Alte hier cashen, aber mir ist eine Magen-Darm-Infektion dazwischengekommen. Ich werde es heute vollenden!«

Bernd Häwelmann winkte ab. »Du bist und bleibst ein Versager. Ich hätte dich nie einstellen dürfen. War klar, dass du mich bescheißt. Du kneifst. Wie immer.«

Justus wollte etwas erwidern, aber ihm blieb das Wort im Hals stecken.

»Wir sprechen uns noch, mein liebes Früchtchen. Wir sprechen uns noch!«

»Ich gehe jetzt zu dem jungen Mann und gebe ihm das Geld, damit endlich Ruhe ist und ich einen entspannten Nachmittag verbringen kann. Die zwei Stunden auf der Rennbahn haben mir doch arg zugesetzt«, sagte Bille und wollte sich auf den Weg in Richtung Zeltplatz machen.

»Wir kommen besser mit, denn da herrscht gerade Krieg«, sagte ErTeEl. »Mittlerweile geht es um Ressourcen.«

Die Köpfe von Franz, Doc Gringo und Mike schnellten herum. »Ressourcen«, wiederholte Doc Gringo. »Du weißt, was das Wort heißt?«

ErTeEl nickte. »Selbstverständlich. Ich bilde mich im Gegensatz zu euch täglich weiter, und mir sind diese Vokabeln vertraut.«

Bille kannte ErTeEl kaum, aber auch sie wusste, dass dies für ihn ein ziemlich langer Redebeitrag war. »Was ist auf dem Zeltplatz los?«, fragte sie.

»Jetzt geht es um die mageren Grasvorräte für das mitgebrachte Karnickel aus Bochum.«

Bille lief los, die Rockergang und die Kids im Schlepptau. Das Geschrei der beiden Camping-Kriegsparteien hörte sie schon von weitem.

»Hömma, getz macht euch ma vom Acker, Pack, Elendiges! Dat is unser Land, un dat verteidign wia mit unsa Leib un Leben, damit unsan Karnickl überleben kann!« Wanda Hegemanns Stimme klang merkwürdig gedämpft.

»Ach herrje«, seufzte Bille. »Ich dachte immer, Camper seien friedlich.«

»Sind sie normalerweise auch«, sagte Franz. »Aber es gibt eben überall ...« Er brach ab, als er Wanda Hegemann mit Mundschutz über den Platz laufen sah. Ihr angewiderter Blick in Richtung von Justus' Zelt sprach Bände. Seine Parzelle hatte sie, trotz seines gesundheitlichen Aufwärtstrends, mittlerweile unter Quarantäne gestellt. Kleine Hinweisschilder mit einem Stopp-Zeichen deuteten darauf hin.

»Bin ich froh, dass wir woanders stehen«, sagte Bille. Als sie den Müll vor Justus' Zelt entdeckte, regte sich in ihr allerdings eine Spur Verständnis. Er hauste inmitten von Dosen und verschmutzten Papptellern. Ein Plastikbecher mit buntem Aufdruck kullerte eben von einer Böe angetrieben über den Rasen.

»Du vergisst Salome, wenn du sagst, dass bei uns alles gut ist«, erinnerte Laura sie. »Wer ihr den Schmuck geklaut hat, weiß ja auch noch kein Mensch.«

Bille spazierte ungeachtet der Warnschilder direkt auf das Bodybuilderzelt zu, doch der Reißverschluss war heruntergelassen. Er war fort.

Bernd Häwelmann tobte. Nach seiner Tirade war Justus ganz kleinlaut geworden, aber es änderte nichts daran, dass er Oma Bille nicht rechtzeitig genug Druck gemacht hatte. Der Plan war, sie so am Boden zu sehen, dass ihr keine andere Möglichkeit blieb, als ihn, den Fleischermeister Häwelmann aus Oberhausen-Buschhausen, um Hilfe zu bitten. Er hatte gedacht, dass Justus dies in die Wege leiten könnte, aber selbst für einen so einfachen Job war ein wenig Grips nötig, der Justus offensichtlich fehlte. Er war zwar brav nach Hooksiel in die wangerländische Einöde gereist, aber er sollte hier keinen Urlaub machen, sondern sich um Bille kümmern. Damit er, Bernd Häwelmann, zum Retter werden konnte.

Magen-Darm-Grippe! Das sagten doch immer alle, die eine faule Ausrede brauchten. Bernd Häwelmann strotzte vor Gesundheit, und ein Magen-Darm-Virus hatte ihn noch nie außer Gefecht gesetzt. Und hier wurde sogar der Zeltplatz unter Quarantäne gestellt. Was für ein Loser, verdammt! Er hatte sich für den Falschen, ach was, für *die* Falschen entschieden, auch sein alter Kumpel Harry war ihm mit seinem Egotrip in den Rücken gefallen. Wenn man nicht alles selbst in die Hand nahm, lief einfach nichts, das lehrte ihn das Leben immer wieder. Und dennoch war er in diesem wichtigen Augenblick einer fehlerhaften Strategie gefolgt. Etwas, was ihm noch nie passiert war. Er, der große Fleischermeister, er, der Macher der Innung, war ein Siegertyp und hatte bisher noch immer die Goldmedaille errungen. Und nun drohte ihm nicht einmal ein Trostpreis!

Ungeschoren sollte der Bengel, der ihm das eingebrockt hatte, wirklich nicht davonkommen. Er würde die Sache jetzt selbst in die Hand nehmen und diesem Justus Beine machen. Was hatte der Junge bloß für ein Durcheinander angerichtet? Bille stand unter Diebstahlverdacht, mit dem zusätzlichen Einbruch hatte Justus nur zusätzliches Chaos angerichtet, vor allem, als er den gestohlenen Schmuck bei Bille deponierte, weil er glaubte, dort finde ihn keiner. Das alles gehörte nicht zu Bernd Häwelmanns Plan.

Nun galt es, dies alles zu vertuschen. Bille durfte weder von seinem Spitzel Harry erfahren noch vom Deal mit Justus. Niemals durfte sie wissen, dass er es war, der ihn auf Bille angesetzt hatte. Ihr Ton war schon jetzt eine Spur zu scharf gewesen.

Felix hatte keine Lust, sich weiter zu engagieren. Er hatte für Oma Bille schon viel Zeit seiner Ferien geopfert. An Chillen war schon lange nicht mehr zu denken. Aber nun war bei Oma Bille ja alles wieder in der Spur. Irgendwann würde der Bodybuilder auftauchen, und sie konnte ihm das Geld geben. Worauf er absolut keine Lust hatte, war dieser blöde Camperstreit auf dem Zeltplatz.

Also marschierte er von dannen. Doch als er sich der Camperklause näherte, stutzte er. Da stand tatsächlich Herr Häwelmann neben dem Bodybuilder, und der wirkte ziemlich kleinlaut. Ob Herr Häwelmann von Oma Billes Schulden wusste und nun ebenfalls versuchte, ihr zu helfen? Das würde Felix ihm hoch anrechnen, auch wenn er sonst keine allzu großen Stücke auf den Angeber hielt.

Das Chillen musste verschoben werden. Felix schlich sich näher an die beiden heran, aber so, dass sie es nicht bemerkten. Wichtig war einzig und allein, herauszufinden, was sie zu besprechen hatten.

»Du hast versagt, Justus. Du bist dümmer als ein Stück Leberwurst!«

»Ich war krank, das hab ich vorhin doch erklärt«, verteidigte der junge Mann sich, aber der Fleischermeister ließ es nicht gelten.

»Ich wollte für Bille Rubens den Retter spielen. Deine Aufgabe war es, sie so zu erschrecken, dass sie sich vor lauter Panik an mich wendet, ich ihr mit dem Geld aus der Patsche helfen kann und danach die Zustimmung zur Heirat nur noch Formsache ist. Verdammt, und dann mischt sich auch noch diese Rockergang ein und kommt gleich mit dem Geld!«

»Dann haben Sie doch wenigstens das«, sagte Justus.

Herr Häwelmann winkte ab. »Und warum hast du den geklauten Schmuck ausgerechnet bei ihr im Wohnwagen deponiert? Was sollte denn dieser Schwachsinn?«

Justus hob abwehrend die Hände. »Das war ich nicht! Ich hab nichts geklaut und nichts bei ihr hingelegt.«

»Aber wer soll das denn sonst gewesen sein?«, brüllte der Fleischermeister.

»Keine Ahnung, aber fragen Sie doch den Heiratsschwindler, diesen Harry Sitter, der schon wieder abgehauen ist. Den habe ich nämlich an jenem Morgen mit einem Beutel in der Hand gesehen. Da war was drin, und später hab ich das Stoffteil im Mülleimer gefunden. Leer!«

Bernd Häwelmann zuckte zurück. »Harry Sitter«, wiederholte er. »Ein Heiratsschwindler und Dieb. Von wegen bester Tenniskumpel, Geld wie Heu und überhaupt … Das erklärt ein paar Dinge.« Er stampfte wie ein kleines Kind mit dem Fuß auf. »Da habe ich wohl den Wolf zum Schaf geschickt!«

Felix hatte genug gehört. Was für ein Tag, an dem sich alle Ereignisse überschlugen! Diese Geschichte würde die Rocker sicher brennend interessieren. Komisch war nur, dass Harry Sitter offenbar vergessen hatte, dass er den Stoffbeutel nicht mit in Oma Billes Schrank gelegt hatte. Er musste ganz schön unter Druck stehen. Kein Wunder!

Franz wiegte den Kopf, als er Felix' Bericht zu Ende angehört hatte. »Das ist ein starkes Stück. Jetzt müssen wir nur diesen Harry Sitter noch überführen. Die Frage ist, wie?«

»Justus bekommt von mir nicht einen Cent«, sagte Bille. »Das Geld können wir gut für etwas anderes verwenden.«

»Klar!« Franz grinste sie an, und Billes Herz schlug einen Takt schneller.

Nicht schon wieder, Bille Rubens, nicht schon wieder! Ich will mich nicht verlieben. Und schon gar nicht in so einen Kerl.

Na, immerhin hat er dich gerettet!

Da war sie wieder, diese Stimme. Bille versuchte sie zu ignorieren.

»Ich habe noch eine Überraschung für dich«, sagte Franz.

»Darin bist du offenbar unschlagbar.«

»Könnte sein.«

»Nun sag schon, was es ist!« Bille stieß Franz in die Seite.

Er fasste in seine Tasche und zog ein Stück Papier hervor. »Ich hatte ein zweites Mal Glück im Spiel«, sagte er lächelnd. »Hab da bei einer Verlosung mitgemacht, und den Gewinn möchte ich dir schenken, weil ich glaube, du kannst ihn besser nutzen als ich.« Er schob ihr den Schein hin. »Es ist nur für dich, egal, was draufsteht. Nicht falsch verstehen!«

Bille griff danach und glaubte ihren Augen nicht zu trauen.

Gutschein Romantik-Hotel Reichshof in Norden
Eine Übernachtung für zwei Personen im Doppelzimmer
inklusive Schwimmbad- und Saunanutzung
und einem 4-Gang-Candle-Light-Dinner

»Für mich allein?« Sauna, Schwimmen, Candle-Light-Dinner. Ein schönes Bett. Bille fasste es nicht.

»Ja, für dich. Genieße es, Bille!«

»Und was verlangst du als Gegenleistung?«

»Ich wüsste, was du dir von dem Rennbahn-Geld kaufen könntest«, sagte Franz.

»Und?«

»Eine Jeans, eine Kevlar-Jacke und einen eigenen Jethelm, der zu dir passt. Ich möchte dich zumindest mit der Harley nach Norden bringen. Bis vor die Tür des Hotels!«

Bille lachte laut auf, obwohl ihr die Idee, doch einmal mit Franz' Electra Glide zu fahren, immer mehr gefiel. »Eine Jeans habe ich. Und sogar im Koffer!«

»Na, dann ist der Grundstein ja gelegt.« Er zog Bille kurz an sich, was ihr Herz neuerlich zum Stolpern brachte. Dann aber sah er zum Weg und stutzte. »Da kommt er ja schon, unser Übeltäter!« Der junge Mann steuerte mit gesenktem Kopf direkt auf Billes Parzelle zu.

»Du kriegst nichts!«, fuhr Bille ihn an. »Gar nichts! Sag das dem Fleischermeister, und sag ihm auch, dass ich ohnehin niemals mit ihm zusammen Wurst gemacht hätte! Niemals!«

»Ich will kein Geld«, sagte Justus. »Und ich rede auch nicht mehr mit Herrn Häwelmann, der wollte eh nach Oberhausen abreisen.« Er bat um einen Stuhl und erzählte dann offen und ehrlich alles, was er wusste. »Ich hoffe nur, er bringt mich wegen des Diebstahls damals nicht noch in den Knast. Und Sie haben ja auch allerlei gegen mich in der Hand.«

»Herr Häwelmann soll mal ganz kleine Würste herstellen«, sagte Bille giftig. »Er kann dir nichts, weil ich sonst Anzeige gegen ihn erstatten werde. Ich bin froh über deine Ehrlichkeit.«

Justus war sehr erleichtert. »Da ist noch etwas«, begann er erneut. »Ich habe Harry Sitter dabei beobachtet, wie er in zwei Wohnwagen eingestiegen ist. Ich werde gleich bei der Polizei eine Aussage machen.«

»Dann ist er wohl auch für den Diebstahl bei Salome verantwortlich«, sagte Bille. »Wirklich blöd von ihm! Offenbar hat er sich völlig übernommen, nur hält sich mein Mitleid gerade in Grenzen.«

Laura und ihre Geschwister näherten sich in diesem Moment und hatten ihre letzten Worte gehört. »O Mann, Oma Bille, was für ein Glück, dass Harry der Dieb ist! Wir dachten nämlich schon, dass du es warst! Auch die, die bei dem Pärchen eingebrochen ist und das Geld später zurückgebracht hast, weil du ja so eine ehrliche Haut bist.«

»Ich als Einbrecherin«, winkte Bille ab. »Absurd!« Sie schluckte. Es war wohl besser, ein paar Dinge für sich zu behalten.

Als Jan und Maja später von ihrer Wattwanderung zurückkamen, betrachteten sie erstaunt die vielen Menschen auf Billes Parzelle. Doch bevor sie etwas sagen konnten, rasten hupend drei Autos über den Weg. Das eine beherbergte die Familie aus Bochum, allerdings war der Wagen furchtbar überladen, und so konnte man nur erahnen, dass sich unter den Laken, Spielzeugen und dem Kaninchenkäfig auch Menschen befanden. Ihm schloss sich das holländische Fahrzeug an, und dahinter hatte sich die Hamburger Schlauchbootfamilie eingereiht.

Justus warf einen kurzen Blick dorthin. »Sind rausgeflogen, der Platzwart hatte kein Verständnis mehr für die Eskapaden.« Er räusperte sich. »Ich hab auch einen Anschiss bekommen. Muss aufräumen, sonst flieg ich hinterher.«

»Super, endlich Ruhe! Dann sollten wir doch noch bleiben«, stellte Mike fest, während ErTeEl eher enttäuscht seinem Live-Programm hinterhersah.

»Was ist denn hier los?«, wollte Jan verblüfft wissen.

Franz übernahm den Erklärungsversuch, doch weil alles ziemlich verworren war, beschloss er, nur das Wichtige zu erzählen.

Jan schüttelte den Kopf. »Dann werden wir jetzt mal diesen Harry überführen, oder? Wie schön, dass die Sache mit den Lammfelldecken geklärt ist.« Er grinste und warf einen Blick zu Bille.

»Der Fleischermeister ist tatsächlich abgehauen, Bille?«

»Ja, ich habe ihm klipp und klar gesagt, dass ich ihn niemals heiraten werde. Egal, wie sehr er glaubt, dass ich ihn brauche. Und dass er den armen Jungen in Ruhe lassen soll, hab ich ihm auch gesagt.«

»Hast du dem Fleischermeister etwa verziehen?« Franz drückte Billes Hand. Die Berührung ließ sie zusammenzucken, wieder klopfte ihr Herz, aber dieses Mal ohne Vorbehalt wie bei Harry. Dieser saß mittlerweile in der Arrestzelle in Wilhelmshaven ein. Es hatte sich herausgestellt, dass sein überdimensionaler Wohnwagen auch nicht bezahlt war. Wenn der Fall bekannt wurde, meldeten sich garantiert bald einige Damen, die Harry Sitter um ihr Vermögen gebracht hatte.

Bille zwang sich, nicht mehr an Harry, sondern an Franz zu denken. Mit Franz fühlte es sich richtig an. Sie sah an sich hinunter und fand, dass ihr die Jeans gar nicht so schlecht stand, vor allem in Kombination mit dem kurzen Haar und den lässigen Oberteilen.

»Bille, ich habe dich gefragt, ob du Herrn Häwelmann verziehen hast.«

»Herrn Häwelmann – nein. Was er getan hat, ist unverzeihlich. Aber er tut mir leid.« Ihre Stimme senkte sich. »Irgendwie ist er seinem Namen ziemlich gerecht geworden.«

»Häwelmann?«

Bille nickte. »Der kleine Häwelmann aus dem Märchen von Theodor Storm wollte auch immer zu hoch hinaus. ›Mehr, lieber Mond, mehr!‹ Bis er gescheitert ist und fast ertrinken musste.«

Franz rückte näher, legte den Arm um sie, und Bille lehnte ihren Kopf an seine Schulter. Franz duftete erdig, nach Natur und eben wie Franz. »Justus kann ich allerdings nicht mehr böse sein, das ist ein armer Junge.« Sie fasste mit wenigen Worten zusammen, was sie inzwischen über den jungen Mann wusste.

»Eine schwere Kindheit darf keine Rechtfertigung sein«, sagte Franz.

»Nein, aber es erklärt einiges, und Einsicht kann eine Schranke öffnen. Es geht nicht immer gerecht zu im Leben, das weißt du doch von Geronimo.«

»Ich habe einen guten Kumpel, der besitzt eine Kfz-Werkstatt. Vielleicht kann er da ein bisschen mitschrauben.«

»Und Harley fahren.« Bille grinste.

»Na, er hätte zumindest schon ein paar Kumpels. Wir halten zusammen, das weißt du ja jetzt.«

»O ja.« Bille fasste ihren ganzen Mut zusammen und hauchte Franz einen Kuss auf die Wange. »Ich habe euch falsch eingeschätzt. Hab riesige Vorurteile gehabt. Dabei konnte ich mich gerade auf euch verlassen, während die anderen ...«

Franz sah Bille in die Augen. »Was ist mit Harry? Du mochtest ihn.«

»Ja, aber ich habe trotzdem geahnt, dass mit ihm etwas nicht stimmt. Er hat mir Zuneigung vorgespielt, um an mein letztes Geld zu kommen. Und er hat versucht, mich reinzulegen. Unglaublich, dieser Mann!«

»Und?«, fragte Franz nach. »Fährst du nun mit mir Harley? Darf ich dich nach Norden zum Hotel bringen?«

Bille umarmte Franz. »Und ob! Ich möchte dieses Gefühl, frei zu sein, nicht mehr missen. Auf der Maschine wird das wohl nie aufhören, wenn ich dir und den Jungs Glauben schenken darf.«

»Das ist ein Lebensgefühl, Bille, und ich möchte es mit dir teilen.«

18. Kapitel

Zwei Tage später

„Ihr fahrt also morgen los?«, fragte Jan. Er konnte kaum glauben, dass sich Oma Bille von Franz auf seiner Harley nach Norden bringen lassen wollte. Allein und ohne die Jungs. Aber er gönnte ihr das Wochenende im Hotel.

»Norden liegt auch in der Nähe vom Meer«, hatte sie gesagt. »Aber in die Berge will ich gar nicht mehr. Freiheit findet man wohl eher hier. Man kann schließlich weit gucken.«

Jan und Maja hatten mit den Kindern ein großes Abschiedsgrillen organisiert. Bille hatte wie immer ihren Kartoffelsalat beigesteuert. Bernd Häwelmann hatte nicht einmal Würste dagelassen und war sang-und klanglos zurück nach Oberhausen gefahren, dafür hatte ErTeEl sich die Mühe gemacht, erneut seine Bratwurst von den freilaufenden Deichschweinen zu besorgen. Von einem noch lebenden hatte er sich sogar noch persönlich verabschiedet! Bille wurde das Wurstthema auch ohne den Fleischermeister Häwelmann einfach nicht los.

»Wir werden dich vermissen, Oma Bille«, sagte Felix, dessen Ohren noch immer gerötet waren, denn Mike hatte ihn am Nachmittag auf seiner Fat Boy mitgenommen. »Ich kann dich gut verstehen. Der Weg ist das Ziel.« Aus Felix wurde sicher mal ein ganz gechillter Harley-Fahrer.

»Morgen noch ein üppiges Frühstück, dann geht es los«, sagte Franz.

»Ja, mit Brötchen, Ei und allem, was dazugehört«, bestätigte Bille. Sie hatte ihre Anziehsachen schon im Topcase verstaut, die am Tag zuvor erstandene Kevlar-Jacke und der Vanucci-Jethelm waren angepasst.

Sie und Franz standen auf und spazierten ein letztes Mal Hand in Hand zum Hooksieler Strand. Dorthin, wo sie vor einigen Tagen ohne Schuhe und Strümpfe gesessen hatten.

Das Meer lag ruhig und wie ein Spiegel vor ihnen. Das Typhon eines Schiffes hupte, gepaart mit dem Schrei einer Möwe. Es war ein friedlicher Abend, von dem man sich wünschte, er möge nie vergehen.

»Möchtest du mir von Karl erzählen?«

Bille nickte nach kurzem Zögern, und Franz erfuhr von einer unsagbar großen Liebe. Er erfuhr aber auch, dass Karl nicht immer einfach gewesen war, ein Querkopf mit unverrückbaren Vorstellungen. Und er erfuhr, wie wichtig es Bille war, sich auf jemanden verlassen zu können. »Ich brauche eine Burg«, endete Bille. »Da bin ich altmodisch.« Sie rückte näher an Franz heran, legte den Kopf an seine Schulter, und gemeinsam sahen sie den Möwen zu, die wie weiße Farbtupfer auf dem Meer schwammen.

»Glücklich?«, fragte Franz nach einer Weile. Er warf einen Blick zum Sternenhimmel, das schlechte Wetter hatte sich längst wieder verflüchtigt.

»Ja, Franz. Aber ich möchte dir noch etwas sagen.« Bille holte tief Luft. Für das, was sie nun loswerden wollte, bedurfte es einigen Mutes.

»Soll Jan dich nach Norden bringen und in zwei Tagen wieder abholen?«, versuchte Franz ihr eine Brücke zu bauen.

Bille schüttelte den Kopf. »Nein, nein.« Sie zog einen Zettel aus der Jeans und entfaltete ihn. »Du fährst mich morgen nach Norden. Ich habe mir das Hotel im Internet angesehen.«

Franz schaute sie neugierig an.

»Seniorencomputerkurs, ich kann mit einem Rechner umgehen«, erklärte Bille. »Und Felix hat mir sein Laptop gegeben.«

»Ich verstehe aber nicht, was du mir damit sagen willst.«

»Hör zu.« Bille lächelte. »Zum Reichshof gehört ein feiner Wellnessbereich. Die Sauna geht über mehrere Etagen, es gibt einen Ruheraum mit Kamin und einen, von dem aus man den Himmel betrachten kann. Im Schwimmbad reichen sie schon morgens Kaffee, sowie Tee und Obst, während die Sauna geöffnet ist.« Bille stockte. »Und dann ist da noch dieses Candle-Light-Dinner. Für *zwei* Leute.« Sie stockte wieder. »Ich möchte nicht allein da hin, ich würde mich freuen, wenn du mitkommst.«

Franz sah sie fragend an. »Verstehe ich richtig, was du mir sagen willst?«

»Ich denke schon. Wir fahren gemeinsam hin und bleiben eine Nacht. Du kannst ja auf dem Sofa schlafen.«

»Das mache ich glatt.«

»Wir lassen uns im Reichshof verwöhnen, und dann ...«

Franz legte den Arm um Bille. Es fühlte sich gut an, so verdammt gut. »Was dann?«

»Dann gehen wir campen. Allein. Mit deinem Igluzelt. Irgendwo am Meer.«

»Da kannst du mir aber nicht ausweichen!«

»Und wenn schon ...« Bille zog ihre Sandalen aus und genoss das Kribbeln des Sandes unter ihren Fußsohlen.

Rezepte

Oma Billes Kartoffelsalat

Zutaten
- 1 kg Kartoffeln
- 1 Glas Miracel Whip
- ½ Glas Cornichons
- 2 hartgekochte Eier
- 1 saurer Apfel

Zubereitung
Kartoffeln mit der Schale kochen und pellen, in dünne Scheiben schneiden. Das Glas Miracel Whip dazugeben. Gurken, Apfel und Eier klein schneiden und unter die Kartoffeln mengen. Salzen und pfeffern. Mit Gurkensaft abschmecken. Ziehen lassen, ggf. später noch Gurkensaft nachgeben.
  Guten Appetit!

Oma Billes Candle-Light-Dinner

(Herzlichen Dank an das Hotel Reichshof in Norden für die Bereitstellung. Nachkochen ist erwünscht!)

Ostfriesen-Labskaus mit (Emder) Matjes, Vinaigrette und Spiegelei

Zutaten für das Labskaus
- 200 g gepökeltes Rindfleisch
- 200 ml Rinderbrühe
- 200 g Rote Bete (gekocht)
- 2 Gewürzgurken
- 800 g gekochte Kartoffeln
- Cumin, Pfeffer und Salz

Zubereitung
Das gepökelte Rindfleisch, die Kartoffeln und die Gewürzgurken durch den Fleischwolf drehen und danach in einem Topf zusammen mit der Rinderbrühe aufkochen.

Diese Masse mit Salz, Pfeffer und Cumin abschmecken, danach Rote Bete hinzugeben, die vorher ebenfalls im Fleischwolf zerkleinert wurde.

Den Matjes (2 Filets) separat reichen und mit einer Vinaigrette servieren.

Zutaten für die Vinaigrette
- 100 ml Sherryessig
- 200 ml Olivenöl

- Matjes, in kleine Würfel geschnitten
- 2 Gewürzgurken, in kleine Würfel geschnitten
- 2 Tomaten, in Würfel geschnitten
- Senf, Salz, Zucker, Pfeffer

Zubereitung
Alle Zutaten miteinander verrühren und über den Matjes geben.

Am Ende das Spiegelei von einer Seite braten und über das Labskaus legen.

Danksagungen

Was für ein tolles Gefühl, wenn man es wieder geschafft hat, einen Roman zu vollenden! Und welch große Freude, jedes Mal zu erleben, wie eng und liebevoll man bei jedem Projekt von anderen begleitet wird, welche tollen Anregungen und Hilfestellung jeder Art man bekommt.

Dieser Roman hat mir schon deshalb viel Spaß gemacht, weil wir als Camper mit dem Wohnmobil häufig in Deutschland und ganz Europa unterwegs sind. Früher, als unsere Kinder noch zu Hause lebten, haben wir lange Jahre mit einem Caravan Urlaub gemacht. Vorab also danke an alle Camper! Wir hatten übrigens noch nie Stress mit irgendwem. ☺

Und: Die Friesen gelten tatsächlich als von der Bundesregierung anerkannte nationale Minderheit, das ist kein Scherz!

Und jetzt DANKE …
- ~ Danke an meine Agentin Anna Mechler dafür, dass sie mich aufbaut und immer wieder an mich glaubt!
- ~ Danke an meine Lektorin Andrea Müller für die feine Zusammenarbeit und an Gisela Klemt für das wunderbare Lektorat.
- ~ Danke an Lea Freese und Nina Axnick für alle konstruktiven Anmerkungen. Das hat super geholfen! Ihr seid klasse!

- Und ein besonderes Dankeschön an Nina Axnick für den »Ruhrpott-Slang« und den damit verbundenen Sprachunterricht. Auch wenn ich in Oberhausen geboren bin, bin ich der Sprache dort nicht mehr mächtig, bin eben friesisch sozialisiert.
- Danke an Günter Harms und Jenny Harms von der H&L Physiotherapie für die Gesunderhaltung meines Schriftstellerrückens und dafür, dass ich auf euren Harleys sitzen durfte und so viele Infos zur Szene, zu den Maschinen, Buchtipps und allem, was dazugehört, erhalten habe. Ich hoffe, ich hab es zusammen mit meiner Fantasie richtig umgesetzt. Sonst: Asche auf mein Haupt und eine Extrarunde auf dem Zirkel!
- Danke an meine Schwägerin Martina Kölpin-Borchardt. Ohne dich hätte ich mich an die Rennbahn mit den Hüten nicht herangetraut.
- Danke an Perikles (Perry) und sein Team vom Restaurant Athen in Sande, dafür, dass du, egal wie spät es auch ist, die Küche für uns nicht kalt werden lässt, wenn wir (das Gitarrenduo Rostfrei mit meinem Mann Frank und Horst-Dieter Loga und ich) auch zu nachtschlafender Zeit nach unseren Veranstaltungen ausgehungert und verdurstet bei dir einfallen. Das Athen in Sande ist Kult und einfach super!
- Danke an das Romantik-Hotel Reichshof in Norden für die Bereitstellung des Candle-Light-Dinners und das Rezept. Wir haben dort über unseren 31. Hochzeitstag zwei wundervolle Tage verbracht und sind gnadenlos verwöhnt worden.
- Danke an das Gitarrenduo Rostfrei (Frank Kölpin/Horst-Dieter Loga) für unsere Zusammenarbeit und die vielen kreativen Ideen für die musikalischen Lesungen. Ich freue mich auf alle weiteren Auftritte und die Songs, die wir gemeinsam erarbeiten und singen.
- Danke an meine Eltern dafür, dass ihr mir immer wieder den

Rücken freihaltet, wenn es eng wird, und auch für die konstruktiven Anmerkungen.
- ~ Danke an meine fünf Kinder und zwei Enkel, einfach weil ihr da seid!
- ~ Und danke an meinen Mann Frank! Du bist der Beste! Immer und in jeder Lebenslage!